講談社選書メチエ

KODANSHA SENSHO MÉTIER

438

アーリア人

青木 健

●目次　アーリア人

第一章——「アーリア人」とは——古代オリエントとイスラームを繫ぐもの
1　インド・ヨーロッパ語族の中の「アーリア人」　*6*
2　「アーリア人」の多義性——言語的・文化的・政治的な意味　*10*
3　「イラン系アーリア人」の鳥瞰マップ　*14*

第二章——ウクライナ平原と中央アジアの草原の覇者としてのイラン系アーリア人騎馬遊牧民
1　キンメリア人、スキタイ人、サカ人——最初の騎馬遊牧民（前九〜前二世紀）　*20*
2　サルマタイ人、アラン人——フン族との遭遇とウクライナ喪失（前三〜後四世紀）　*39*
3　パルティア人——イラン高原に五〇〇年に及ぶ遊牧王朝を樹立（前三〜後三世紀）　*48*

4 インド・サカ人とインド・パルティア人——インド亜大陸への進出（前二〜後五世紀） 67
5 大月氏、エフタルからテュルク系遊牧民への覇権交代（前二〜後六世紀） 80

第三章——世界帝国の樹立者、東西交易の担い手としてのイラン系アーリア人定住民

1 メディア人——最初のイラン系アーリア人定住民の王国（前九〜前六世紀） 92
2 ペルシア人——二つの世界帝国の栄光（前六〜後七世紀） 110
3 バクトリア人・マルギアナ人——ヘレニズムと仏教の受容者（前六〜後九世紀） 138
4 ソグド人——シルクロードの商業民族（前六〜後一〇世紀） 162
5 ホラズム人——民族発祥の地に最後までとどまった一派（前六〜後一〇世紀） 181
6 ホータン・サカ人——定住して仏教徒となったサカ人の末裔（前二〜後一一世紀） 202

第四章――イスラーム時代以降のイラン系アーリア人
1　パシュトゥーン人――生き残ったイラン系アーリア人遊牧民　216
2　イスラーム教徒ペルシア人――生き残ったイラン系アーリア人定住民　225
第五章――インド系アーリア人とヨーロッパ系アーリア人
1　インド系アーリア人の歴史と宗教――ヴェーダの宗教からヒンドゥー諸教へ　236
2　ヨーロッパ系アーリア人たちの歴史と宗教――第三の「自称アーリア人」　242
参考文献表　251
あとがき　256
索引　270

第一章

「アーリア人」とは

――古代オリエントとイスラームを繋ぐもの

1　インド・ヨーロッパ語族の中の「アーリア人」

インド・ヨーロッパ語族の中の「アーリア人」

インド・ヨーロッパ語族とは、言語的特徴によってくくられる集団の総称である。形質的には、現代の白色人種の祖として、「金髪・碧眼《へきがん》・長身・細面」だったと考えられているものの、これらはしばしば混血によって変化する特質なので、この面から確実なことは言えない。彼らは、前三〇〇〇年紀には、一体性のある集団として中央アジアで牧畜生活を営んでいたと見られるが、その中から、まず、①西方のヨーロッパへ向かう集団が分岐した。この時に中央アジアに残った集団のほうを「アーリア人」と称し、後の移動先から「インド・イラン人」とも呼ぶ。

この「アーリア人＝インド・イラン人」は、馬と二輪戦車（チャリオット）の活用を学んでから急激に戦闘能力と移動距離を伸ばしたらしく、前一五〇〇年ごろに、②インド亜大陸へ進出して定住民になった集団、③イラン高原へ進出して定住民になった集団、④中央アジアに残ってオアシス都市の定住民になった集団、⑤中央アジアに残ってステップの騎馬遊牧民になった集団と、広範囲に拡散した。ここまでの整理としては、図表1の系統図を参照していただきたい。

「アーリア人」の中の「イラン系アーリア人」

このように拡散したアーリア人は、言語的特徴から言えば、大きく「インド系アーリア人」と「イラン系アーリア人」に二分される。前者はインド亜大陸で定住したアーリア人を指し、後者はイラン高原〜中央アジアで定住・遊牧したアーリア人を指す。「インド系アーリア人」は、分布地域と名称が対応しているのに対し、「イラン系アーリア人」のほうは、イラン高原と中央アジアにまたがって分布し、おまけにウクライナ平原やコーカサス山脈、タリム盆地まで移動した一派もあるので、分布と名称が一致していない。本書が主に扱う対象は、より広範囲に分布している「イラン系アーリア人」（図表1の③④⑤）である。

「イラン系アーリア人」の中の騎馬遊牧民

この「イラン系アーリア人」は、全面的に定住生活に移行した「インド系アーリア人」とは異な

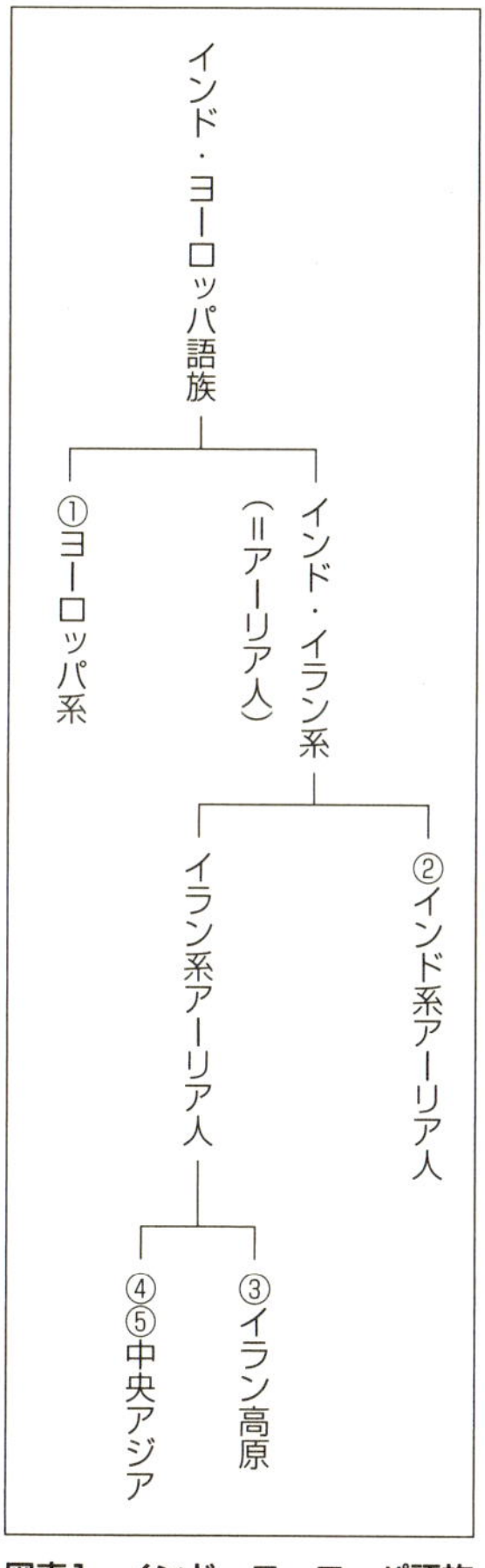

図表1　インド・ヨーロッパ語族の系統図

ウクライナ平原…キンメリア人、スキタイ人、サルマタイ人、アラン人
コーカサス山脈…オセット人
イラン高原…パルティア人
中央アジア…サカ人（ギリシア語資料のスキタイ人。後にイラン高原東南部、インド亜大陸西部、タリム盆地まで移動）、大月氏、エフタル
インド亜大陸…インド・サカ人、インド・パルティア人

図表2　イラン系アーリア人の騎馬遊牧民

り、生活形態によってさらに二つに分けられる。上述のように、前一五世紀ごろ、牧畜を営んでいたアーリア人は、馬と二輪戦車の活用によってにわかに強大化した。しかして、前九世紀ごろになると、中央アジアに残っていたイラン系アーリア人の中に、「馬に戦車を牽かせるより、いっそのこと人間が馬の背中に乗ってしまったほうが速いだろう」と考えた人間がいたらしく、人類史上初の騎馬遊牧民という生活形態が誕生した。素人である筆者には、二輪馬車を造って馬に牽かせるほうが高度な技術を必要とするように思えるのだが、鞍や鐙《あぶみ》が発明されていないころは、馬に直接騎乗するほうが一大難事だったらしい。また、極東に住む日本人の目から見ると、匈奴《きょうど》や鮮卑《せんぴ》などテュルク系騎馬遊牧民の活躍が目立つものの、最初にこの生活形態を発明したのは、前九世紀ごろに中央アジアにいたイラン系アーリア人だと考えられている。彼らは、人類史上に大きな足跡を残す画期的な革新を成し遂げた人々である。このイラン系アーリア人の騎馬遊牧民を、分布地域に従って西から東へ列挙していくと、図表2が得られる。

ただ、彼らは定住民とは違い、良好な牧地を求めて頻繁に移動するので、この表は参考程度に留めておいていただきたい。たとえば、ウクライナ平原のスキタイ人は、中央アジアのサカ人と同一の騎馬遊牧民が分化したものと考えられている。また、前三世紀に出現するパルティア人も、元をただせばサカ人の

イラン高原西北部…メディア人
イラン高原西南部…ペルシア人
イラン高原東北部（アム・ダリヤー河上流域）…バクトリア人・マルギアナ人
中央アジア（アム・ダリヤー河中流域）…ソグド人
中央アジア（アム・ダリヤー河下流域）…ホラズム人
中央アジア（タリム盆地南部）…ホータン・サカ人

図表3　イラン系アーリア人の定住民

出自である。そして、そのサカ人自体も、前二世紀には大移動を開始してイラン高原東南部からインド亜大陸西部に移住し、タリム盆地南部に達した一派に至っては定住民に転化してしまった。しかも、騎馬遊牧民は自身の文献資料をほとんど遺さないから、彼らの正確な離合集散を追跡することはまず不可能である。

「イラン系アーリア人」の中の定住民

これに対して、牧畜をしながら中央アジアのオアシス地帯やイラン高原にたどり着いたイラン系アーリア人の動きは、いくぶんかはたどりやすくなっている。彼らは、農耕に適したオアシスを見つけると、「牧畜しているより農業したほうが良いんじゃないか」と考えたらしく、次々に定住生活に移行していった。ただし、騎馬遊牧民という生活形態がイラン系アーリア人の独創と考えられるのに対し、定住民という生活形態のほうは、かなり以前からの先駆者がいた。端的に言えば、この方面に移動したイラン系アーリア人は、先住民の土地を奪って住み着いたに過ぎない。このイラン系アーリア人の定住民を、分布地域に従って西から東へ列挙していくと、図表3が得られる。

この定住民は、メソポタミア平原で早くから文明を発展させていたセム語族の影響を受けて、西から順次文字の使用を覚えて文献資料を遺した。セム系言語のために発展した文字を用いて、まったく系統の異なるアーリア系言語を表記するから、それらの解読には莫大な困難がともなうのだが、世間には物好きな研究者もいるもので、だいたいは読み解かれている。従って、騎馬遊牧民に比べれば足跡を確認しやすく、彼らの資料から逆算して騎馬遊牧民の行動を把握できることも多い。

2 「アーリア人」の多義性――言語的・文化的・政治的な意味

言語的なアーリア人

この「アーリア人」を問題にする際に注意すべきは、以上のように言語に即した語族の分布図は、一八世紀に言語学が発展して以降、ヨーロッパの研究者によって初めて明らかにされたという点である。もちろん、これらに科学的根拠がなく、植民地支配を正当化するためのヨーロッパ人の陰謀だとするのは極論である。客観的に見て、イラン系アーリア人とインド系アーリア人が共に「アーリア人」と名乗り、早くに分離したヨーロッパ人も含め、言語的・文化的にかなりの共通性を持っていたのは事実であった。

ただ、この客観的事実は、「言語学」という一定の視点から、後世の人間が再構成したものであること、そして、当の本人たちが「アーリア人」の自称で何を指していたかは別問題であることは、あらかじめ確認しておかなくてはならない。以下では、「一八～二〇世紀のヨーロッパの言語学者が定義したアーリア人」の他に、「アーリア人を自称した人々がリアルタイムで思い描いていた自画像」を検討したい。

文化的なアーリア人

現在確認されている「アーリア人」の用法を探ると、前一二～前九世紀ごろの中央アジアのイラン系アーリア人が、中央アジア～イラン高原東部一帯を「アルヤナ・ワエージャフ＝アルヤ人の土地」と呼んでいる。また、前五世紀のペルシア人や後二世紀のバクトリア人は、自らの血統や言語を「アリヤ」と称している。さらに、一世紀以降にウクライナ平原で活躍したイラン系アーリア人の騎馬遊牧民も、「アラン」と名乗っている（「アルヤ」、「アリヤ」、「アラン」は、いずれも「アーリア」の地方的な差異である）。これらの事実から察すると、言語を共有するといった程度の文化的な共通意識は、ウクライナ平原～中央アジア～イラン高原のイラン系アーリア人の間に存在していたようである。

ただ、エトノゲネーゼ（民族生成）の観点から言えば、言語が共通しているという事実は、ただちにアイデンティティーを共にしていることを意味しない。彼ら自身のアイデンティティーが、部族にあったか、宗教にあったか、生活形態にあったのかは、われわれにはわからない。しかし、一九世紀の学者が考えたような「アーリア民族」としての強固な一体性は、ほぼなかったと思われる。

政治的なアーリア人

このように、「アーリア人」という言葉は時代によって意味内容が異なっている。従って、「アーリア人」に関する言語的データ、文化的データ、政治的データ、並びに人類学的なデータを、安易にオーバーラップさせない配慮が必要になる。言語の使用地域の拡大は、アーリア人の政治的支配地域の拡大を意味しないし、同系統の言語を使っていたという事実は、ただちに同じ人類学的形質を共有したことを意味しない。

これに関連して、「アーリア人」を論じる上で避けて通れないのが、ナチス・ドイツである。彼らは、ヨーロッパ系を含むインド・ヨーロッパ語族全体を「アーリア人種」と名づけ、中でも北欧からドイツに住む「北方人種《ノルディッシュ》」を、「旧来の道徳を脱し、文明を若返らせる野蛮人」にして「苛烈な生存競争に勝ち残る金髪の野獣」と定義した。その根拠は、言語的というよりも、多分に「金髪・碧眼・長身・細面」を良しとする形質的なものだった。もちろん、ゲルマン民族もインド・ヨーロッパ語族の一派ではあるが、前二〇〇〇年前後という比較的早い段階に北欧や北ドイツへ移動を開始し、しかもスウェーデンやプロイセンの先住民である巨石文化人と混血して現在のドイツ人の祖となった人々である。インド亜大陸やイラン高原のアーリア人から見れば、かなり遠い親戚に過ぎない。すでにこの時点で、本来の意味の「アーリア人」から少なからず逸脱しているのだが、アドルフ・ヒトラー総統はさらに「優秀なるアーリア民族が世界を征服して支配種族《ヘレンラッセ》を形成すべきだ」と説き、極端な人種イデオロギーを主張した。こうして、ナチス・ドイツ第三帝国は「アーリア人」と鉤十字（アーリア人の伝統的なシンボル）の旗印の下に他国を侵略し、「劣等種族（と定義された人々）」の大量虐殺を重ねたのである（写真①参照）。

これは、単に言語的な共通性を示すに過ぎない「アーリア人」という概念を民族主義的意味に転化させ、さらに形質的な定義も付け加えた上に、主体を「インド・イラン人」→「ドイツ人」と大幅に変更して政治スローガンとしたものである。やったことは的外れだったにもかかわらず、ナチス・ドイツの影響は非常に大きかった。もちろん、負の意味での影響である。ナチス以降、「アーリア人」という概念は、本来の「インド・イラン人」とは何の関係もないところで、「白人優越主義」、「ゲルマン民族の東方拡大」、「ユダヤ人のホロコースト」、「スラヴ人の奴隷化」、「第二次世界大戦」などと結びつけられ、不吉で血塗られた印象を植えつけられた。しかも、ナチスに反論する立場からは、「アーリア人」という概念自体が虚構だとする説明もなされた。たしかに、ドイツ人が「アーリア人」と名乗って世界征服を企むのは、はなはだ見当違いではあったのだが。

①ヒトラーと親衛隊：ナチス・ドイツ第三帝国では、金髪碧眼のアーリア人が世界を支配すべきだと説かれた。

……こうして、文明を若返らせるというよりは徹底的に破壊しつくしたナチスのおかげで、ドイツ人は「善悪の彼岸に到達して超人《ユーバーメンシュ》に進化する」どころか、その声望は地に堕ち、ついでに本来の意味でのアーリア人まで巻き添えにした感がある。そして、ヨーロッパでは鉤十字の公的使用が禁止されたように、二〇世紀後半には「アーリア人」という概念そのものが語ることさえはばかられるタブーと化していったのである。だが、ヒトラーが説いた「アーリア人」が虚妄の産物だったとしても、実体を具えたアーリア人は歴史上たしかに存在していたし、その末裔は今でも現存している。ナチス流の「野蛮にして高貴なるアーリア人」を否定することに急であるあまり、本来の「アーリア人＝インド・イラン人」の存在まで歴史上から消去するには及ばないだろう。

3　「イラン系アーリア人」の鳥瞰マップ

歴史上の「イラン系アーリア人」

　また、歴史的に見ても、イラン系アーリア人にはそれ自体として非常な重要性がある。彼らは、馬と二輪戦車を駆って移動を開始した前一五〇〇年ごろから、西アジアがイスラーム化する七世紀以前、あるいは中央アジアがテュルク化する一〇世紀以前には、遊牧民と定住民の双方の形態でこの地域に広く分布し、政治的・文化的に無視できない存在であった。彼らに関する知識を欠くと、世界史はメソポタミアとエジプトを中心とした古代オリエント文明の時代から、一足飛びにイスラームが出現するように感じられ、約一四〇〇年間は空白が生まれてしまう。この時期のイラン系アーリア人に関する知見は、西アジア～中央アジアの歴史・宗教・文化を理解する上で欠かすことができない。

　むろん資料の濃淡はあって、現代の研究者がすべてのイラン系アーリア人の動向を一様に把握できるわけではない。概して定住民のほうが資料が残りやすく、帝国を築いた民（メディア人やペルシア人）、シルクロード商業に従事した民（バクトリア人、ソグド人）、宗教経典の作成に情熱を燃やした民

（ペルシア人やホータン・サカ人）などは、突出して文献資料に恵まれている。また、長期間にわたって同じ地域に定住していただけに、考古学的資料も多く残っている。これに対して、定住民であっても辺境に住んでいた民（ホラズム人）、およびすべての遊牧民は、ほとんど文献資料を残しておらず、広大な地域に分散した周辺民族の資料に時たま顔を出すことによって、かろうじて断片的な情報を得られるのみである。

本書のスタンス

しかし、本書では資料の残りかたにかかわらず、イラン系アーリア人に含まれる遊牧民・定住民を均等に概観することにしたい。大帝国を築いたペルシア人も、崑崙山脈《こんろんさんみゃく》の麓で仏典作成に勤《いそ》しんでいたホータン・サカ人も、フン族に追われたアラン人も同じ分量で概説するのは、専門が極度に細分化された時代の研究者としては、勇気がいることである。これは、本書が「アーリア人」という観点から、イラン系アーリア人の全体像を鳥瞰するというスタンスに立っているためと理解していただきたい。

また、イラン系アーリア人の中でも、ソグド人やスキタイ人に関しては、日本にも優れた研究者がおられ、日本語の研究書も出版されている。本来ならば、イラン系アーリア人の宗教——ゾロアスター教——の研究者に過ぎない筆者が概説するには及ばないのだが、本書の長所は網羅性と入門知識の提供にあるので、それらの民族に関しても省略することなく言及した。彼らについて興味を持たれた方は、巻末の参考文献表に基づいて、専門書を参照していただきたいと思う。さらに、本書は言葉の本来の意味での「アーリア人」のうち、インド系アーリア人を詳説するのを避けた。日本には仏教研究との関係で古代インド学者が多く、彼らに関する概説書はかなり出版されているためである。

本書の構成

この他、叙述の仕方にも工夫したつもりである。イラン系アーリア人は活動範囲も広く、相互関係も複雑なので、中国史のように王朝を機軸に据えた通史を書きがたい。特に遊牧民がウクライナ平原から中央アジア、インド亜大陸まで移動を繰り返すから、資料が乏しい中で彼らの動きを正確に捉えるのは至難の業である。定住民にしても、西アジア～中央アジアが一つの王朝で統一されることはペルシア帝国以外には絶えてなく、生業さえ一致しないので、叙述する際の中心点が見いだせない。

そこで本書は、遊牧民と定住民と分け、その中で時代順を犠牲にしつつ、原住地の西から東の順で各民族を概観する構成をとった。このため、個別の民族史としての見通しは得やすくなったのだが、アルシャク王朝（前三～後三世紀）の解説がハカーマニシュ王朝（前六～前四世紀）の前に出たり、同じバクトリアで活動した遊牧民の大月氏《だいげつし》と定住民のバクトリア人が別個に解説されたりと、相互関係が見えがたくなってしまった。この点は、文中に（第○章第○節を参照）という注記を多用し、及ばずながら補おうと努めた。

すなわち、『アーリア人』と名づけた本書は、「イラン系アーリア人」という従来は充分に注目されてこなかった視点から、一四〇〇年以上に及ぶ西アジア～中央アジアの歴史を見渡し、各民族を適切に布置した列伝を作ることを目的としている。これによって、古代オリエント文明の時代（紀元前三三〇〇年ごろ〜前七世紀）からイスラーム時代（後七世紀〜現代）を架橋する「アーリア人の時代」を概観していただければさいわいである。

第二章
ウクライナ平原と中央アジアの草原の覇者としてのイラン系アーリア人騎馬遊牧民

1 キンメリア人、スキタイ人、サカ人——最初の騎馬遊牧民（前九〜前二世紀）

（1）勃興する騎馬遊牧民

史上最初の遊牧民

前一五世紀ごろに二輪馬車を駆ってイラン高原に出現したイラン系アーリア人に比べて、中央アジアに留まったイラン系アーリア人の歴史は判然としない。たぶん、同じように二輪馬車を駆っていたのだろうが、記録には残らなかった。しかし、前九世紀ごろ、彼らが馬に直接騎乗することを覚えてから、人類の歴史は劇的に転回した。牧畜生活、農耕生活に続いて、第三の生活形態——遊牧生活——が成立したのである。

通常、イラン系アーリア人の歴史となると、どうしてもイラン高原を足掛かりにオリエント世界に覇を唱えたイラン系アーリア人定住民——特にペルシア人——にスポットライトが当たることが多いのだが、本書ではあえて先に第二章でイラン系アーリア人遊牧民を概観し、次に第三章でイラン系アーリア人定住民を扱いたい。歴史的に見れば、前者が絶えず後者に侵入し、後者は前者の影響を受けながら変容してきたので、表面的なイニシアティヴは前者にある。従って、前者を軸に取ったほうが、イラン系アーリア人全体についての説明が容易になるのである。

遊牧民の騎馬戦術

このイラン系アーリア人遊牧民の歴史は、戦闘技術の観点から、さらに大きく二つの時期に分けることができる。まず、騎乗しての狩猟に端を発すると見られる騎射戦術が発達した。彼らは、高速を活かした機動性と、弓射によるアウトレンジ戦法、および馬上からどの方角にでも射撃できる巧みな騎射技術によって、前九世紀から前三世紀まで草原の覇者となった。しかし、接近戦は意図していないので、刀槍としては短剣――有名なアキナケス式短剣――しか所持していない。この戦法は、個別の部族名で言えば、ウクライナ平原のスキタイ人、中央アジアのサカ人などが得意としていた。

しばらく時間が経つと、装甲を重視しない軽装騎兵である彼らに対抗して、人馬ともに重装甲を施し、機動性と騎射を犠牲にする代わりに刀槍での近接戦闘によって決着をつける重装騎兵が発達した。決定的だったのは、足で馬をコントロールする鐙の発明だったようである。これによって、馬上で長槍や長剣を振るうことが可能になった。重装騎兵の場合、遠方からの弓射は装甲によって防御できるから、軽装騎兵にアウトレンジで討ち取られる可能性は低く、前三世紀以降は彼らが草原を席捲した。個別の部族名で言えば、ウクライナ平原のサルマタイ人、アラン人、中央アジアからイラン高原のパルティア人、インド亜大陸まで侵攻したインド・サカ人、インド・パルティア人などがこれに該当する。

活動の舞台

次に、イラン系アーリア人遊牧民の活動の舞台を見ておこう。中央アジア（現在のウズベキスタン

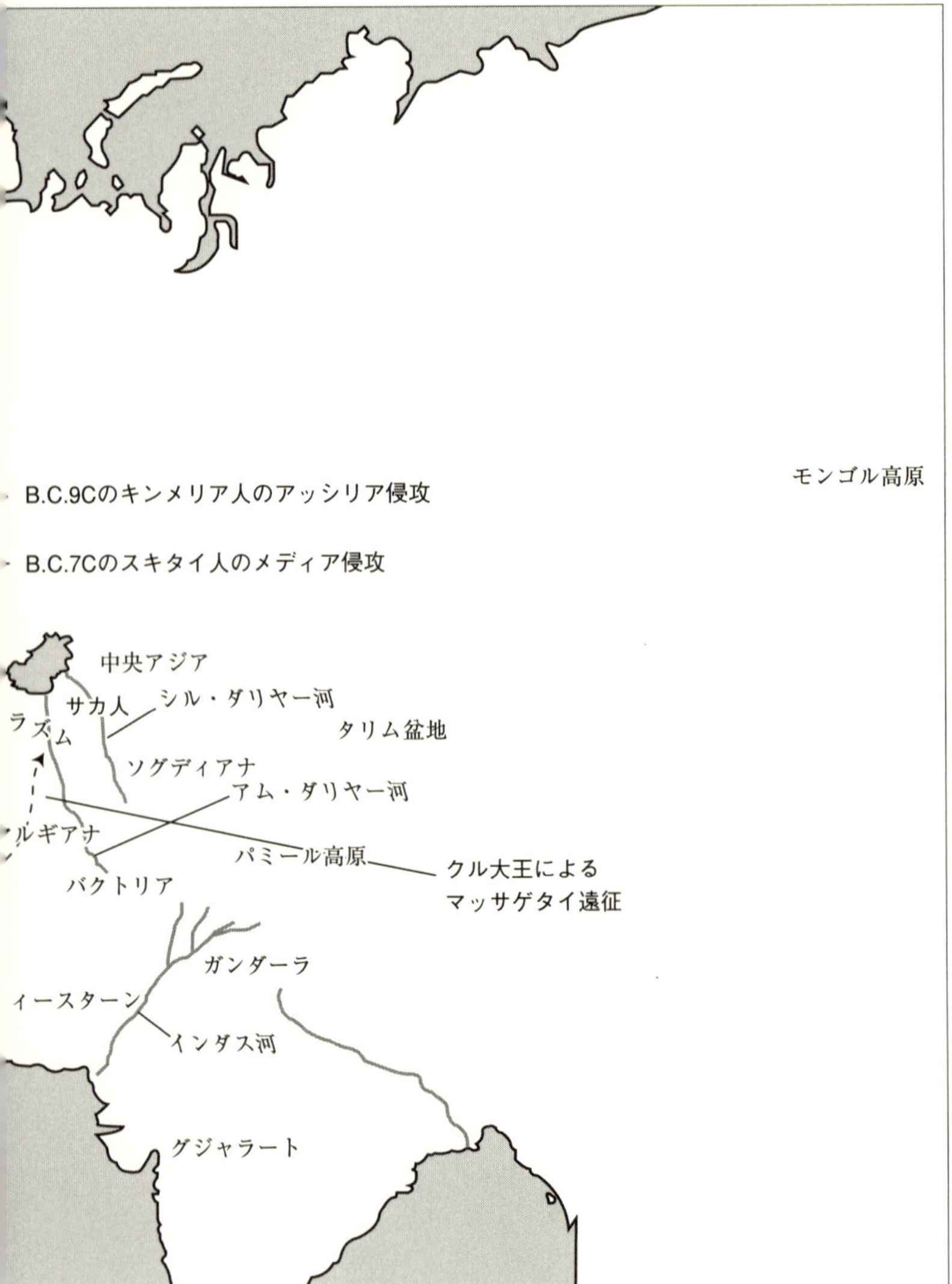

モンゴル高原
B.C.9Cのキンメリア人のアッシリア侵攻
B.C.7Cのスキタイ人のメディア侵攻
中央アジア
サカ人
シル・ダリヤー河
ラズム
タリム盆地
ソグディアナ
アム・ダリヤー河
ルギアナ
パミール高原
クル大王による
マッサゲタイ遠征
バクトリア
ガンダーラ
ィースターン
インダス河
グジャラート

イラン系アーリア人遊牧民の活動の舞台
（キンメリア人、スキタイ人、サカ人）

共和国付近）が発祥の地と推定されているアーリア人にとって、近隣で遊牧に適したステップは二つあった。一つは、そのまま中央アジア（旧ソ連領中央アジア）である。ここを王庭とした遊牧民には、サカ人、マッサゲタイ族、パルティア人などがある。

もう一つは、中央アジアからカスピ海を隔てて西側に当たるコーカサス山脈北麓〜ウクライナ平原である。一口に「ウクライナ平原」と言っても、現在のウクライナ共和国のうち、遊牧可能なステップ地帯はドニエプロペトロフスク以南の黒海沿岸低地に限られる。これ以北のキエフ地方は森林地帯で、遊牧民が入り込めるような土地ではない。ここを王庭としたのが、キンメリア人、スキタイ人、サルマタイ人、アラン人などである。

ちなみに、これ以東のモンゴル高原や西域《せいいき》（中国領新疆《しんきょう》ウイグル自治区）なども、遊牧の適地とされる。日本人にとっては、この地域こそ遊牧民のイメージが強いのだが、実際には、前述の二つの地域に比べて騎馬遊牧民が登場するのはかなり遅かった。現在の推定では、イラン系アーリア人の後塵を拝すること約四〇〇年の前五世紀に、モンゴル高原に居住していた匈奴がサカ人の影響を受けて遊牧を始めたのが最初だとされている。しかも、匈奴の中核はコーカソイド（白色人種）ではなくモンゴロイド（黄色人種）とされるので、イラン系アーリア人を扱う本書には登場の余地がない。

南下ルート

上述の二つの本拠地を軸に、イラン系アーリア人遊牧民が定住民地帯へ侵入するルートはほぼ固定している。中央アジアを本拠地とする遊牧民は、伝統的にイラン高原東部を足掛かりにしてインド亜大陸に侵出するパターンを踏襲している。部族名で言えば、インド・サカ人、インド・パルティア人などがこれに該当する。ただし、稀にイラン高原東部から西部へ抜けてメソポタミア平原を目指す部族も存在した。代表的なのがパルティア人である。

これに対して、ウクライナ平原〜コーカサス山脈を本拠地とする遊牧民は、コーカサスを越えてイラン高原西部からメソポタミア平原、小アジアへ侵入するパターンを繰り返した。部族名で言えば、キンメリア人、スキタイ人、サルマタイ人、アラン人である。ちなみに、彼らの一部がそのままコーカサス山脈の中で定住民化してしまったのが、現代のオセット人に当たる。

地理的・時代的分布

以上のことを踏まえた上で、イラン系アーリア人遊牧民の地理的・時代的分布を総括しよう。最初に確認されるイラン系アーリア人遊牧民は、前九世紀にウクライナ平原から西アジアに襲来したキンメリア人である。続いて、前七世紀にはウクライナ平原でスキタイ人が確認され、前六世紀には中央アジアでもサカ人が出没する。この両者の名称が異なるのは、前者を観察したのがギリシア人、後者を観察したのがペルシア人という観察主体の差によるもので、客観的には同じ遊牧民を指していたと思われる。

やがて、前三世紀にはウクライナ平原のスキタイ人はサルマタイ人に代わられ、中央アジアのサカ人の一派パルティア人はイラン高原を攻略した。前二世紀になると、中央アジアの塞族《さいぞく》（サカ人）が大月氏に取って代わられ、代わりにインド亜大陸に侵攻する。この状況を簡略化すると、図表4が得

時代	ウクライナ平原	コーカサス山脈	中央アジア	イラン高原	インド亜大陸
前9世紀〜	キンメリア人	—	—	—	—
前7世紀〜	スキタイ人（＝サカ人）	スキタイ人（＝サカ人）	サカ人（マッサゲタイ族）	—	—
前3世紀〜	サルマタイ人	サルマタイ人	サカ人（パルティア人）	パルティア人	—
前2世紀〜	サルマタイ人、アラン人	サルマタイ人	塞族（サカ人）、大月氏	パルティア人	インド・サカ人、インド・パルティア人

図表4　イラン系アーリア人遊牧民の地理的・時間的分布

られる。

このうち、第二章第一節では、それぞれの地域での最初の遊牧民として、キンメリア人、スキタイ人、サカ人を扱いたい。なお、イラン高原のパルティア人やインド亜大陸のインド・サカ人などは、中央アジアのサカ人が移動したものなので、「最初の遊牧民」には含まれない。

先駆的存在

（２）ウクライナ平原のキンメリア人

キンメリア人について確実なことはごくわずかである。キンメリア人のものかも知れない古墳はあるが、確定できていない。論拠は、「スキタイ人以前のものなら、キンメリア人の古墳だろう」という推測に留まる。また、この前後の西アジア史において最も豊富な情報を提供してくれるギリシア語文献にしても、キンメリア人に関する限りホメロスの『オデッセイア』しかなく、史実というよりは神話しか伝わっていない。そもそも「キンメリア人」という名称自体がギリシア語で、自称はついにわかっていないのである。そのギリシア語文献によると、彼らは霧深い黒海北岸に住まい、冥界（ハデス）への入り口を守護する人々とされている。

また、前九世紀当時にオリエントの覇権を握っていたアッシリア帝国（セム系のアッシリア人がメソポタミア平原北部を拠点に形成した帝国。前六一二年に滅亡）も、しばしばコーカサス山脈を越えて北方から侵入する「ギミッラーヤ人」に苦しめられている。それまでの古代オリエント世界で最強を誇ったアッシリア人にしても、戦術としては二輪馬車と下馬してからの弓射しか知らず、高速で移動しながら騎射するイラン系アーリア人遊牧民には非常にてこずったらしい。もし、「ギミッラーヤ人」がキンメリア人を指すとすれば、彼らは連年アッシリア帝国に攻め込んでいたことになる。

幻の存在

ただ、彼らは、西アジアに攻め込んでいるうちにウクライナ平原の防備が手薄になったのか、間隙をスキタイ人に衝かれる形で小アジアへと本拠地を遷《うつ》さざるを得なくなった。前六三〇年代～前六二〇年代には、追撃してきたスキタイ王マドイェスに撃破されて、史上から姿を消している。彼らは、スキタイ人のように独特の黄金文化を遺すこともなく、宗教思想に関しても判然としていない。イラン系アーリア人遊牧民の先駆者として現れ、かなり短期間に消えていった民族である。

ちなみに、このような「幻の存在」だけに、キンメリア人がかえって後世の人々のイマジネーションを掻き立てるのも事実である。特に欧米の人々にとっては、「黄色人種で野蛮な遊牧民」＝フン族などに対して、「白色人種で高貴な遊牧民」＝キンメリア人のイメージをもって語られることになった（黄色人種に属する日本人としては、腑に落ちない話ではあるが）。典型例が、アメリカのＳＦ作家Ｒ・Ｅ・ハワードによる『英雄コナン』シリーズである。作者は、俗説でケルト人の一部族であるキンブリ族がキンメリア人の末裔とされているのに着目し、架空のキンメリア人の英雄に古代ケルト語の男性名「コナン」を冠して活躍させている。しかも、一九八二年には、ドイツ系の俳優をキャスティングして、『コナン・ザ・グレート』として映画化までされた。あくまでイメージ上の話であるが、欧米人にとってのキンメリア人とは、ケルト系とドイツ系を混ぜたような「高貴なる野蛮人」だった。

（3）ウクライナ平原のスキタイ人

スキタイ人の登場

次に登場するのがスキタイ人である。後述するように、彼らは実際にはサカ人といったらしく、スキタイ人とはギリシア語の他称である。しかし、ウクライナ平原と中央アジアの地域性の相違を強調する上では、前者のサカ人をギリシア語でスキタイ人と呼び、後者のサカ人をそのままサカ人と呼んでいる。

彼らの原住地ははっきりしない。一つの手掛かりは、スキタイ人独特の動物文様の最古の実例が、現在のロシア連邦トゥヴァ共和国（モンゴル高原の西北付近）で発見されている点である。もちろん、遺物は移動する可能性もあるし、これだけで故地を確定する決め手にはならないが、中央アジアを起点にして、東西に同心円状に波及したのではないかと推測されている。

スキタイ学の研究資料

彼らに関しては、キンメリア人と違って、定住民の文献がかなり残されている。アッシリア人には、前七世紀以来「イシュクザーヤ」の名称で知られ、バルタトゥア王、マドイェス王などの指揮下に略奪行に現れる迷惑な隣人だった。ギリシア人の中では、ヘロドトス（前四二〇年ごろ没）の『歴史』が、彼らの建国神話や習俗を詳しく語っている。しかし、相互に矛盾する情報も多く、そのまま鵜呑みにはできない（これらを活用したスキタイ人の宗教研究は、居阪二〇〇七年に詳しいので、そちらに譲りたい）。

他方、考古学資料も、高名な「スキタイの黄金美術」を始め充実している。特に近年進展の著しいのが、ウクライナ平原やコーカサス山脈、南ロシア、シベリアで発掘された考古学的遺跡の研究である。これらの物証が旧ソ連圏に偏っている以上、研究成果の大部分はロシア語で公表されており、旧ソ連では「スキタイ学」という独特の学問分野が形成されている。そのため、イラン系アーリア人が研究対象であるにもかかわらず、近年の研究者はロシア・東欧地域研究の枠組みから輩出しつつある（基本的に考古学遺物は、それが埋まっていた国に帰属するのである）。従って、考古学的な「スキタイ学」は、古代イラン学とは懸け離れた地点で展開している別の学問であり、筆者はこれらには暗い（興味のある方は、林二〇〇七年、雪嶋二〇〇八年などを参照していただきたい）。

スキタイ人の歴史区分

そのスキタイ人は、前七世紀ごろ、マッサゲタイ族に圧迫されて中央アジアから西へ向かい、当初はコーカサス山脈付近に拠点を構えたとされる。しかし、偶然にもキンメリア人が出払っていたウク

時代	呼称	位置
前7世紀以前	先スキタイ時代	マッサゲタイ族に追われて中央アジアから移動
前7世紀〜	前期スキタイ時代	コーカサス山脈へ
前6世紀〜	中期スキタイ時代	ウクライナ平原へ
前4世紀〜	後期スキタイ時代	クリミア半島へ
前2世紀〜	—	サルマタイ人によって定住生活へ移行

図表5　スキタイ人の興亡

ライナ平原が空いていたから、そこにもぐりこむ形で黒海北岸のステップの覇権を握った。これを裏づけるのが古墳の分布である。スキタイ人は天幕に移動式の車をつけた幌車《ほろぐるま》で遊牧生活を送っていたので、住居遺跡はめったに出てこないが、古墳だけは豪華なものを造営しているのである。

帝政時代からのロシアの考古学者がそれらを調べているところによると、前七世紀の最初期の葬墓はコーカサス山脈一帯に集中しているのだが、徐々に西へ移動し、前六世紀にはウクライナ平原へ達している。そして、前四世紀からは、スキタイ人もさらに東方から現れたサルマタイ人に圧迫されてクリミア半島へ遷り、前二世紀には滅亡した。従って、スキタイ人の歴史は、図表5のように区分される。

以下では、スキタイ人の社会構成や黄金文化については割愛し、西アジアの定住民との関係、およびその中で育まれたと見られる彼らの宗教文化を概観したい。

スキタイ人とメディア人

スキタイ人も、ウクライナ平原〜コーカサス山脈の覇権を握った前七世紀から、イラン高原西北部への南下を始めた。当時、この周辺に定住していたのは、同じイラン系アーリア人の一派であるメディア人。彼らにとっては災難だが、イラン高原でも西北部一帯ほど遊牧に適した地域はなく、少なくとも夏の間は、モンゴル高原と見間違うばかりの緑の丘陵に恵まれている（写真②参照）。当然、スキタイ人は頻繁にイラン高原西北部へ侵攻し、中にはズィーヴィーイェの遺跡に見られるように、この地で没して王墓を造営したスキタイ人もあった。

②5月のアゼルバイジャン州：メディア人とスキタイ人が混住した牧草地帯。イラン高原にしては緑が多く、羊の放牧に適している。スキタイ人はここを目指して、いくどとなくコーカサス山脈を越えた。

やがて、これらのスキタイ人はメディア人と混交し、前六七二年に彼らがアッシリア帝国から独立するのに深く関わっている。この時に成立したメディア王国が、イラン系アーリア人定住民が最初に建てた国家である（メディア人については、第三章第一節を参照）。このメディア王国は、スキタイ人を自らの部族の一部として吸収して強大化し、前六一二年にはアッシリア帝国を滅ぼしてオリエントの大国に急成長した。スキタイ人は、古代オリエントへ乱入して略奪するだけの存在から、間接的ながら、イラン系アーリア人定住民の古代帝国の成立に関与する存在へと発展したのである。

スキタイ人とペルシア人

続く前五五〇年、西アジアの覇権は、メディア人の手から、イラン高原西南部を本拠地とするペルシア人の手に移った（ペルシア人については、第三章第二節を参照）。そして、彼らがアッシリア帝国やメディア王国以上の世界帝国を築いたところから、やがて、西アジアの定住民のほうから中央アジアやウクライナ平原の遊牧民に対して撃って出るようになった。その第一弾が、次節で述べるように、ペルシア帝国の創始者クル（キュロス）大王（在位前五五九〜前五三〇年）による中央アジアのマッサゲタイ族への遠征だが、この時はクル大王が返り討ちに遭って、遊牧民の実力を見せつけられる結果に終わっている。

それから一八年後の前五一二年、今度は第三代皇帝ダーラヤワウ（ダレイオス）一世（在位前五二六〜前四八六年）が、ウクライナ平原のスキタイ人に対する遠征を組織した。頻繁にコーカサス山脈を越えてやってくる遊牧民を、一度は叩いておきたかったのだろう。ヘロドトスの『歴史』第四巻によると、彼は公称七〇万と号する大軍を動員してイラン高原から出撃し、コーカサス越えではなく、小アジアから東欧経由でウクライナ平原へ侵攻した。オリエントの古代帝国による対外遠征としては、大迂回の遠征ルートといい、動員人数といい、空前絶後の軍事作戦である。

しかし、黒海を制圧する海軍まで動員して、勢い込んでドナウ河を北渡したにもかかわらず、戦果は芳しくなかった。スキタイ人は幌車に乗って家財道具もろとも撤退していく焦土戦術をとったので、ペルシア帝国軍は一日行程の先を逃げるスキタイの軽装騎兵の影を追いつつ、虚しい北上を続けざるを得なかったのである。結局、ダーラヤワウ一世はスキタイ王に何度も挑戦状を送ったものの相手にされず、大規模な会戦は一度も起こらないままに、六〇日間の日数と莫大な戦費を蕩尽しただけで撤退を余儀なくされた。戦略目的を達しなかったペルシア帝国の敗北だった。

それにしても、ペルシア帝国による二度の大遠征の対象が、いずれも中央アジアのサカ人とウクライナ平原のスキタイ人であった事実は、古代オリエントを統一したイラン系アーリア人定住民にとっての最大の脅威は、ウクライナ平原から中央アジアで活動するイラン系アーリア人遊牧民だったことを物語っている。

クリミア半島への撤退

軽装騎兵での騎射戦術と焦土作戦を得意として、ペルシア帝国に苦杯を嘗めさせたスキタイ人にも、衰亡の時は来た。前三～前二世紀になると、スキタイ人の首都と見られる遺跡がクリミア半島へ移動しているのである。クリミア半島では遊牧は不可能で、スキタイ人は文字通りコーナーに追い詰められていた。その原因は、このころに東方のヴォルガ・ドン河下流域から移動してきた新興のイラン系アーリア人遊牧民、サルマタイ人にあったらしい。純粋に戦術的な面から類推するなら、重装騎兵での刀槍戦術を得意とする彼らが、軽装騎兵のスキタイ人を圧倒してクリミア半島で定住せざるを得なくさせたと見られている。ウクライナ平原のステップでの遊牧勢力としてのスキタイ人は、前二世紀には滅んだと見てよさそうである（クリミア半島の定住民としてのスキタイ人は、後三世紀まで確認されている）。

スキタイ人の宗教

スキタイ人の宗教観念は、ギリシア人による記録と古墳の発掘から推定される。スキタイ人のパンテオンの最高神といえば、破壊神、戦闘神を予想してしまうのだが、実際には竈《かまど》の女神タビティ（スキタイ語の原語。ギリシア語ではヘスティア）が最も敬われていたとされる。現在までの研究の成果によれば、この女神が、スキタイ王が宣誓する神であり、王権を付与する神である。竈の尊重は、その中で燃やされたであろう火を礼拝対象とするのではないかと思わせるし、そうであったほうがイラン系アーリア人の宗教として説明がつきやすいのだが、記録ではそうなっていない。「竈崇拝＝拝火儀礼」と飛躍する研究者もいるものの、厳密に言えば、竈の外形部分だけを崇拝対象としていた可能性を捨てきれず、彼らが拝火儀礼を行っていたという確証はない。

このタビティ及びそれ以外の神々への礼拝は、馬などの犠牲獣を捧げる形で行われた。特定の神殿は存在していないので、任意の場所に祭壇を造営し、草の上で犠牲を屠《ほふ》ったらしい。これは、馬を牛に置き換えるなら、ゾロアスター教の原始教団の儀礼とおおむね一致する。たぶんイラン系アーリア人にとって、牧畜時代には牛が最も貴重な家畜だったが、遊牧生活に入ると鈍足の牛を連れて移動などはとてもできず、代わりに最高の家畜の座を占めるに至った馬を神に捧げたのであろう。

また、スキタイ人には、宗教を司る人々が二系統存在したことが知られている。一つは、柳の枝を束にして、それを並べながら運勢を占う占い師である。植物の枝を用いる点では、ゾロアスター教神官が儀式の際に用いるバルソム枝を連想させるが、両者の関係は解明されていない。もう一つは、菩《ぼ》提樹《だいじゅ》の樹皮を用い、生殖能力を失って女性化した男性――通称「おとこおんな」――が担う占い師である。彼らを「エナレエス」（ギリシア語。スキタイ語の原語は記録されていない）と称し、スキタイ人独特の宗教者とされる。彼らについては、ゾロアスター教の中に類似例を見いだせないので、アーリア人以外の宗教文化に影響されたものと考えられる。

（4）中央アジアのサカ人

多様な集団を内包した遊牧民

ここで、ウクライナ平原から中央アジアへ目を転じよう。前九世紀の段階で中央アジアにいた遊牧民は、民族的に均質な集団ではなかった。集団のリーダーとなったのはイラン系アーリア人の言語を話す人々だったにしても、彼らの下に多様な民族を内包し、それらがまとまって遊牧生活へ移行したらしい。人類学の成果に照らせば、前六〜前五世紀ごろのサカ人には、コーカソイドだけでなくモンゴロイドの形質を持つ人々も混ざっているのである。たしかに、生活形態と語族や人類学的形質は無関係だから、遊牧が有利と見れば、白色人種でも黄色人種でも関係なくそちらに移行したのは想像に難くない。

ちなみに、彼ら（の少なくとも一部）はトーテムとして鹿（サカー）を多用したので、古代ペルシア語でサカー人（日本語や英語の慣用では、語末を短母音にしてサカ人）、ギリシア語ではそれが転訛《てんか》したスキタイ人と呼ばれるようになった。彼らがなにゆえに鹿をトーテムとしたかはわかっていない。現在のキルギス共和国には前五世紀にサカ人が描いたと見られる多数の岩絵が残されており、大半は狩猟の対象としての羊や鹿がモチーフなので、望ましい獲物を部族のシンボルにしたのかも知れない。

あるいは、ずっと時代が下るが、一四世紀のモンゴル人が「蒼き狼と惨白《あおじろ》き雌鹿の子孫」と名乗っていたことと関連して、鹿を崇める祖先神話を持っていた可能性もある。

いずれにしても、たまたまペルシア人やギリシア人の目に留まった遊牧民の代表が鹿を祀るサカ人だったので、次第にこの遊牧民全体がサカ人の名称をもって呼び習わされるようになった。実際には、この下位概念として、マッサゲタイ族など無数の部族が存在していたと考えてよいらしい。

マッサゲタイ族とクル大王

このサカ人の事跡がある程度判明するのは、前六世紀にイラン系アーリア人定住民の一派であるペルシア人が、オリエント全域を支配する古代帝国を樹立し、彼らと対峙《たいじ》し始めてからである。ヘロドトスの『歴史』第一巻によれば、ペルシア帝国の創始者クル大王は、エジプトを除く全オリエントを征服した後の前五三〇年、中央アジアのマッサゲタイ族を新たな政治秩序の中に吸収しようと北伐の途についた。まずはソグディアナにキュロポリス（ギリシア語名。古代ペルシア語名は不明）という城塞都市を築いたクル大王はマッサゲタイ族の女王トミュリスに求婚したと伝わるので、最初は必ずしも軍事的な征服を意図したわけではなく、平和的な併合を目指したようである。しかし、マッサゲタイ族はペルシア帝国の新秩序に組み込まれることを嫌ったのか、交渉は決裂して戦端を開くに至った。

この時の戦闘の模様は、ヘロドトスに詳しい。最初は弓射での遠距離戦、次に刀槍での接近戦に突入したとされるので、遊牧民に有利ということもなかったようだが、結果的にはクル大王が思わぬ不覚を取って戦死し、決着がついた。マッサゲタイ族――広く言えばサカ人――は、女王に率いられて世界初の大帝国の創始者を討ち取り、彼の遺体を血の海に放り込むことで、人類史上に登場したのである。

マッサゲタイ族の宗教

ヘロドトスの記述によれば、このマッサゲタイ族は、太陽崇拝、聖火崇拝、馬崇拝を行っていた。旧ソ連の考古学者Ｂ・Ａ・リトヴィンスキーは、これを論拠に、マッサゲタイ族の間では一種のゾロアスター教が流布していたと考えている。ただ、旧ソ連の学者は、意外にゾロアスター教の宗教思想に対する認識が薄く、この説もどこまで信用してよいかわからない。慎重を期するなら、イラン系アーリア人に一般的だった太陽崇拝や拝火儀礼がマッサゲタイ族の間でも見られ、それらは部分的に現在知られているゾロアスター教と一致するといったところではないだろうか。

マッサゲタイ族の宗教を知るもう一つの手掛かりは、現在のトゥルクメニスタン西北部にあるイチアンリ（Ichianli）遺跡である。これは、前五〜前二世紀に比定される石造建築物で、ウズボイ河床付近の遊牧民の宗教センターと考えられている。その遺構は太陽崇拝と馬の犠牲祭を裏づけているので、やはり彼らの宗教はゾロアスター教とは微妙に違い、騎馬遊牧民風にアレンジされた宗教だったようである。もしもこれらの石が語ることができたら、最初期のイラン系アーリア人遊牧民の宗教思想がもっとよく判明するのだが。

三種類のサカ人とダーラヤワウ一世

クル大王を討ち取ったマッサゲタイ族に続いて、若干時代が下ったころに、三種類のサカ人の事情が判明している。すなわち、ペルシア帝国の第三代皇帝ダーラヤワウ一世が自らの碑文において、

①ソグディアナの向こうの「ハウマ崇拝のサカ人（サカー・ハウマワルガー）」

②黒海北岸の「海の向こうのサカ人（サカー・タヤイ・パラドヤラ）」

③アム河以北の「尖帽のサカ人（サカー・ティグラハウダー）」

に言及しているのである（古代ペルシア語碑文に興味のある方は、全訳として伊藤一九七四年を参照していただきたい）。このうち、ビーソトゥーン碑文では、③の「尖帽のサカ人」――マッサゲタイ族と思われる部族――がペルシア帝国に服属しているから、ダーラヤワウ一世の即位から数年以内に中央アジアの政治秩序に変化があったらしい。ペルシア人が何らかの軍事的な成功によってマッサゲタイ族を降すか、外交的に中央アジア情勢を安定させたものと見られる。ダーラヤワウ一世は、前述のように中央アジアのサカ人へ遠征する代わりに、ウクライナ平原のスキタイ人を討伐対象としている。

この後、中央アジアのサカ人の動静は杳《よう》として知れなくなる。それなりの秩序が構築されていたのか、活発に南進していたが記録に残らなかったのかさえわからない。次に彼らが歴史の表舞台に登場するのは、二〇〇年後。マッサゲタイ族の末裔であるパルニ族がイラン高原に侵入して、遊牧民が定住民を支配するタイプの初めての帝国を築く前三世紀のことである（パルニ族については、第二章第三節参照）。

2 サルマタイ人、アラン人――フン族との遭遇とウクライナ喪失（前三～後四世紀）

（1）サルマタイ人の覇権（前三～後一世紀）

東方からの重装騎兵

ウクライナ平原に視点を取って遊牧民の興亡を眺めると、しばしば東方の中央アジアから新手の遊牧民が湧くように出現し、古参の遊牧民を圧倒してウクライナ平原を手中に収めている。前七世紀にスキタイ人がキンメリア人に取って代わったのが正にそのパターンだった。そして前三世紀になると、東方からサルマタイ人が現れ、スキタイ人の地位を脅かした。

彼らの起源についてはよくわかっていない。以前の学説では、ヘロドトスが「スキタイ人とアマゾネスの末裔」と報告している「サウロマタイ人」が、彼らの祖先だと考えられていた。しかし、現在では、考古学遺跡の様式がまったく異なることから、両者は別系統の民族とされている。いずれにしても、証拠が少ないので、サルマタイ人はサウロマタイ人とは異なるイラン系アーリア人の新手の一派だという以外、彼らのルーツについて確実なことは言えない。

彼らは、いかなる方法によってか重装騎兵という新戦術を編みだし、これによってヴォルガ・ドン河下流域からウクライナ平原全域に進出して、前二世紀までにはスキタイ人をクリミア半島に封じこめた。これ以降もしばしば見られる草原の覇権交代である。以後、彼らは連合国家を造ることもな

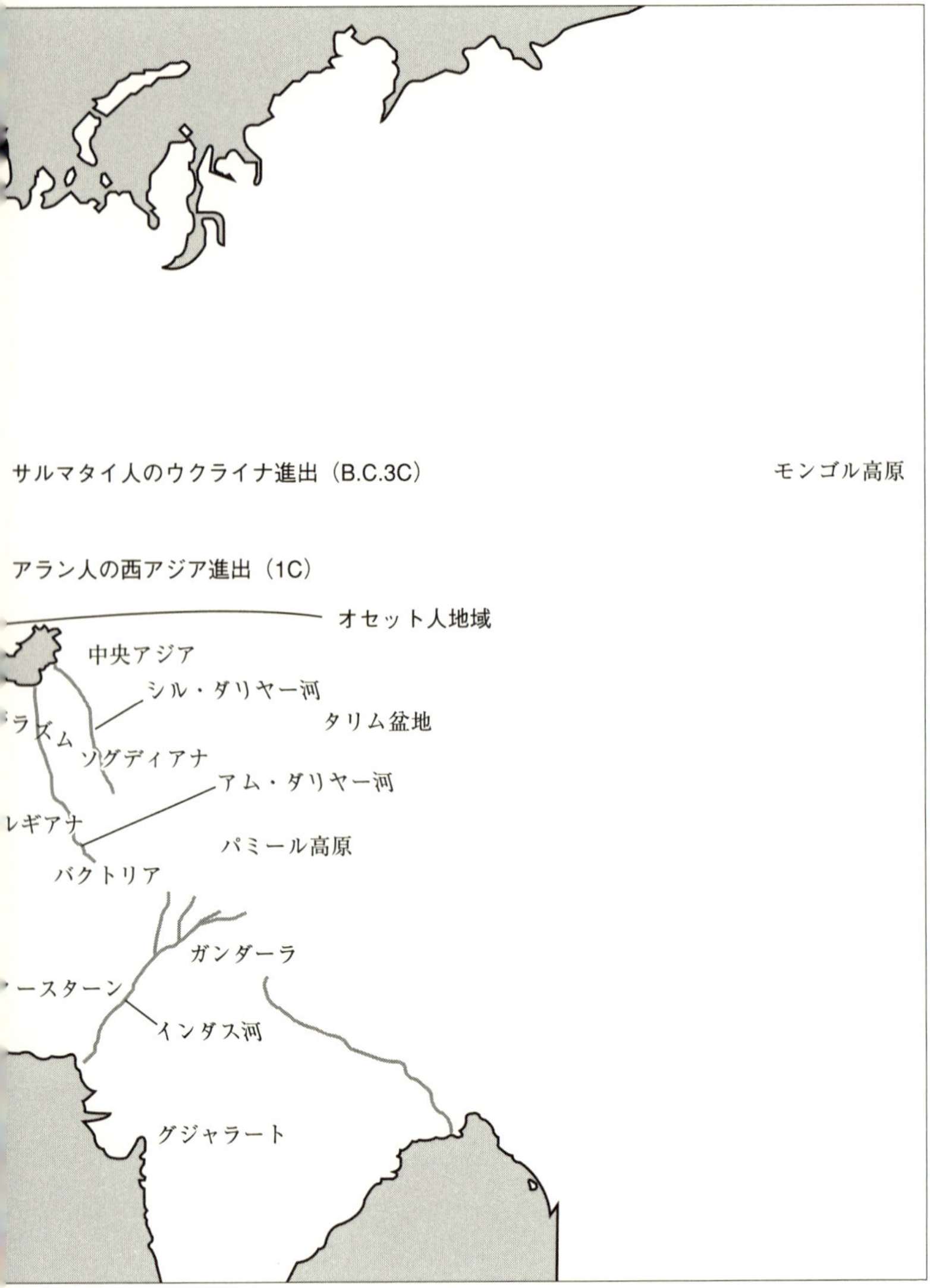

サルマタイ人のウクライナ進出（B.C.3C）
モンゴル高原
アラン人の西アジア進出（1C）
オセット人地域
中央アジア
シル・ダリヤー河
タリム盆地
ラズム
ソグディアナ
アム・ダリヤー河
レギアナ
パミール高原
バクトリア
ガンダーラ
ースターン
インダス河
グジャラート

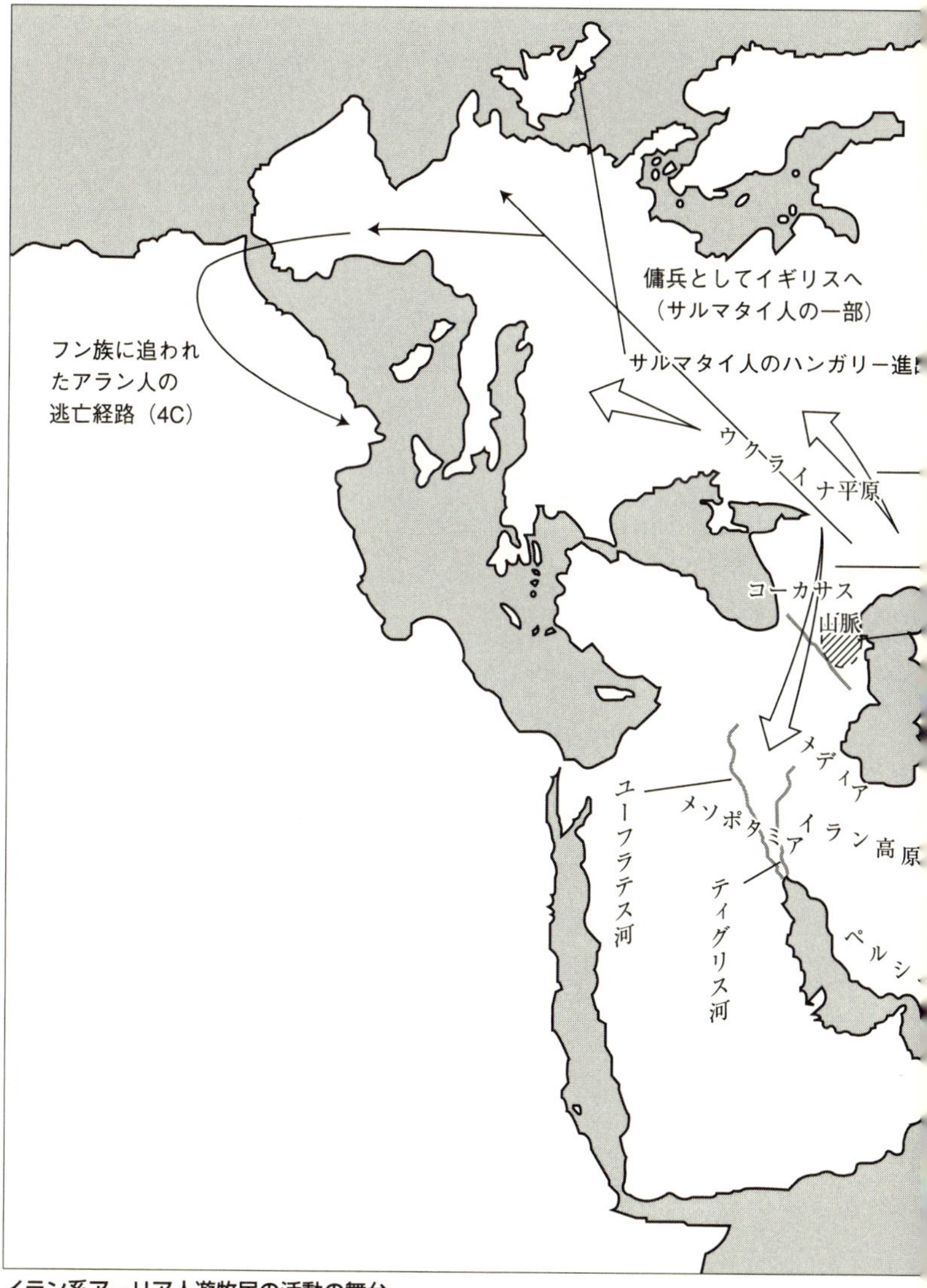

イラン系アーリア人遊牧民の活動の舞台
（サルマタイ人、アラン人）

く、部族単位での抗争を繰り返しながら、後一世紀まではウクライナ平原の覇権を保った。

ヨーロッパへ現れた重装騎兵

サルマタイ人はスキタイ人とは違い、コーカサス山脈を越えて西アジアへ侵入するよりは、東欧へ侵攻してローマ帝国北辺を脅かすほうを選んだ。主としてハンガリー平原でローマ帝国と交戦し、状況によってはローマ帝国の傭兵にもなった。傭兵の中には、マルクス・アウレリウス帝によってブリテン島の北方守備に送り込まれた重装騎兵軍もあり、現在でもイギリス北部ではサルマタイ人の遺跡が出土している（後述のように、サルマタイ人もイラン系アーリア人の一派として拝火儀礼を行ったとされるので、彼らの駐屯地の遺跡から拝火神殿の遺構が出土しないかと期待しているのだが、今のところそのような報告はない）。サルマタイ人は、古代オリエント史に登場する機会は少なく、むしろヨーロッパ史に大きな足跡を遺した民族である。

サルマタイ人の宗教

ギリシア人の記録によると、サルマタイ人は、拝火儀礼を行い、雌馬（メスでなくてはならなかったらしい）の犠牲祭を実行していたとされる。ここまでは、イラン系アーリア人らしい宗教を予想させる。しかし、彼らが記録した「拝火儀礼」とは、地中に遺体を埋めた上で墓に火をつけて拝むというものであり、しかもそれを司ったのは、円鏡や扇子などと共に葬られている巫女《ふじょ》たちであったと推定されている。神への礼拝儀式としての拝火儀礼は行ったかも知れないが、記録には残っていない。

原始教団時代のゾロアスター教はたしかに土葬を行っていたものの、その上に火を放って拝んだかどうかはわからない。現代のパールスィーは、葬儀の際、死者に群がる悪魔を祓《はら》う魔除けの火を焚《た》くから、何らかの除魔儀礼と関係するのかも知れない。また、現在のゾロアスター教では女性を最高レベルの宗教行事には携わらせない。しかし、ギリシア語の記録によれば、遊牧という独特の生活形態のゆえに、サルマタイ人は女性にも戦闘能力を求めたとされる。だとしたら、定住民よりもはるかに男女区別が少なく、女性にも男性同様の宗教的権能が認められていたのかも知れない。

いずれにしても、彼らの宗教に関するデータは、牧畜時代のイラン系アーリア人の原始宗教が、定住民の宗教であるゾロアスター教とは別の遊牧民的な方向へ向かって発展していったモデルとして、非常に貴重である。今後のゾロアスター教研究は、定住民だけでなく、ユーラシア大陸全域に拡散したイラン系アーリア人遊牧民の諸宗教も視野に入れて進めなくてはならないと思う。

(2) フン族以前のアラン人の覇権(一～四世紀)

さらなる重装騎兵

一世紀初頭には、さらに東方からアラン人と称する遊牧民集団が現れ、サルマタイ人を駆逐してウクライナ平原の覇権を握った。彼らをマッサゲタイ族の支族とする伝説もあるが、真偽は不明である。ただ、中央アジア起源であることはたしからしく、「アラン人」の名称は『魏略《ぎりゃく》』(三世紀に成立した史書。三国魏の歴史を扱うが、現在では散逸して逸文のみ)にも「阿蘭」として登場している。しかも、「アラン人」は「アーリア人」が転訛したものと推定されるから、彼らはまごうかたなき中央アジア出自のイラン系アーリア人遊牧民であった。ついでに言えば、このような純粋のイラン系アーリア人遊牧民がウクライナ平原の覇権を握るのは、アラン人で最後になる。

アラン人がサルマタイ人を圧倒した理由は明確になっていない。アラン人の軍備はサルマタイ人と変わらぬ重装騎兵であって、後者を圧倒する理由にはならない。おそらく、政治的な離合集散の末にサルマタイ人を中心とする部族連合が崩れ、代わりにアラン人を中心とする部族連合が成立したのではないだろうか。

オリエントへの侵入とコーカサス版「万里の長城」

サルマタイ人がオリエントへ遠征する機会をほとんど持たなかったのに比べて、アラン人は頻繁にコーカサス山脈を越えた。まず、一世紀前半には、王統が断絶して危機的状況にあったアルシャク王朝に対して大遠征を繰り返し、新王朝の創始者アルタバーン二世を苦しめている。これ以降、少なくとも六四年と一三四年にも大規模な侵入が記録されているので、アルシャク王朝は、同じイラン系アーリア人遊牧民であるアラン人によくよくカモにされた（アルシャク王朝については、第二章第三節を参照）。

結局、アルシャク王朝は、コーカサス山脈に一種の「万里の長城」を築いて、ウクライナ平原からの遊牧民の侵入を食い止めようと考えたらしい。具体的な建造時期は不明なのだが、三世紀の碑文には「アランの門」が言及されているから、これ以前に完成していたようである。次いで、サーサーン王朝のシャーブフル二世（在位三〇九～三七九年）は、コーカサス山脈に石造の「ダルバンドの門」

（別名で「カスピの門」）を造営し、アラン人の侵入に備えた。この遺跡は現在でも残っているが、シャーブフル二世にとっては気の毒なことに、四世紀にはアラン人自体がウクライナ平原での覇権を失い、せっかくの「ダルバンドの門」もあまり役に立った形跡がない。

フン族の侵入

（3）フン族以後のアラン人（四世紀〜現在）

アラン人のウクライナ平原における覇権の終焉は四世紀である。今回東方から襲来した遊牧民は、イラン系アーリア人ではなく、テュルク系と考えられるフン族だった。クレルモンの僧正シドニウスの記録によれば、彼らは「短軀で偏平鼻で細目のぞっとするような姿」と形容され、「長身、美形で金髪」とされたアラン人とは評価が正反対に違う。記録しているのがフランス人なので、同じ白色人種には甘い反面、初めて見た黄色人種には想像以上に点が辛いのである。

そのフン族の来歴は不明なのだが、わずかに伝えられる単語などから、前五世紀にサカ人から遊牧技術を習得したモンゴル高原の匈奴の一派が、そのまま西走したと推定されている。ただ、遊牧民は離合集散を繰り返すので、中核は匈奴系だったにしても、実際にはいろいろな集団を巻き込みながらウクライナ平原に到達したと考えたほうがよさそうである。

歴史上は、フン族の襲来がゲルマン民族（図表1の①に示した印欧語族中のヨーロッパ系の一派。ドイツ人の祖）の大移動を引き起こし、ローマ帝国の滅亡を促したと説明されることが多い。しかし、正確を期するなら、モンゴル高原から到来したフン族と北欧・中欧のゲルマン民族の間には、ウクライナ平原のアラン人が存在していたことを忘れてはならない。そして、フン族の到来によって、ウクライナ平原の覇権がイラン系アーリア人遊牧民からテュルク系遊牧民に遷《うつ》ったことは、古代イラン学者から見れば、ヨーロッパ研究者にとってのゲルマン民族の大移動に劣らない一大事件であった。

アラン人の四散 ①ヨーロッパへ

三七〇年ごろにフン族によって蹴散らされたアラン人は、ヨーロッパ方面とコーカサス方面に活路を求めた。このうち、ヨーロッパへ逃避したアラン人は、次に標的となったゲルマン民族と共にフン族に対抗した――というか、対抗しきれずに、一緒になって落ち延びた。彼らは、ゲルマン民族の中のゴート族やヴァンダル族と共にライン河を渡ってフランスへ、さらにピレネー山脈を越えてスペインへと落ち延び、一部の部族はジブラルタル海峡まで渡って北アフリカのカルタゴ（現在のチュニジア共和国）に到達している。

彼らの大部分はそのまま消滅したのだが、中にはヨーロッパに痕跡を残した者もいる。たとえば、フランスでは、アラン人たちはロワール河流域――特にオルレアン周辺――で遊牧生活を続けた。フランス語の男性名「アラン（Alain）」や英語の男性名「アラン（Alan）」は、このアラン人の入植以前には確認されていないので、状況証拠から類推するなら、彼らに由来すると見られている。また、スペインの「カタロニア（Cataluña）」地方は、「ゴート族（Gothe）とアラン人（Alan）」が多く住み着いたために、両者の名前が結合してこの地名が成立したと伝わる。

また、従来はケルト人の伝説に由来すると考えられていた「アーサー王と円卓の騎士」の物語の一部分も、ブリテン島に渡ったこのイラン系アーリア人の伝承を取り入れたとの仮説が提出されている。所説の当否は不明だが、少なくとも、聖なる剣に対する信仰、聖杯への憧れ、龍のシンボル化などの点で、アーサー王とこのイラン系アーリア人遊牧民の間に共通性があることは確かである。

さらに、古代にはローマ帝国軍の影響を受けて、大楯・ジャベリン（投槍）・短剣を標準装備したヨーロッパの戦士が、中世になると甲冑を纏《まと》った騎士に転換するのも、アラン人の重装騎兵の影響と推定されている。中世ヨーロッパ文化に対するイラン系アーリア人遊牧民の影響は、想像以上に大きいのである。

アラン人の四散 ②コーカサスへ

コーカサス方面へ逃げ延びたアラン人は、それほど大移動せず、山岳地帯に定住して農耕民となった。一〇世紀には、キリスト教に改宗したことが確認されている。以後、このアラン人の子孫はさまざまな要素を織り交ぜつつ、現在のロシア連邦の北オセティア共和国と、グルジア共和国の南オセティア自治州にまたがって住むオセット人として存続している。単純化すれば、キンメリア人→スキタイ人→サルマタイ人→アラン人と継承されたウクライナのイラン系アーリア人騎馬遊牧民の末裔が、この定住したオセット人である。

宗教研究上の彼らの重要性は、オセット語によって独特の「ナルト叙事詩」という神話を保持している点にある。二〇世紀の比較神話学者G・デュメジル（一八九八～一九八六年）は、この「ナルト叙事詩」を大きく評価し、イラン系アーリア人遊牧民の宗教体系を集約しているとみなして、彼の比較神話研究の重要なベースにした。ただ、「ナルト叙事詩」は代々口承によって伝えられてきたこと、文字化されたのは一九世紀後半に過ぎないこと、その間に異質の要素が入り込む余地は充分に考えられることなどから、オセット人の宗教思想をそのままスキタイ人やサルマタイ人に遡及させて論じるのは無理かも知れない（ナルト叙事詩とその比較研究に興味のある方は、リトルトン一九九八年などを参照していただきたい）。

余談であるが、日本で活躍したオセット人も存在する。元・大相撲力士の露鵬《ろほう》（一九八〇年〜）・白露山《はくろざん》（一九八二年〜）兄弟と若ノ鵬《わかのほう》（一九八八年〜）は、四股名《しこな》に「露」の字が付いていたりするのでロシア人と誤解されるが、実際にはロシア連邦北オセティア共和国出身のオセット人である。また、露鵬と若ノ鵬の本名「ソスラン」は岩から生まれた太陽神、白露山の本名「バトラズ」は聖杯の守護者に当たり、イラン系アーリア人の宗教思想の中ではじつに由緒正しい名前である。イラン学者にとっては、彼らの角界入りは、スキタイ人の子孫が先祖伝来の武勇を披露するために来日したように思えたものだったが……。

3　パルティア人——イラン高原に五〇〇年に及ぶ遊牧王朝を樹立（前三〜後三世紀）

（1）パルティア人とアルシャク王朝史の区分

定住民支配からの解放と遊牧民の征服活動

ここで、舞台はウクライナ平原やコーカサス山脈から中央アジアへと飛ぶ。いよいよ、遊牧民が定住民を支配する新しいタイプの国家の誕生である。その立役者となったパルニ族とは、中央アジアのサカ人の系統を汲むイラン系アーリア人遊牧民の一派で、マッサゲタイ族の分派ダーハ族の出自とされる（このダーハ族の名前は、現在のトゥルクメニスタンのダヒスターンという地名に残っている）。彼らは、ペルシア帝国が強勢な間はその支配下に一定の秩序を構築していたと見られるが（ペルシア帝国については、第三章第二節を参照）、前三三〇年の同王朝滅亡後、後継国家であるセレウコス王朝が中央アジアまで支配権を及ぼせなかったのに乗じて、イラン高原への南下を始めた。この相互作用は、中国王朝と北方遊牧民の関係に似ているかも知れない。

近年の考古学の発掘調査によれば、パルニ族の最初の移動先であるダヒスターン〜コペト・ダーグ山脈周辺には、前三〇〇〇年紀から定住文明が発達していた。ここにあった都市国家は、セレウコス王朝時代にヘレニズム文化を受容してポリスを形成しており、彼らが新来のパルニ族に定住民との共生方法を教えたようである。この意味で、ダヒスターンへ移動後のパルニ族を単純な遊牧民と割り切ることはできず、「定住民との共生を覚えた遊牧民」と捉えるべきである。この経験が、イラン高原侵入後に生きてくる。

そのパルニ族は、前三世紀半ばにカスピ海東南岸一帯のパルサワ（ギリシア語でパルティア）の支配権を握った。われわれが普通に使っている「パルティア人」という名称は、パルニ族が一時的に占領したこの地域の地名を冠した他称に過ぎない。しかし、この瞬間を目撃・伝聞したギリシア人・ローマ人は、パルニ族をパルティア人と認識してしまい、その影響は現代まで及んでいる。

ウクライナ平原
前期アルシャク王朝の領域
コーカサス
山脈
中央アジア
シル・ダリヤー河
タリム盆地
ホラズム
メディア
ニサー
ソグディアナ
テスイフォン
アム・ダリヤー河
ハマダーン
マルギアナ
イラン高原
ヘカトンピュロス
パミール高原
全盛期の
アルシャク
王朝の領域
メソポタミア
バクトリア
クシャーナ王朝
ペルシア
ガンダーラ
スィースターン
インド・サカ王朝
インダス河
パフラヴァ王国
グジャラート

イラン系アーリア人遊牧民の活動の舞台
（パルティア人）

つまり、中央アジア～イラン高原東北部での遊牧民の系統を整理すれば、サカ人→マッサゲタイ族→ダーハ族→パルニ族＝パルティア人という推定図式が得られる。

アルシャク王朝史の区分

このパルニ族の族長アルシャクが建てた王朝を、鼻祖の名をとってアルシャク王朝と呼ぶ。この王朝は、当初はイラン高原の辺境に割拠した一遊牧民国家に過ぎなかったが、やはり重装騎兵の威力なのか、またたく間にイラン高原北部を蹂躙《じゅうりん》してメソポタミア平原まで侵攻し、短期間のうちに中央アジア～イラン高原～メソポタミア平原を束ねる大国家を建設した。しかも、西アジアでは初めての遊牧民が定住民を支配する征服王朝であるにもかかわらず、その支配は五〇〇年近く続いた。この点で、後のセルジューク王朝（一〇三七～一一五七年）などの形態を先取りしていたし、タイムスパンだけに注目するなら充分成功したと言ってよい。遊牧王朝を研究する立場からは、アルシャク王朝はもっと注目されてよい存在である。

ただ、アルシャク王朝は、五〇〇年の間、まったく性格を変えずに継続していたわけではない。資料が乏しくて確実なことは言えないのだが、少なくとも二回は国家の性格を変える事件があった。それを区切りとすると、アルシャク王朝史は以下の三期に分けられるだろう。

初期：遊牧時代……前二四七年にパルニ族の族長アルシャクが即位してから、前一四一年に第五代王ミフルダート一世がメソポタミア平原を制圧するまで。辺境の遊牧民国家として、西へ西へと征服活動を繰り返した時期である。

中期：遊牧と定住の複合時代……前一四一年から、後一二年にアルタバーン二世が即位するまで。メソポタミアの都市文化や定住民の文化遺産に触れ、ギリシア系都市市民や定住したパルニ族と、遊牧生活にとどまるパルニ族の間で反目が深まる。

後期：遊牧への揺り戻し時代……一二年から滅亡する二二四年まで。内戦の結果、遊牧民の支持を得たアルタバーン二世が即位し、ギリシア文化を捨て去って遊牧生活への揺り戻しが始まる。アルタバーン二世は母系でアルシャク家と繋がるだけなので、実質的には王統交代があったといえる。

以下では、この時代区分に従って、パルニ族＝パルティア人の事跡を追ってみよう。

（2）イラン高原・メソポタミア平原進出——初期の遊牧民国家

辺境の遊牧王朝として

前二四七年に族長アルシャク一世がアサークの街で王に推戴《すいたい》された時から、アルシャク王朝が始まった。最初の首都は、現在のトゥルクメニスタンにあるニサーの街（写真③参照）。しかし、彼はギリシア文化に心を惹かれ、すぐにギリシア語でヘカトンピュロス（＝百門の都市）と呼ばれる街に遷都して、「ギリシア文化の愛好者」を名乗っている。

このパルニ族長の名前アルシャク（パルティア語）が、ハカーマニシュ（アケメネス）王朝の皇帝即位名アルタクシャサ（アルタクセルクセス）と同じ造語法を採っているがゆえに、彼が同王朝の後継者を意識していたとする説もある。たしかに、ハカーマニシュ家の皇帝即位名の一つを名乗るとい

③アルシャク王朝の都ニサーの遺跡：アルシャク王朝最初期の都ニサーの遺跡。前247年、遊牧民パルニ族たちはここで新王朝を旗揚げした。

うことは、政治的な意味があったのかも知れない。しかし、すぐにギリシア文化に飛びついているところから察すると、初期アルシャク王朝にハカーマニシュ王朝の後継者という自覚があったとは考えがたい。そのようなスタンスを取るのは、イラン高原全土を制圧した中期以降であり、初代がアルシャクと名乗ったのは偶然だったようである。

アルシャク家の威信

この辺境の叛乱者たちは、一〇〇年間はパルティア地方の遊牧王朝にとどまっていた。イラン高原全体の主権を保持していたのは、ギリシア人によるセレウコス王朝であり、アルシャク王朝は、良くてその傘下の属国、悪ければ討伐の対象に過ぎなかった。しかし、パルニ族は強固な父系制社会だったらしく、アルシャク一世の後裔を中心とした王朝の団結は堅かった。このため、歴代王はいずれも「アルシャク」の称号を名乗り、王朝最後の日までアルシャク家の求心力を見せつけている。中国の史書でも、同家が支配する国家は、「波斯《ペルシア》」

などの地名をもって表記される他の王朝とは対照的に、アルシャク家の家名の訛音をもって「安息《あんそく》」とのみ記されている。

（3）遊牧民と定住民の葛藤――中期アルシャク王朝

ミフルダート一世の重装備装甲騎兵による征服活動

この辺境の遊牧王朝を一躍世界帝国に押し上げたのが、第六代ミフルダート一世（在位前一七一〜前一三八年）である。このころのパルニ族は、サカ人以来の軽装備の機動騎兵による騎射戦法に加え、サルマタイ人と同様に重装備の装甲騎兵による突撃戦法も習得していたらしく、両者を混合させた戦力でギリシア人を圧倒した。彼らを率いたミフルダート一世は、一代のうちにイラン高原北部を西進し、前一四一年にはセレウコス王朝からメディア地方、メソポタミア平原の支配権を奪取している。また、征服経路に当たっていなかったイラン高原南部の地方王朝の服属もそのまま受け入れ、きわめて短期間のうちに西アジアの覇権を掌握した。アルシャク家の王統としては六代目だが、ミフルダート一世をもって実質的な世界帝国の建国者といっても過言ではない。

しかし、パルニ族以外の定住民を支配下に収めるとなると、「アルシャク家の出自」だけでは支配の正統性を保てない。そこで、ミフルダート一世は、イラン系アーリア人定住民の伝統に影響されたか、ハカーマニシュ王朝が用いていた「バシレオス・メガロス＝大王」の称号を名乗って定住民の上に君臨した。もしかしたら、イラン系アーリア人遊牧民を支配する際には「アルシャク」の称号を用い、イラン系アーリア人定住民を支配する際にはハカーマニシュ王朝の伝統を継ぐ「大王」の称号を使い分けたのではないかと思われる。

しかし、土着の定住民の上にそのまま乗った形で覇業を達成したため、ギリシア系の都市市民の心服を得るには至らず、また、地方王朝も温存したから、直轄領の少ない王朝の基礎は脆弱だった。その上、遊牧国家から発展したので、一定の土地に根差した王朝でもない。称号の面での工夫も重要だが、アルシャク家の覇権を保証したのは、遊牧民としての軍事力、各部族に対するアルシャク家の求心力、及び征服者としての権利の主張だった。

ミフルダート二世による世界帝国の完成

第八代ミフルダート二世（在位前一二三～前八三年）の時代になると、帝国の重心は発祥の地中央アジアからメソポタミア平原へと大きく移り、ここに新首都クテスィフォンを造営した。だが、出身基盤である中央アジアのステップ地帯を半ば放棄したのは、パルニ族にとっては諸刃の剣だった。たしかに文化的にはなったのだが、自らが一三〇年前に取った行動パターンをなぞるようにして、中央アジアのサカ人たちが大挙して南下を始めたのである（ついでに言えば、サカ人のほうにも大月氏に追われていたという切実な事情があった）。メソポタミア平原で安住することを覚えたパルニ族の騎馬戦力は、中央アジアのサカ人に劣るようになっていたらしく、ミフルダート二世の前任の大王二名が、サカ人の迎撃に赴いて相次いで返り討ちにあっている。

これに対してミフルダート二世は、なかなか天才的な解決策を思いついた。すなわち、次から次へ襲来するサカ人にイラン高原東南部の領土を与え、自らに仕える封建領主として組みこんでしまうのである。しかもこの場合、あわよくば彼らがそのまま移動を重ねて、インド亜大陸まで突き抜けて行ってしまう可能性も期待できた。サカ人は、大集団でメソポタミア平原を目指していたら、アルシャク王朝に代わる西アジアの新王朝を開く可能性もあったようだが、ミフルダート二世の思惑通りにイラン高原東南部に誘導され、一部はそこに住み着き、大多数はそのままインドまで突破していった（インド・サカ人については、第二章第四節を参照）。

こうして新首都を造営し、東部国境地帯を安定させたミフルダート二世は、自らをダーラヤワウ一世に匹敵する英主と考えたらしく、ビーソトゥーンに自身と廷臣たちのレリーフを刻ませ、遅くとも前一〇九年までには「バシレウス・メガロス＝大王」に代えて「バシレウス・バシレオン＝王中の王＝皇帝」の称号を名乗った。この時点で、共和政ローマ（ほどなくローマ帝国となる）からは、他の蛮族とは違う唯一対等の敵国と認識されるようになった。サカ人相手には通用しなくなっていた高速移動による騎射戦術も、ファランクス（歩兵の密集方陣）を主体としたローマ帝国軍にはまだまだ有効だった。ミフルダート一世を大帝国の建国者とするなら、ミフルダート二世を大帝国の完成者に擬することができる。

定住民と遊牧民の対立

しかし、この帝国の重心が西方へ傾くにつれて、領内に抱え込んだ生活形態が異なる二つのグループの間での対立も激化した。一つのグループは、ギリシア都市民やイラン系アーリア人定住民、及びそこに定住するようになったパルニ族で構成される。彼らは、貿易で富を蓄積し、安定した平和を望んでいたと考えられている。もう一つのグループは、遊牧生活にとどまったパルニ族で構成される。彼らは、征服活動とそれにともなう収奪を富の基盤にしていたと考えられている。互いの利益が相反する両者の関係は、総じて良好ではなかった。

両者の間にあって、皇帝自身はどのようなポジションを占めていたのだろうか？　バビロンで書き継がれていた『天文日誌』の研究によると、アルシャク王朝の支配者は騎馬に乗って移動を繰り返していたという。せっかく建設したクテスィフォンに常駐した形跡もなく、だとすれば、かなり遊牧民に近い移動式の天幕生活を送っていたことがうかがえる。

この国内の分裂と脆弱な支配体制は、ローマ帝国に付け込む隙を与えた。すなわち、ローマ帝国は、都市住民の利益を代表する王位継承者を支援する形でアルシャク王朝に干渉を繰り返したのである。代表的なのはヴォノネス一世（在位六～一二年）。彼はローマ帝国に強く影響され、ギリシア都市民や定住民の利益を優先する政策を打ちだして、パルニ族の遊牧貴族たちの反感を買った。結局、異なった生活形態を採る両者の溝は埋まらず、イラン高原東部を基盤とする遊牧貴族たちは、母方でアルシャク王家の血統に連なるアトロパテネ王アルタバーンを擁立して、後八年にヴォノネス一世に対する軍事叛乱に踏み切った。内戦の当初は、メソポタミア平原の諸都市を支持基盤とするヴォノネス一世が優勢だったが、中央アジアの遊牧民の援軍を得たアルタバーンが盛り返し、四年後の一二年にはヴォノネス一世を追放して、アルタバーン二世として即位した。アルシャク王朝は、この時点でギリシア系都市国家と決別して、遊牧民を主な支持基盤とする王朝に性格を変え、同時に王統の交代が起こったと考えられている。イエス・キリストの少年時代の出来事である。

(4) 後期アルシャク王朝への王統交代——遊牧民国家への揺り戻しとイラン系アーリア人定住民の影響増大

後期アルシャク王朝

アルタバーン二世(在位一二~三八年)は、ギリシア都市の自治権を否認するなど、遊牧民としてのパルニ族の利益を代表する政策を採った。アレクサンダー大王以来三〇〇年以上続いたギリシア人の政治的影響力が消失したこの時期をもって、東方におけるヘレニズムの退潮とみなすことができる。しかし、アルタバーン二世は、アルシャク家の王位継承者としては資格に欠けるところがあったらしく、父親がアルシャク家の血統ならそれを誇らしく宣伝するはずなのに、母親がアルシャク家出身としか伝わっていない。だが、「アルシャク家」というシンボルはパルニ族の間であまりにも強力だったようで、新王朝を開くとは言わず、あくまで「母系ではアルシャク家の一族」との名目で押し通している。

即位後の、軍事的勝利を背景に帝権を強化しようとした彼の動きは、彼を擁立した遊牧貴族たちの反感を買った。これに乗じて、イラン高原東南部に居座っていたサカ人は、ヴィンダ・ファルナフの指導の下に、二〇年ごろに独立してパフラヴァ王国を建てている(インド・パルティア人については、第二章第四節を参照)。おまけに、ヴォノネス一世を破ったことでローマ帝国も敵に回してしまい、彼らに使嗾《しそう》されたアラン人がコーカサスから南下してイラン高原北部を荒らし回った(アラン人については、第二章第二節を参照)。父系ではアルシャク家の出身ではないアルタバーン二世は、求心力の欠如に苦しんだあげく、退位と復位を繰り返し、後期アルシャク王朝を軌道に乗せることのないまま、三八年に没した。

定住民アーリア人の影響の増大

アルタバーン二世の後は紛争が絶えず、血縁関係がはっきりしない皇帝が続く。混乱に乗じて東方諸侯は勝手に自立していったらしいが、その経緯を明らかにする術はない。状況がやや改善されるのは、ヴァラフシュ一世（在位五一〜七八年）が即位してからである。ちなみに、血縁関係もはっきりしなければ、同時期に複数の皇帝が立つことも稀ではないので、後期アルシャク王朝の皇帝の代数をカウントするのはほとんど無意味な行為になっている。

それはともかく、ヴァラフシュ一世の時代は、アルタバーン二世によるギリシア諸都市の権利削減の効果が、タイムラグを置いて表面化した時期である。すなわち、ヘレニズムの影響が完全に薄れ、代わりにイラン系アーリア人定住民の文化が表層に浮かび上がるのである。たとえば、それまでアルシャク王朝のコインにはギリシア語銘文が刻まれていたのに対し、この時代からはアラム文字を使用したパルティア語銘文に置き換えられた。これにともなって、コインの図像も弓矢を携えた人物像（通常、ミスラ神と解釈されている）から、拝火壇に変更された。言うまでもなく、パルニ族伝統の文様からイラン系アーリア人定住民の伝統への文化交代を明示している。また、ゾロアスター教の伝説によれば、「アレクサンダー大王の侵攻で散逸してしまったアヴェスターは、アルシャク王朝のヴァラフシュによって集め直され、文字に書き記された」とされる。ここでいうヴァラフシュが何世かわからないのだが、ヘレニズム文化からイラン系アーリア人の定住民文化へと劇的に転回したヴァラフシュ一世の時代を指す可能性は高い。このヘレニズムの没落とイラン系アーリア人の定住民文化の影響力増大が、三世紀のサーサーン王朝建国にまで繋がるイラン高原の文化変容の端緒である。

内憂外患の一五〇年とサーサーン王朝への覇権交代

この後のアルシャク王朝は、内憂外患が相次ぎ、国家の態をなさなくなってくる。西方からはローマ帝国が、北方のコーカサスからはアラン人が頻繁に侵攻し、東方諸国は勝手に自立していった。メソポタミアなど、ローマ帝国の領土なのかアルシャク王朝の領土なのかわからないくらいに占領され続け、帝都クテスィフォンはその度に無血開城した。そして、アルシャク皇帝たちは、それらをさして気に留めもせず、内戦に明け暮れていることのほうが多かった。

われわれは問題意識を逆転させて、「このような状態になりながら、なぜアルシャク王朝がこのあと約一五〇年ももったのか?」を問うたほうが良いかも知れない。「アルシャク家」というシンボルが強力に作用し続けたのかも知れないし、これに代わる後継国家が育ってこなかっただけかも知れない。あるいは、パルニ族の重装騎兵はなお強大で、定住民が叛乱に踏み切るには相当の覚悟が必要だったのかも知れない。

このように、アルシャク王朝に代わって西アジアを統一する国家は長らく現れなかったのだが、三世紀初頭から定住民の一派ペルシア人が、サーサーン家に率いられて再び勢力を伸ばし始めた。彼らは、同じイラン系アーリア人に属するパルティア人を相手にしていることとて、別に「胡虜《こりょ》に五〇〇年の運なし」というスローガンを掲げることもなく、もっぱら宗教的な「拝火儀礼の復活」を唱えて挙兵した。ゾロアスター教研究者が「さすがは信仰篤いペルシアの神官家系だ」と思って感心していると、じつはそうでもないらしい。近年の研究によれば、パルティア時代のイラン高原にはヘレニズムの影響を受けた偶像神殿が多く、金欠のアルシャク家もサーサーン家も、これらの宗教施設が退蔵している財宝が喉から手が出るほど欲しかった。しかして、サーサーン家の神官王たちはなかなか賢く、「拝火儀礼の復活」というイラン系アーリア人定住民にアピールするスローガンを旗印に、次から次に偶像神殿の財宝を没収して軍資金にしていった。金山も銀山もないペルシアで、アルダフシール一世が大量の金貨・銀貨を集積していた事実は、こうとでも説明しない限り合理的な解釈を得られない。

この新説が正しいとすれば、アルダフシール一世は、ヴァラフシュ一世以来のイラン系アーリア人定住民文化復興の流れに乗り、神官出身という立場を最大限に利用して、じつは大量の軍資金を獲得していたことになる。何たる深謀遠慮であろうか。偶像の貴金属をすべて溶かして軍資金に換えることができるなら、代わりの聖火などは安いものだっただろう（自分自身が神官だから、聖火などいくらでも量産できるのである）。この時の「偶像神殿破壊運動」が宗教的なものではなく政治的なものだった証拠に、何とかアルシャク家の滅亡後まで生き残った偶像神殿は、その後に破壊されることもなく七世紀まで存続しているのである。こうして、最後は軍事力というより資金力の差で、二二四年にサーサーン家がアルシャク家を圧倒し、五〇〇年間存続した遊牧民国家が倒れてペルシア人の国家が誕生する運びとなった（以下、第三章第二節を参照）。

時代区分	アルシャク王朝の文化
初期（前247〜前141年）	パルニ族の遊牧文化＋ヘレニズム文化
中期（前141〜後12年）	パルニ族の遊牧文化＋ヘレニズム文化＋イラン系アーリア人定住民の文化
後期（12〜224年）	パルニ族の遊牧文化＋イラン系アーリア人定住民の文化

図表6　アルシャク王朝時代の文化の変遷

（5）パルティアの文化

複合的な文化

最後に、パルティア時代の文化について触れておきたい。アルシャク王朝時代の文化は、①パルニ族の遊牧文化、②ヘレニズム文化、③イラン系アーリア人定住民文化の複合体だったと考えられている。そして、そもそもの基盤になったパルニ族の遊牧文化が、良く言えば融通無碍な、悪く言えば無定見な性格を持っていたので、アルシャク王朝文化の性格は二転三転した。それを図式的に描くとすれば、政治史の時代区分に応じて図表6のようにまとめられるだろう。

以下では、アルシャク王朝時代のヘレニズム文化とイラン系アーリア人定住民の文化は割愛して、アルシャク王家に代表されるパルニ族の宗教文化を概観したい。この際、アルシャク家の一族が分封されて王となったアルメニア王国や小アジアの資料から、アルシャク王朝本国の宗教を逆算するという研究方法も可能である。しかし、これによって得られる結論はあくまで仮説に留まる。本稿では、直接アルシャク王家に由来する資料に絞って、確実なパルニ族の宗教文化に迫りたい。

また、上述のように、パルニ族はミフルダート一世以降、イラン高原北部を通ってメソポタミア平原まで制圧した。このため、パルニ族の宗教文化は、中央アジアにいたころの素朴な時期と、メディア州やメソポタミア平原で土着の宗教文化に触れた後の時期に分けて考えなくてはならない。両者は必ずしも対立しているわけではなく、前者を前提にして後者が発展したという関係にある。

素朴なミスラ神崇拝

当初からパルニ族は、宗教的にはイラン系アーリア人に共通の諸神格を拝んでいたらしく、王名からはミスラ神、ティール神、アルタなどが検出されている。逆に、王名にゾロアスター教の最高神オフルマズド（アフラ・マズダーの中世語形）がまったく出現しないところから、王朝の全期間を通じて、アルシャク家はゾロアスター教とは無縁だったと考えるしかない。

これらの諸神格の中では、ミスラ神の人気が突出していた。アルシャク王朝の中でも特に業績顕著な大王が二人ともミフルダート（＝ミスラ神が創造した者）を名乗っているし、ミスラ神崇拝がアルシャク家に限らないことは、パルニ族の大貴族の一つミフラーン家の家名からも察せられる。ちなみに、このミフラーン家はサーサーン王朝時代にも首尾よく生き残り、代々の当主は「ミフル・バンダグ＝ミスラ神の下僕」の称号を名乗った。家名が偶然ミスラ神にちなんだというわけではなく、意識的に宗教上の含意を込めていたことがうかがえる。王家や大貴族だけではない。ニサーから出土した陶片には、ミスラ神の名を冠した名前が多く検出されており、一般のパルニ族の間でもミスラ神崇拝が強固だったようである。

これらの証拠から考えるなら、パルニ族はアルシャク王朝の全期間を通じて上から下までミスラ神を篤く敬い、これを主神の位置に据えていたことに異論はない。ただ、彼らのミスラ神崇拝は、特定の組織された神官団や高度な神学を具えたものではなく、素朴な太陽神崇拝の域を出ていなかったことも確認しておかなくてはならない。

ズルヴァーン主義

この素朴なミスラ崇拝に対して、パルニ族がメディア州やメソポタミア平原へ進出した後には、別の要素が加わってくる。特にメディアの文化的影響は圧倒的で、パルニ族の言語——研究者からは、通常パルティア語と呼ばれる——は、すっかりイラン高原西北部の方言的影響を受け、中央アジアが本拠地であるにもかかわらず、言語上は西北イラン語に分類されている。パルニ族の言語のメディア語化である。従って、パルニ族の宗教を考える上でも、メディア文化の影響を見逃すわけには行かない。

二〇世紀に活躍したスウェーデンの古代イラン宗教学者G・ヴィデングレン（一九〇七〜九六年）によれば、このころのメディアの文化的影響の中核は、ズルヴァーン主義である（メディア人については、第三章第一節を参照）。彼の議論を簡略化すれば以下のようになる。ミスラ神にはアフラ・マズダーとアンラ・マンユを取り持つ仲裁神としての性格があったが、これはそのままズルヴァーンがアフラ・マズダーとアンラ・マンユを止揚する時間神としての性格に通じる。このような共通点をベースに、もともとメディアにあったズルヴァーン主義は、素朴なミスラ神信仰を持ったパルニ族が支配者として君臨したことで、ゾロアスター教の二元論を乗り越える宗教として独自の発展を遂げ、マーニー教や初期サーサーン王朝の宗教に大きな影響を与える存在に成長したのである。

もちろん、ヴィデングレンの説は、宗教思想の構造の類似性からミスラ神崇拝とズルヴァーン主義を歴史的に関連づけようとするスペキュレーションであって、所説を支える具体的証拠が確認されているわけではない。しかし、たしかに三世紀におけるズルヴァーン主義の隆盛を説明する上では、アルシャク王朝時代に何らかの胎動を想定する必要はある。その意味では、資料不足で研究放棄されることの多いアルシャク王朝の宗教研究上、貴重で大胆な仮説である。

マーニー・ハイイェー

最後に、必ずしもパルニ族一般の宗教思潮を代表するわけではないものの、世界宗教史上に巨歩を印したパルニ族出身者として、マーニー・ハイイェー（二一六～二七七年?）の名を挙げておきたい。彼は、出自をたどれば三世紀初頭にハマダーンを領したパルニ族王族にさかのぼり、血統上は由緒正しい貴公子とされる。しかし、その父が深い宗教的煩悶の末にメソポタミアに移住し、あげくの果てにユダヤ教系キリスト教の洗礼教団に入信してしまったので、マーニー本人はセム的宗教の雰囲気に包まれて育った。

これだけなら、マーニーはイラン系アーリア人の宗教とは無縁の人物として終わっただろう。しかし、驚異的な教義立案能力と布教能力に恵まれていたらしい彼は、二〇代のうちからマーニー教教会を設立し、四方に弟子を派遣してセム的宗教とアーリア的宗教を混合した自らの教えを宣布し始める。イラン系アーリア人の枠内で言えば、彼の教えはエーラーン・シャフル内では容易に受け入れられなかったものの、イラン高原東部から中央アジアではかなりの成功を収め、バクトリア人やソグド人の間に熱心な信者を得た（第三章第三節、第四節参照）。きわめて微かではあるが、パルニ族伝統の宗教思想はマーニー教の中に紛れ込み、遠く先祖返りして中央アジアの地でもう一度花開いたといえるかも知れない。

4　インド・サカ人とインド・パルティア人――インド亜大陸への進出（前二〜後五世紀）

（1）サカ人の大移動――スィースターンからインドへ

パルティアの本拠地移動と大月氏の侵攻

前節で述べたように、前七世紀以来ウクライナ〜中央アジアで活動していたサカ人は、前三世紀にはパルニ族の出身母体となるなど、約三〇〇年間にわたって強勢を誇っていた。もちろん、ヘロドトスの『歴史』やダーラヤワウ一世の古代ペルシア語碑文が記した「スキタイ人／サカ人」と、前三世紀に中央アジアにいたサカ人が、名称以外の点で共通性があったと立証する術はない。もしかすると、実体はすっかり入れ替わって、定住民が遊牧民を呼ぶ名称だけが存続していたのかも知れない。

そのサカ人が、前二世紀になって、中央アジアからイラン高原東部へ向かって大移動を開始した。理由は、前節でも述べたように、アルシャク王朝のミフルダート二世が本拠地をメソポタミア平原へ移して、イラン高原東部に有力な遊牧民が不在で真空状態になっていたこと、および遊牧民の大月氏

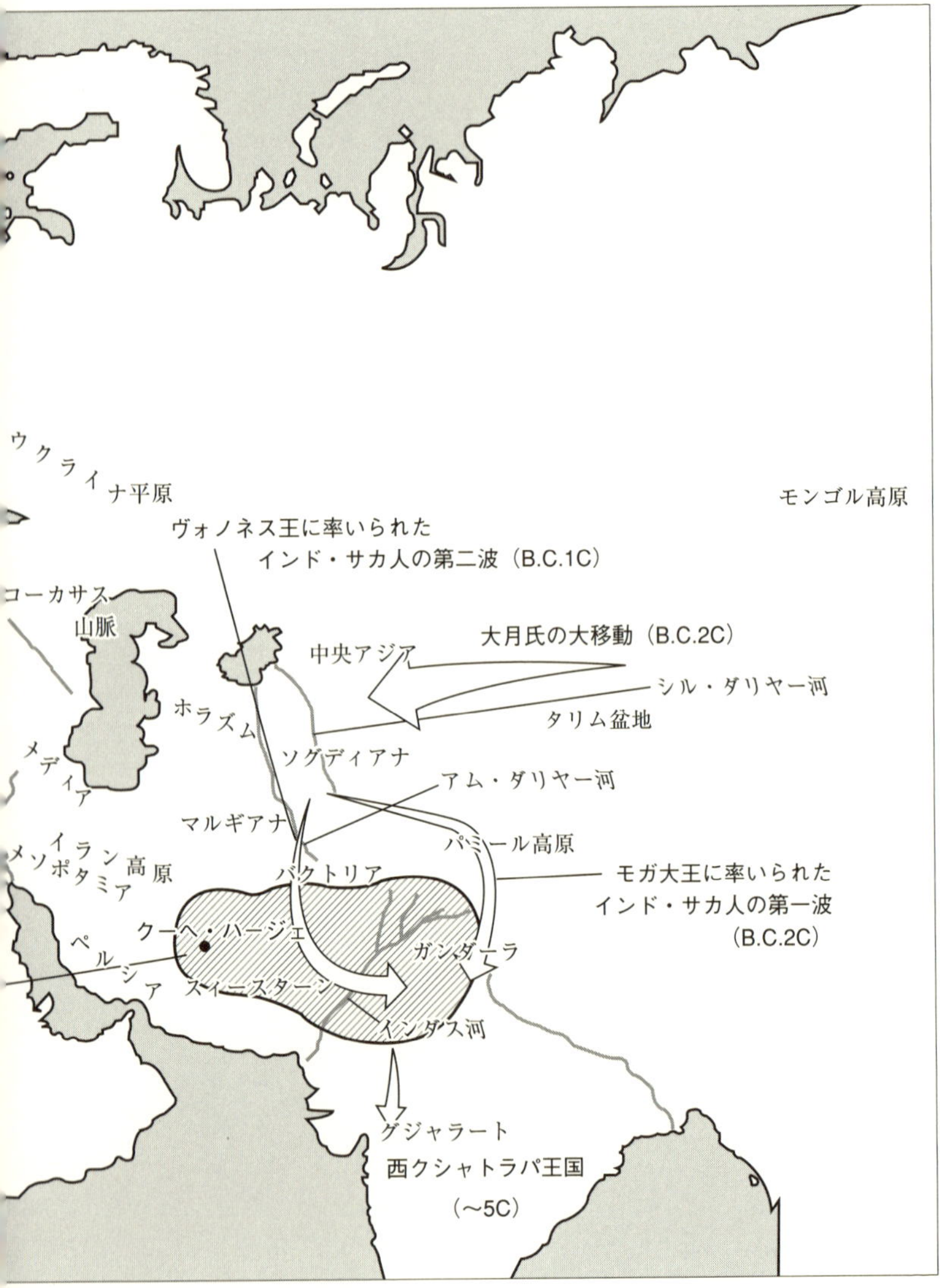

ウクライナ平原
モンゴル高原
ヴォノネス王に率いられた
インド・サカ人の第二波（B.C.1C）
コーカサス
山脈
大月氏の大移動（B.C.2C）
中央アジア
シル・ダリヤー河
タリム盆地
ホラズム
メディア
ソグディアナ
アム・ダリヤー河
マルギアナ
パミール高原
イラン高原
メソポタミア
バクトリア
モガ大王に率いられた
インド・サカ人の第一波
（B.C.2C）
クーヘ・ハージェ
ペルシア
ガンダーラ
スィースターン
インダス河
グジャラート
西クシャトラパ王国
（〜5C）

イラン系アーリア人遊牧民の活動の舞台
（インド・サカ人とインド・パルティア人）

が東方から移動してきたことの二つらしい。彼らは、イラン高原東部を通ってそのままイラン高原東南部に抜け、アルシャク家の大王を二人ほど敗死させた後、一部はそこに留まってアルシャク王朝の封建貴族となり、大部分はインドまで波状的に南下していった。最初にインドへ侵入したサカ人たちをインド・サカ人と称し、いったんイラン高原東南部に留まってからインドまで足を伸ばしたサカ人たちをインド・パルティア人と呼ぶ。実態はさして変わらない。両者は、インドの地で入り乱れながら五世紀ごろまで存続した。本節の主題は彼らである。

資料はコインと碑文のみ

このインド・サカ人とインド・パルティア人の足跡を追うに当たって活用できる資料は、種類も量も限られている。すなわち、以下の三つである。

・ギリシア文字・カローシュティー文字打刻のコイン
・カローシュティー文字・ブラーフミー文字碑文
・タキシラ遺跡など

第一は、ギリシア文字とインド系のカローシュティー文字が打刻されたコインである。彼らもパルニ族と同様にイラン高原東部に定住したギリシア人に影響され、初期の段階ではヘレニズム文化に染まっていた。彼らの王統譜は、コインの王名から推定復元可能である。第二は、二種類のインド文字で書かれた碑文である。彼らは、ヘレニズム文化の影響を脱した後、インド亜大陸の文化に触れて、カローシュティー文字とブラーフミー文字を使いこなすようになっていた。彼らの文化に関する若干の情報は、これらの碑文から得られる。そして、第三に、インド西部に点在する遺跡である。これによって、彼ら固有の宗教文化を推測できる。以下では、これらを利用して、彼らの歴史と文化を再現してみよう。

(2) インド・サカ人の歴史(前二世紀後半〜後一世紀半ば)

インド・サカ人の第一波とモガ大王

最初のサカ人たちがどのような経路を通ってインドまで到達したかはわからないが、現在のところ、中央アジアからパミール高原を越えてカシミールに抜けたとする説が有力になっている。と言うのも、彼らの族長モガ大王の名前を刻んだ碑文がギルギットで発見されており、複数のモガ大王を想定しない限り、サカ人はこの難路を踏破したと考えざるを得ないのである。地図で見ると、この一帯を騎馬遊牧民の大群が通るのは至難と思われるが、冬季に零下三〇度くらいまで気温が下がると、氷結した河川が道路となり、かえって交通の便が良くなるという。そのため、古代におけるこの地域の商業活動は、現代人の予想に反して酷寒の冬季に活発だった。前二世紀のサカ人たちは、骨身も凍るギルギットの寒天を衝いて、インドの沃野《よくや》を目指したようである。

コインから知られる限り、インド亜大陸西北部に移動したサカ人たちの最初の大王は、前述のモガ(ギリシア語名マウエス)である。彼のコインは肖像を欠くので、その風貌を知ることはできない。推定される統治年代は、前一二〇年から前八五年までの三五年間。彼の事績をコインから推測するなら、前代の支配者のコインの上に自分の打刻を二重押しするような強引さが見受けられないので、意外に平和裡にインド亜大陸西北部に進駐したらしい。

コインの分布から考えると、彼の支配領域は、現在の地名で言うカシミール～パンジャーブ～パキスタン西北州の三方面にまたがっていた。このうち、後の二つの地域では、地方的な領主がそのまま従来のコインを併用しているから、モガ大王の本拠地はカシミールで、そこからパンジャーブ～パキスタン西北州を間接統治したようである。

モガ大王は、これだけイラン系アーリア人定住民の居住地域から離れた地域を支配したにもかかわらず、彼らに伝統的な「王中の王＝皇帝」の称号を名乗っている。彼の統治年代はアルシャク王朝のミフルダート二世と重なるので、後者から前者への影響があったか、あるいはインド亜大陸西北部にはハカーマニシュ王朝の文化が残っていたと考えるしかない。前一〇〇年前後のイラン系アーリア人遊牧民の間では、イラン高原のミフルダート二世とインド亜大陸西北部のモガ大王という二人の「王中の王＝皇帝」が相次いで即位し、それぞれの天地で覇を唱えていたわけである。

インド・サカ人の第二波とヴォノネス王

インド・サカ人は、モガ大王に率いられた一派だけではなかった。前八五年にモガ大王が没すると、第二波のサカ人が、今度はバクトリアとスィースターンを通過し、ボラーン峠を越えてインダス河流域へ進出した。この道すがら、バクトリアでかろうじて余喘《よぜん》を保っていたグレコ・バクトリア王国を踏みつけ、滅ぼして行ったらしい（第三章第三節参照）。彼らの指導者は、パルティア風の名前を名乗るヴォノネス王。推定される統治年代は、前八五年から前六五年までの二〇年間である。

彼らとモガ王家との関係はよくわからない。モガ大王の一族と見られるアゼス王（後のアゼス一世）がヴォノネス王家の共同統治王としてコインを発行しているから、モガ王家の少なくとも一部は、ヴォノネス王家と棲み分けて共存していたらしい。しかし、タキシラでは、モガ大王の息子が叛乱を起こしたし、モガ大王の一族も自立して独自のコインを発行している。

アゼス一世とヴィクラマ暦の導入

ヴォノネス王の没後、モガ大王の領土を再統一したと見られるのが、またもやイラン系アーリア人定住民伝統の「王中の王＝皇帝」の称号を採ったアゼス一世である。モガ大王の旧領は、この時代にはある程度の一体性のあるサカ人の支配領域として認識されていたらしい。彼の具体的事績は不明だが、皮肉なことにある戦闘に敗れたことでインド史上に名を残している。すなわち、前五七年にウッジャインの在地勢力が、弱体化しつつあったアゼス一世の軍を撃破し、これを記念して前五七年を元年とするヴィクラマ暦を創始したのである。この暦は、後に北インドとネパールで最も一般的な年代表記となり、インド・サカ人は外来の敵役としてバラモン教徒に長く記憶されることになった。

アゼス王朝で注目すべき事跡が、もう一点ある。傘下のクシャハラタ家が、突如としてゾロアスター教的な打刻のある独自のコインを発行しているのである。アルシャク王朝がイラン系アーリア人定住民の文化を尊重する政策に舵を切ったのは、一世紀後半のこと。それより七〇〜八〇年ほど早く、インド亜大陸西北部でゾロアスター教のモチーフが現れる理由は研究上の謎である。あるいは、このサカ人たちは、スィースターンにいる間にゾロアスター教に触れる機会があったのだろうか。

④スィースターンのクーヘ・ハージェ遺跡：1世紀のヴィンダ・ファルナフ王の居城跡といわれる遺跡。手前は、この付近在住のイラン人運転手。

（3）インド・パルティア人の歴史（一世紀初頭～一世紀後半）

スーレーン家が支配するサカ人たち

モガ王家・ヴォノネス王家・アゼス王家は、いずれも中央アジアから直接インドへ行ったか、イラン高原を通過したにしてもそこに留まることなくインドへ入ったサカ人の代表であった。これに対して、アルシャク王朝のミフルダート二世に誘われるままにイラン高原東南部のスィースターンに留まったサカ人も存在した。一応、アルシャク王家に臣従したことになっているので、彼らをインド・パルティア人と呼び、アルシャク家と関係を持たないままにインドへ行ってしまったインド・サカ人と区別している。もっとも、実質的な差はほとんどなかっただろうが。

彼らの大王であるヴィンダ・ファルナフ（ギリシア語名ゴンドファルネス）の出自については諸説ある。中央アジアから移動してきたサカ人たちの族長がそのまま大王になったと考えるのが一般的だったが、考古学者のE・ヘルツフェルト（一八七九〜一九四八年）によれば、ミフルダート二世の命令でサカ人たちを討伐に向かったスーレーン家の将軍が、話し合いの結果サカ人たちの大王に推戴されて土着したものとされる。たしかに、パルニ族の族長の一つであるスーレーン家が、いつの間にかスィースターンへ移動してサカ人たちの盟主に納まっている事情を説明するには、都合の良い説である。そして、ヘルツフェルトに従うと、そのスーレーン家の中でも特に武勇に優れていた人物がヴィンダ・ファルナフであり、彼がアルシャク家の弱体化に乗じて、後二〇年にサカ人たちを率いてスィースターンで独立したのが、インド・パルティア王国——別名パフラヴァ王国——である（写真④参照）。

ヴィンダ・ファルナフ大王の伝説と史実

このヴィンダ・ファルナフには少なくとも三つの伝説が付きまとっており、ヨーロッパ人と現代イラン人が好んで取りあげるヒーローとなっている。第一に、彼はイエス・キリストの生誕を予言して、ベツレヘムに現れた東方の三博士のモデルとされる。彼の名をアルメニア語に直すと「ガスパル」となって、三博士の一人に当てはまる点も、これを裏づけるとされる。第二に、使徒外伝の一つである『トマス行伝』では、やや崩れた「グドナファル」という名で呼ばれ、東方でトマスの宣教を受け入れて最初に改宗したキリスト教徒として篤い尊崇を集めている。そして第三に、彼はイラン高原東部の伝承をまとめた近世ペルシア語文献『シャー・ナーメ』に登場する英雄ロスタムのモデルと考えられている。このため、現在のイラン領スィースターン州のザーボルの広場には、堂々たるロスタム——つまりはヴィンダ・ファルナフ——の銅像が建ち、軍神として尊敬を受けている。

ただし、伝説上ではこれほど多様な物語が付加された人物でありながら、実在のヴィンダ・ファルナフを知る手掛かりは、後世に建てられたタフテ・バヒーのカローシュティー文字碑文とコインくらいしかなく、彼の実像は歴史の彼方に霞んでいる。一応、スィースターンで支配を確立していたこと、インド・サカ人の王朝がアゼス二世の没後に混乱していたのに乗じてインド西部に侵入したこと、それに大成功して、スィースターンからインド西部に至る広大な帝国を築き、「諸王の王」の称号を名乗ったことがたしかな史実である（ついでながら、彼の傘下の諸侯としてサーサーン家というのが出現するのだが、これが「サーサーン家」の家名が歴史上に出現する初出である。ペルシアの神官家系であるサーサーン家と関係あるのだろうか）。

パフラヴァ王国の成立と分裂

ヴィンダ・ファルナフの帝国は、モガ大王の帝国に、スーレーン家が治めるスィースターンを併せた領域に及び、領土的にはサカ人の王朝の中で最大規模に達した。しかし、四六年に一代の英雄ヴィンダ・ファルナフが没すると、このパフラヴァ王国はまたたく間に空中分解を始めた。しょせんは遊牧民の英雄が武力で統一した帝国で、在地勢力にしっかり根差してはいなかったらしい。

王国領土のうち、スィースターン本国はスーレーン家が継承したが、彼らはアルシャク王朝の大貴族という立場に復帰している。これに対し、インド西北部は再び混乱時代を迎え、一世紀後半には、インド・サカ人とインド・パルティア人が入り乱れ、同族相搏つ戦いを繰り広げた。結局、七五年までは、あの大月氏――前二世紀にサカ人を中央アジアから追った当の大月氏――が、サカ人とそっくり同じコースをたどってインド西北部まで南下して来た波に飲みこまれ、彼らが建てたクシャーナ王朝の支配下に入った。この混乱時代をカウントしても、パフラヴァ王国はわずかに五五年しか続かない短命王朝であった。

（4）西クシャトラパ王国の歴史（一～五世紀）

パフラヴァ王国の総督の自立とサカ暦の導入

だが、大月氏もしつこいが、サカ人も粘っている。独立した遊牧勢力としてのサカ人の歴史は、パフラヴァ王国とともに終わったわけではない。ヴィンダ・ファルナフ大王によってグジャラート州方面の総督（クシャトラパ）に任じられたサカ人の一派が、本国がクシャーナ王朝によって滅ぼされた後も存続し、サカ人独特の文化を維持したのである。その指導的立場に立ったのが、アゼス王朝の傘下でゾロアスター教的コインを発行していたことで有名なクシャハラタ家出身のブマカ王（一一九年没）。彼は自立後も総督の称号を使い続けたので、この王国を西クシャトラパ王国と称する。ただし、サカ人の国家の例に漏れず、クシャハラタ家の大王が独裁権を振るうというような体制ではなく、数十にのぼるパフラヴァ王国の（元）総督たちの家系の連合政権であり、「王国」としての実体は弱かった。

この王国の文化史上、特筆すべきは、サカ暦の導入である。先に、アゼス王朝がヴィクラマーディトヤに敗れてヴィクラマ暦が導入されたことを述べた。しかして、西クシャトラパ王国は七八年にそ

⑤インド西海岸のチャンパニール要塞：インド・サカ人の終焉の地であるインド西海岸グジャラート州にあるチャンパニール要塞。これ自体は8世紀の遺跡だが、交通の要衝なので、5世紀のサカ人もここに拠ったかも。

の子孫に対する復讐に成功し、この勝利を記念してこの年を元年とするサカ暦を制定したのである。こちらの暦では、当然ながらサカ人が主役でバラモン教徒が悪役である。サカ人とバラモン教徒の子供の喧嘩のようにも見える現象だが、当人たちは至って大真面目で、どちらの暦も広く普及した。サカ暦もインドの公式暦の一つである。

ローマ帝国との貿易と仏教の保護、そしてグプタ王朝による滅亡

　グジャラート州までたどり着いたサカ人たちは、しかし、徐々にイラン系アーリア人遊牧民としての特徴を喪失していった。『エリュトラー海航海記』（四〇～七〇年に成立）によれば、この西クシャトラパ王国は、インド亜大陸の物産をローマ帝国へ輸出する貿易活動に精を出しており、騎馬遊牧民としての面影はすでに消え失せている。ただ、やはり外来のイラン系アーリア人政権なので、土着のインド系アーリア人の宗教にはなじめないところがあったのか、宗教的にはバラモン

教を保護せず、もっぱら仏教に帰依していたらしい。この時代、西インドでは仏教石窟寺院が多数造営されていることからそれがわかる。

結局、この西クシャトラパ王国は三五〇年以上もグジャラート州を支配した末に、四〇五年にグプタ王朝のチャンドラグプタ二世によって滅ぼされた。ウクライナ平原からコーカサス山脈、中央アジアにかけて猛威を振るった遊牧民サカ人の終焉の地は、馬が駆け回るステップではなく、牛の大群がのんびりと草を食んでいる亜熱帯の海岸であった（写真⑤参照）。

（5）サカ人の文化

「サカ的ゾロアスター教」と仏教の興隆

最後に、これらのサカ人たちの宗教文化を概観しよう。サカ人たちが建設した（と見られる）拝火神殿遺跡の多くは、中央アジア一帯で研究されないままに放置されているのが実情である。しかし、ガンダーラの首邑《しゅゆう》タキシラでは、珍しくジャンディアール寺院と呼ばれる遺構が残っており、サカ人たち独特の拝火神殿様式を知ることができる。

また、サカ人たちは、イラン系アーリア人固有の拝火信仰を維持していたと思われるのだが、資料上は、彼らが土着の仏教教団に寄進したという物語のほうが、仏教文献や碑文を通して多く残っている。また、サカ人支配下で、ストゥーパ（仏塔、卒塔婆）が続々と建設されているところから見て、当時のガンダーラからグジャラートにかけての一帯では、仏教が非常な広がりを見せていたようである。つまり、インド・サカ王国とパフラヴァ王国では、支配者と被支配者の宗教が、前者がイラン系のゾロアスター教の亜流、後者が仏教と決定的に断絶していたらしい。そして、前者が政治的な権力を失うと共に、「サカ的ゾロアスター教」もインド亜大陸で滅び、仏教だけが残っていったのである。

5　大月氏、エフタルからテュルク系遊牧民への覇権交代（前二〜後六世紀）

（1）大月氏（前二〜後三世紀）

中央アジアの残党

ここまで、イラン系アーリア人遊牧民の盛衰をたどってきた。前九世紀に勃興したウクライナ平原のイラン系アーリア人遊牧民は、四世紀までにフン族に追われてフランス、スペインに移動するか、コーカサス山中で定住生活に転じた。前六世紀から活動が確認される中央アジアのイラン系アーリア人遊牧民は、大月氏に故地を奪われて、五世紀までにインド亜大陸西部で定住した。

しかし、中央アジアでは、イラン系アーリア人遊牧民の残党がテュルク系遊牧民と混交しつつ、なおしばらく余勢を保った。遊牧民国家がエスニックな集団ではなく、政治的に結合した部族連合である以上、ある日突然イラン系アーリア人が蒸発してテュルク系が降って湧いたということはありえない。混血と流血を繰り返しながら、この地域の遊牧民の主導勢力がテュルク系に塗り替えられるには、六世紀の突厥《とっけつ》の登場を待たなくてはならなかった。本章では余録として、前二世紀にサカ人がインド亜大陸に去って以降、六世紀に突厥がモンゴル高原から進出してくるまでの八〇〇年間に興亡した二つの遊牧民——大月氏とエフタル——を概観しておこう。

大月氏とクシャーナ王朝

大月氏とは、中国の歴史書に記された他称で、自称はわからない。当初は中国の甘粛省《かんしゅくしょう》～新疆ウイグル自治区付近で遊牧していたものの、前二世紀に匈奴に圧されて西遷し、サカ人をインド亜大陸に駆逐してバクトリアを支配領域とした。その後は、さらにインド・サカ人を追ってインド亜大陸西部にも領土を広げ、ヴィンダ・ファルナフの帝国が瓦解した一世紀には、彼らの中の一翕侯《きゅうこう》がクシャーナ王朝を樹立して、中央アジア～イラン高原東部～インド亜大陸西部にまたがる大帝国を築いた。

従って、大月氏の歴史は、

①サカ人を追って中央アジアを本拠とした前二～後一世紀

②インド・サカ人を追ってインド亜大陸西部にクシャーナ王朝を建てた一～四世紀

と区分される。

大月氏自身の文献が遺されていない以上、言語的特徴から彼らがイラン系アーリア人だとする証拠はない。しかし、彼らが鋳造したコインに打刻された王の肖像は、髭が濃くて落ちくぼんだ眼窩《がんか》をしており、白色人種の特徴を具えている。この形質から、王族に限れば、彼らはテュルク系ではなく、イラン系アーリア人遊牧民の一派だったとの推測が成り立つ（写真⑥参照）。

だが、大月氏の宗教文化上の重要性は、彼らがイラン系アーリア人だった点ではなく、

モンゴル高原
エフタルの最大領域
中央アジア
シル・ダリヤー河
ホラズム
タリム盆地
ソグディアナ
アム・ダリヤー河
マルギアナ
パミール高原
高原
バクトリア
大月氏による
クシャーナ王朝
ペシャーワル
ガンダーラ
スィースターン
シア
インダス河
グジャラート

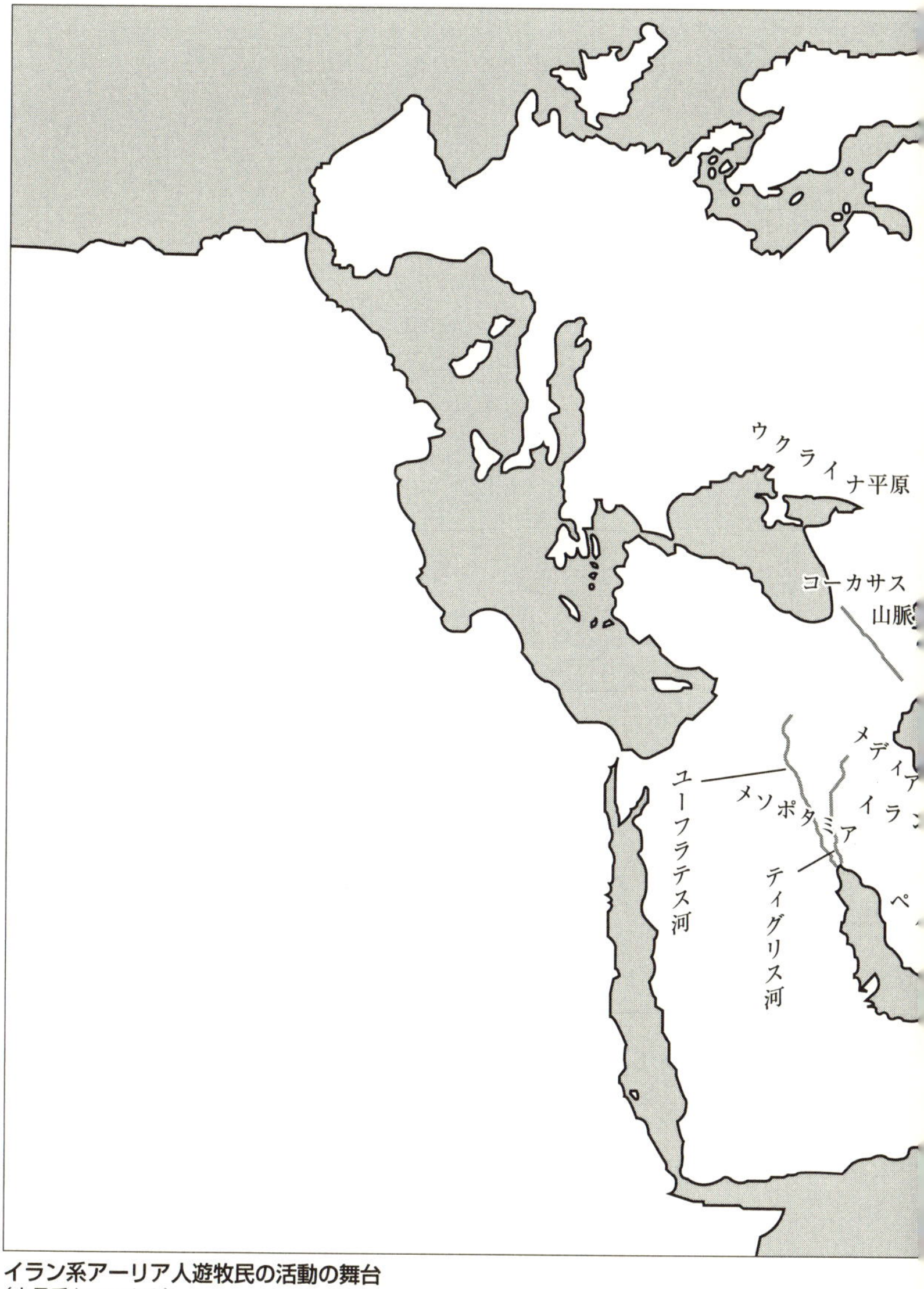

イラン系アーリア人遊牧民の活動の舞台
（大月氏とエフタル）

・クシャーナ王朝時代に仏教を保護して大乗仏教の隆盛を招いた点
・グレコ・バクトリア王国の遺産を引き継いでヘレニズム文化を保持した点
・ヘレニズムの表現様式と仏教思想を結合してガンダーラ美術の発展を促した点
・支配地域内の定住民バクトリア人が豊富な文献資料を遺している点

など、この地域の定住民の文化を生かして融合させた点にある。大月氏自体の宗教文化が不明な以上、本書では、イラン系アーリア人遊牧民がテュルク系遊牧民に代わられる過渡期の存在として捉えるしかない（クシャーナ王朝治下のバクトリア人については、第三章第三節参照）。

⑥クシャーナ王朝のコイン：クシャーナ王の横顔とギリシア文字銘文が刻まれている。

（2）エフタル（五〜六世紀）

ヒョーン人とエフタル

二九五年、大月氏が建てたクシャーナ王朝がペルシアに興ったサーサーン王朝に併合されて以降、イラン高原東部から中央アジア南部は、しばらくの間サーサーン王朝領となる。五世紀半ばまでは、バルフにサーサーン王朝の知事が派遣されているので、このころまではペルシアの支配体制が機能していたらしい。しかし、五世紀半ばになると、中央アジアに新たな遊牧勢力が勃興し、バクトリアに本拠を構えてサーサーン王朝の東方諸州を圧迫した。これがエフタルである。彼らについては、情報が少ない上にそれらが錯綜していて、軽々しく論じるのは危険なのだが、ここではR・ギルシュマン（一八九五～一九七九年）や榎一雄《えのきかずお》（一九一三～一九八九年）の所説に従って概観してみよう（日本語文献としては、榎一九九二年a、一九九二年bを参照していただきたい）。

彼らの出自についても、自称はわかっていない。サーサーン王朝側のパフラヴィー語文献では「ヒヨーン人」と呼ばれ、そのままアヴェスター語の「ヒヤオナ人」と同一視されている。後者は、前一二～前九世紀にザラスシュトラ・スピターマと敵対した部族の名称で、いわばゾロアスター教の伝統的な仇敵《きゅうてき》である。まさか、そのころの部族が延々と存続して五世紀に再び姿を現すはずはないのだが、ゾロアスター教神官団は、いにしえのヒヤオナ人と今回出現したヒヨーン人は同一で、ゾロアスター教を根絶するために復活したものと考えた。

また、パフラヴィー語文献によれば、ヒヨーン人はテュルク系民族、黒海沿岸のハザル人、チベット人と並んで、サーサーン王朝を包囲する四大蛮族に数えられている。ということは、サーサーン王朝から見れば、テュルク系民族とは別の存在だったらしい。ここから、彼らもイラン系アーリア人遊牧民の残党だったのではないかという推測が生まれる。

エフタルの国名もまた、自称は伝わっておらず、ギリシア語音「エフタル」、パフラヴィー語音「ヘーヴタール」、中国語音「嚈噠」、アラビア語音「ハイタール」などが記録に残っているのみである。しかし、一九九〇年代以降に飛躍的に進んだバクトリア語文書の解読によると（第三章第三節参照）、このエフタル国家は単なる遊牧部族の結合ではなく、単独の王が統治し、かなり完備した徴税組織と官僚機構を具えていたことがわかってきた。ただし、証拠となる文献そのものは、ヒヨーン人がエフタル語を書いたものではなく、バクトリア人による文書である。これらの組織は、エフタルの独創というより、土着バクトリア人の組織を引き継いだと見たほうがよさそうである。

アフシュンワール大王とペーローズ皇帝

エフタル国家は、五世紀中葉のアフシュンワール大王の時代に最盛期を迎えた。ちなみに、この「アフシュンワール」という人名は、アラビア語年代記に記載されているもので、イラン系アーリア語で「権力を持つ者」を意味する。これが、エフタルの支配者をイラン系アーリア人遊牧民と推定する根拠の一つである。

アフシュンワール大王とサーサーン王朝の因縁は、彼の父王の時代にまでさかのぼる。四五七年、当時のサーサーン王朝皇太子の弟で、スィースターン総督に過ぎなかったペーローズが、帝位継承戦争に際してエフタルの戦力を借りて勝利し、ペーローズ一世（在位四五七〜四八四年）として即位した。しかるに、四六九年、彼はエフタルの王位がアフシュンワールに代わったのを機に、恩を仇で返すかのようにバクトリアへ侵攻した。

しかし、一種の背信の末にエフタルに宣戦したペーローズだったが、結果は記録的な敗戦に終わった。サーサーン王朝軍は中央アジアの砂漠に誘導され、水源を絶たれて戦闘不能に陥り、皇帝もろとも全軍降伏したのである。ペーローズは、エフタルに莫大な賠償金を支払い、皇太子カヴァードを人質として差しだすことを条件に、からくも命だけは助かって帰還した。これが、サーサーン王朝がエフタルの属国となる第一段階だった。

ペーローズ戦死とサーサーン王朝の属国化

これだけの惨敗を喫したペーローズだったが、エフタルへの賠償金を支払いきれず、四八四年には再びエフタルに対して宣戦布告した。今回は、サーサーン王朝の総力を挙げてメルヴへ侵攻したのだが、結果はまたもや惨敗に終わった。ペーローズ自身は落とし穴に転落して戦死し、ペーローズの娘はアフシュンワールの妾《めかけ》にされ、ゾロアスター教神官団の指導者はエフタルの捕虜になる始末であった。このため、四八八年には、サーサーン王朝はエフタルで人質暮らしをしていたカヴァード一世(在位四八八~五三一年)を皇帝に戴く破目に陥り、完全にエフタルの属国と化した。パフラヴィー語文献に、「カヴァード一世と彼の姉妹(多分、妻を兼ねる)が、ヘーヴタールに聖火を贈って宣誓した」(『ブンダヒシュン』)とあるのが、おそらく臣従の儀式に当たる。イラン高原の定住民国家が、バクトリアに割拠した遊牧民国家の支配を受けたのである。

エフタルの聖火崇拝と魚崇拝

エフタルの宗教事情を明らかにする資料も乏しい。彼らは五世紀半ば以来、北魏《ほくぎ》や南朝梁《りょう》に朝貢していたので、漢文資料に若干言及がある。それには「事天神火神」と記述されているから、太陽崇拝や拝火儀礼を行っていたと推測がつく。また、後述の一王の名を「ミヒラクラ」といい、エフタルの中でのミスラ崇拝を暗示している。しかも、インド亜大陸侵攻の際には明確に仏教を拒否しているので、イラン系アーリア人に普遍的な宗教概念を保持していたと見て、そう間違ってはいないと思う。

エフタルの信仰の中で最も謎めいているのは、魚の神ズーンである。このような神は、他のイラン系アーリア人のパンテオンの何処にも見いだせない。それにもかかわらず、彼らは黄金製の魚の頭を模した王冠を被り、神殿には魚の骨を奉納して拝んでいたと記録されている。エフタルは、遊牧可能なステップ地帯を移動してきたから、魚や海とは無縁の人々のはずである。ある学者はこれをインド系の商売の神と推測したが、バラモン教の中に該当する神格は見つかっていない。

エフタルのインド亜大陸侵攻と突厥による滅亡

サーサーン王朝を属国化したエフタルは、トラマーナ王（在位四九〇〜五一二年）とミヒラクラ王（在位五一二〜五二八年）の時代には、矛先をインド亜大陸に向けた。インド・サカ人、インド・パルティア人、大月氏の轍を忠実に踏襲したわけである。ただし、エフタルはサカ人のようには仏教に共鳴しなかったらしく、ミヒラクラ王は大規模な廃仏によってインド仏教史上に悪名を残した。

しかし、このころ、モンゴル高原からテュルク系遊牧民の突厥が急激に勢力を伸張させつつあり、サーサーン王朝は彼らと同盟してエフタルを挟撃し、五六七年にあっけなく彼らの息の根を止めている。もっとも、エフタルを倒したのは主として突厥の軍事力なので、サーサーン王朝の反撃が成功したと捉えるよりも、中央アジアの草原の覇権交代と考えたほうがふさわしい。そして、エフタルが消え去ると同時に、イラン系アーリア人遊牧民の最後の名残も消え失せた。これ以降、純粋なイラン系アーリア人遊牧民は歴史の表舞台から退場し、草原の覇権は完全にテュルク系民族が握ることになる。

このテュルク系民族は、同じ遊牧民とはいえ、イラン系アーリア人の宗教観念――たとえば、竈崇拝や犠牲獣祭（スキタイ人）、太陽崇拝や聖火崇拝（マッサゲタイ族）、墓に放火する「拝火儀礼」（サルマタイ人）、ミスラ神崇拝（パルティア人）、アフラ・マズダーを中心とした多神教（大月氏）、火神崇拝、魚信仰（エフタル）など――とは、まったく別種の信仰を持っていた。すなわち、テングリ（上天）崇拝、シャーマニズム、アニミズム（自然崇拝）などである。中央アジアの草原の宗教史を想定するなら、六世紀におけるイラン系アーリア人とテュルク系民族の覇権交代を、一つの転換点と見てよいと思う。

第三章

世界帝国の樹立者、東西交易の担い手としてのイラン系アーリア人定住民

1　メディア人――最初のイラン系アーリア人定住民の王国（前九～前六世紀）

（1）オリエントに姿を現したイラン系アーリア人

セム系民族の文明とアッシリア帝国

前九世紀にイラン系アーリア人牧畜民が遊牧生活を始めたころ、ウクライナ平原～中央アジアには文字文化を具えた文明は存在していなかった。イラン系アーリア人遊牧民は、文明に接する機会がない半面、彼らを抑圧する勢力に遭遇することもなく、後発のテュルク系遊牧民に駆逐されるまでは、自由に草原を疾駆できた。

これに対して、古代オリエントへ移動したイラン系アーリア人の状況は異なった。当時までにすでに二〇〇〇年以上に及ぶ文明の歴史を誇るこの地域では、前一〇世紀にアッシリア人がメソポタミア平原とシリア・パレスティナを統一し、高度な帝国を築いていたのである。彼らは、オリエント文明の集大成として、楔形文字によるアッシリア語粘土板文書、それに依拠した官僚制度、王の指揮下に一元化された軍事制度を具えており、新来のイラン系アーリア人が容易に対抗できるような相手ではなかった。その結果、彼らは条件の劣るイラン高原に定住せざるを得ず、メソポタミア平原を中心とする古代オリエント文明の異邦人に留まった。

三大語族	代表例
セム語族（アフロ・アジア語族）	アラム人、アッシリア人、フェニキア人、ユダヤ人、アラブ人など
インド・ヨーロッパ語族	イラン系アーリア人、インド系アーリア人、ヨーロッパ人など
アルタイ諸語族	テュルク人、モンゴル人、日本人？など

図表7　三大語族の概念図

オリエントの異邦人

イラン系アーリア人が古代オリエントで異邦人だったもう一つの理由は、彼らの言語である。周知のように、世界の語族は大きく図表7の三大語族に分類される。

古代オリエント文明は、最古のシュメール人を除き、いずれもセム語族によって担われてきたから、ここにまったく別系統の言語を操るイラン系アーリア人が闖入《ちんにゅう》しても、違和感を免れなかったはずである。少なくとも、文字表記の上では、三語根の子音表示が原則のセム語族用に発展してきた文字によって、イラン系アーリア語を表さざるを得ず、非常に不便な状態に置かれた。

文字文化は西方から

こうして、イラン高原と中央アジアのオアシス地帯で定住生活を始めたイラン系アーリア人にとっては、「光は東方から」ではなく、「文字文化は西方から」だった。彼らは、イラン高原の西部に定住した部族から順に古代オリエントの文字文明の恩恵に浴し、（メディア人→）ペルシア人→（パルティア人→）バクトリア人→ソグド人→ホラズム人→ホータン・サカ人の順番で文献資料を遺している。

ただし、「文字文化は西方から」と言っても、当の西方の文字文化が激しく変

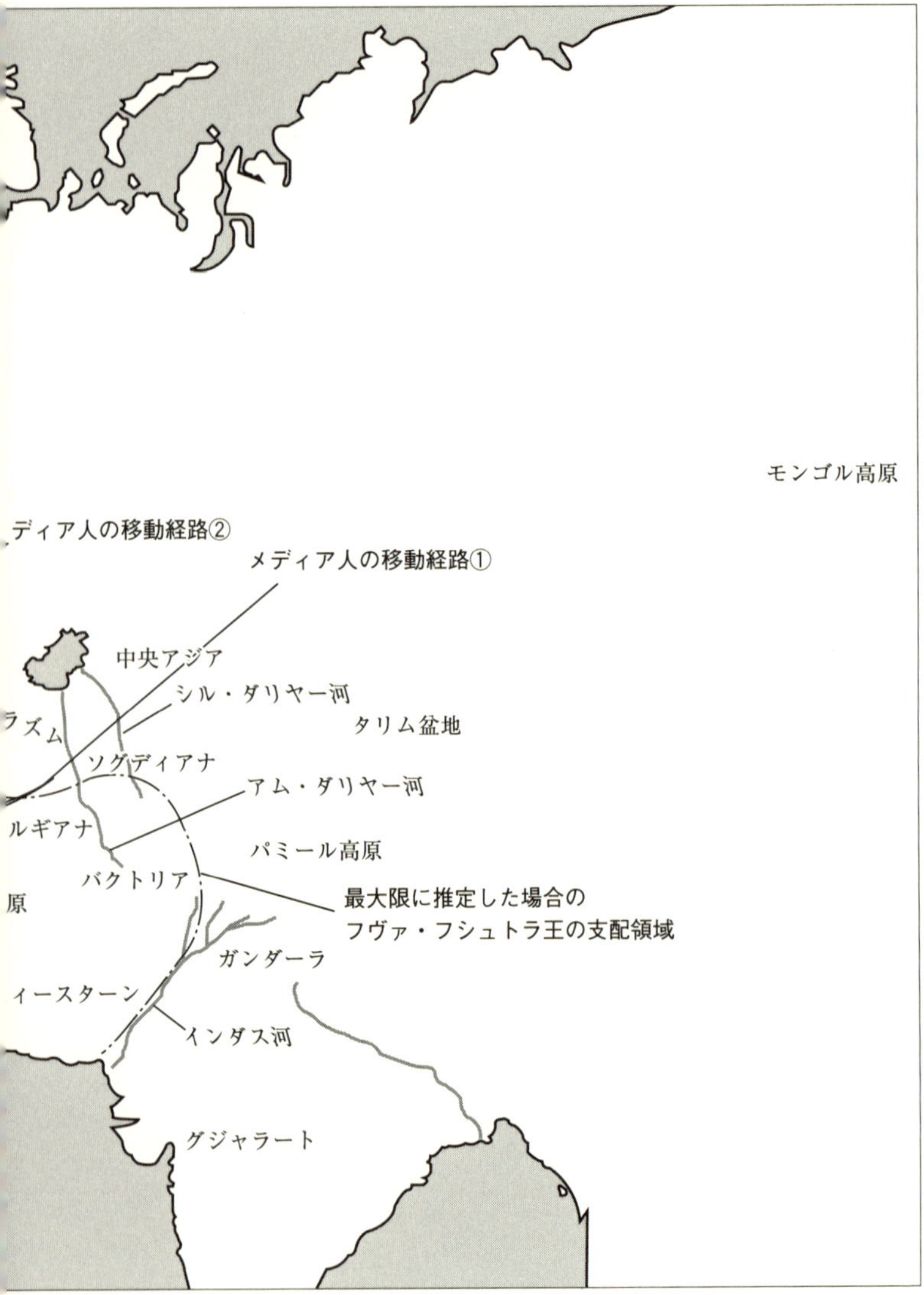

モンゴル高原
ディア人の移動経路②
メディア人の移動経路①
中央アジア
シル・ダリヤー河
ラズム
タリム盆地
ソグディアナ
アム・ダリヤー河
ルギアナ
パミール高原
バクトリア
最大限に推定した場合の
フヴァ・フシュトラ王の支配領域
原
ガンダーラ
ィースターン
インダス河
グジャラート

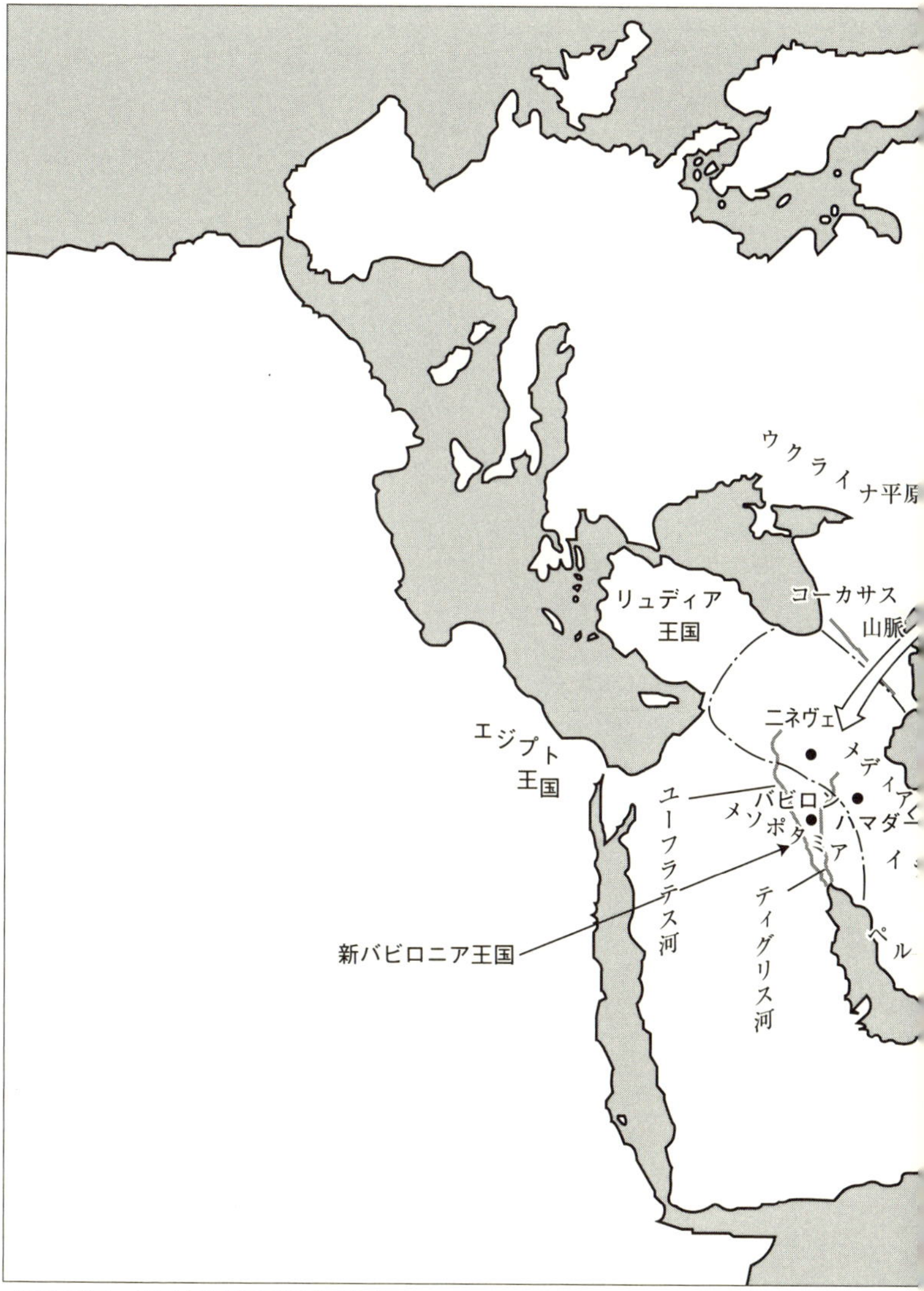

イラン系アーリア人定住民の活動の舞台
（メディア人）

容しているので、すべてのイラン系アーリア人が同等の文字を受容したわけではない。事実はその逆で、まったくバラバラの文字を採用しているのである。まず、先駆者であったメディア人が自らの文字文化を持っていたとする証拠は発見されていない。続く古代ペルシア人は、アッシリア人と同じ楔形文字を利用して古代ペルシア語を表記した。遊牧民だったパルティア人も、定住民の真似をして若干の文書をアラム系の文字によって遺した。バクトリア人はギリシア文字を取り入れたし、中世ペルシア人、ソグド人、ホラズム人はアラム文字をベースにパフラヴィー文字、ソグド文字、ホラズム文字を開発した。しかも、彼らは宗教ごとに違った文字を開発したから、ゾロアスター教パフラヴィー文字、マーニー教文字、キリスト教パフラヴィー文字などの派生形が大量に出現した。ホータン・サカ人に至っては、インド系のブラーフミー文字表記である。

このため、イスラーム以前のイラン系アーリア人定住民研究は、文献は同一系統の言語のバリエーションで表記されているにもかかわらず、それぞれの方言ごとに異なった文字を用い、しかもその文字自体が全然イラン系アーリア語にフィットしていないので、恐ろしく複雑怪奇な学問になってしまった。例えるなら、古代日本研究に当たって、ギリシア文字表記の九州弁で書かれた『古事記』、ラテン文字表記の関西弁で書かれた『日本書紀』、キリル文字表記の関東弁で書かれた『万葉集』、アラビア文字表記の東北弁で書かれた『源氏物語』などしか資料がない状況を想像していただければわかりやすい。写本の字面を見ただけでは、これらが同一系統の言語で書かれた同一民族の文化だとは、誰も思わないだろう。「文字を持たない民族の悲劇」(伊藤一九六四年)というより、「文字を持たなかった民族を研究する悲劇」である。イラン系アーリア人定住民の宗教や歴史を研究する「古代イラン学」とは、こういうひねくれた学問分野である。

(2) メディア人の興隆──第一次メディア王国

牧畜・オアシス農業に適した肥沃の地

前九世紀に最初にイラン高原に出現したイラン系アーリア人を、ギリシア語の他称で「メディア人」、古代ペルシア語の他称で「マーダ人」と呼ぶ。彼らがイラン高原に現れたルートについては二説ある。すなわち、

①中央アジアからそのまま南下してイラン高原東部へ入り、そこから西進したとする説

②中央アジアからカスピ海北岸を回り、コーカサス山脈を越えて南下したとする説

である。両説共に根拠があり、現在の研究ではどちらかを採ることはできない。ただ、いずれにしても、前九世紀のイラン高原は、現在のような、面積の三分の二以上を砂漠に覆われた不毛の土地ではなく、それなりに草木が生い茂っており、定住意欲をそそられたらしい。

メディア人が住み着いたのは、このイラン高原の西北部一帯。現在の地名で言えば、イラン・イスラーム共和国内の東西アゼルバイジャン州とハマダーン州、テヘラン州などを含む地域である。この周辺は、メソポタミア平原やイラン高原東南部のような大河にこそ恵まれていないものの、緩やかな丘陵地の中に幾筋も小川が流れ、牧畜とオアシス農業には格好の地形を提供している。メディア人は、前九~前八世紀には非アーリア人先住民を同化し、前七世紀にはこの地で多数派を占め、牧畜と農業を営むに至った。

メディア研究の資料

彼らの研究に当たって活用できる資料は、メディア人自身による文献がない以上、古代オリエントのセム系民族による三系統の文献と、ギリシア人による文献が主である。すなわち、以下の四つである。

・アッシリアの楔形文字資料
・バビロニアの年代資料
・ユダヤの年代記（旧約聖書）
・ギリシアの歴史家の資料

これらがすべて整合性のあるクロノロギーを提供してくれれば良いのだが、それぞれに矛盾する情報しかなく、それらを取捨選択するのは研究者の主観による。しかも、多言語の資料なので、固有名詞の比定にも一苦労である。資料の少ない古代史研究にはありがちなことだが、各資料の組み合わせ次第でかなりのバリエーションの「メディア史」が出現する可能性がある。本稿では研究史（主に旧ソ連でロシア語で発表されている）への言及は避け、仮説の一つを紹介するに留めたい。

アッシリア帝国、スキタイ人との交鋒

イラン高原は、たしかにメソポタミア平原に比べれば農業に不向きだったが、アッシリア帝国から見てそれなりの重要性があった。メソポタミア平原北部のニネヴェ（現在のイラク共和国北部）を首都

とするアッシリア帝国にとっては、すぐ東部のザーグロス山脈付近に異質な大集団が蟠踞《ばんきよ》するのは国防上好ましくないし、イラン高原は金属資源や石材が豊富で、直接ここを支配しないまでも、それらを輸入するルートは確保しておきたかったのである。それに、メソポタミア平原から中央アジアやインド亜大陸へ抜けるルートはメディアを通らざるを得ず、交易路としても無視できなかった。こうして、アッシリア帝国によるメディア制圧作戦が始まった。

これに加えて、前七世紀にはスキタイ人がウクライナ平原の覇権を握り、コーカサス山脈を越えてオリエントへ侵攻するようになっていた（スキタイ人については、第二章第一節参照）。前述のように、イラン高原上では西北部一帯ほど遊牧に適した土地はなく、後のイスラーム時代にテュルク系・モンゴル系の遊牧民政権がイラン高原を支配するようになると、大抵は首都をタブリーズなど、この地方に設置している。このためメディア人は、メディア制圧を意図する西方のアッシリア帝国および北方のスキタイ人と交鋒する戦塵の中で、イラン系アーリア人定住民最初の国家を形成してゆかなくてはならなかった。

部族連合国家

当初の形勢は、部族連合の域を脱しなかったメディア人に不利で、アッシリア帝国の記録に残っているだけでも、前九世紀末から八世紀前半にかけて合計六回の大遠征を受けている。しかし、アッシリア帝国の側でもイラン高原上に恒久的な支配体制を打ち立てるには至らず、しばらくは微妙な均衡状態が続いた。アッシリア語資料とギリシア語資料を照合して前七世紀のメディア史を推定再現する

⑦ダーラヤワウ1世のギャンジ・ナーメ碑文：ハマダーン近郊のアルヴァンド山の花崗岩に彫られたダーラヤワウ1世の古代ペルシア語・エラム語・アッカド語3語併用碑文。右下は、息子のクシャヤールシャン1世の碑文。

なら、前六七二年に至って、メディア人の族長の一人フラワルティシュ（ギリシア語名フラオルテス）が、スキタイ人の援軍を得て独立王国を建国したらしい。これが、イラン系アーリア人定住民が初めて建国した王国――通称、第一次メディア王国――である。

王都はハムグマターナ（古代ペルシア語。ギリシア語でエクバタナ、現代ペルシア語でハマダーン）。この街は、ザーグロス山脈中の標高一八〇〇メートルの盆地に位置し、夏は涼しいものの、冬は白皚々の雪原に蔽われる高原都市である。夏の気候以外には取り柄がなさそうだが、メソポタミア平原からイラン高原へ上る「ペルシアの門」ルートの中間地点を占め、この道がそのまま中央アジアから中国まで繋がっているので、シルクロードの要衝としての重要性がある。フラワルティシュは、ここに七重の城壁で守られた堅固な城市を築き、遊牧と交易に依存した国造りを行ったと考えられている。ちなみに、このハムグマターナことハマダーンは、ペルシア帝国時代にも副都の地位を保持し、メディア王国滅亡後もイスラーム時代に

部族名	特徴
ボウサイ族	「土着の」を意味する部族。メディア人の先住民と思われる
パレータケーノイ族	山岳地方の遊牧民。おそらく、スキタイ人と関係がある
ストロウカテス族	不明
アリザントイ族	「アーリア部族」を意味する純粋なイラン系アーリア人
ボウディオイ族	スキタイ人のブディニ族がメディアに定着したものと思われる
マゴイ族	宗教儀礼を司る部族だが、由来は不明

図表8　メディア人の六大部族

至るまで長く繁栄した。市の南西八キロメートルの地点にあるアルヴァンド山の岩肌に彫られたダーラヤワウ一世のギャンジ・ナーメ碑文（写真⑦参照）や、イスラーム哲学者の泰斗《たいと》イブン・スィーナー（一〇三七年没）の墓などは、この街にある。

スキタイ人の支配

この建国の経緯からして、メディア人はスキタイ人と非常に強い結びつきを持っていた。図表8に示すように、ヘロドトスが報告しているメディアの六大部族のうちの何部族かは、従来考えられていたような純粋なメディア人ではなく、この時、援軍に駆けつけたスキタイ人がメディア王国に定着したものとされる。

すなわち、メディア人の六大部族のうち、六分の一が先住民、六分の二がスキタイ人、六分の二が不明で、純粋なメディア人と見られるものは六分の一しかいない。メディア人はこの段階で、先住民やスキタイ人との混交がかなり進んだ集団になっていた。

しかし、外来勢力の軍事力に依存した建国のマイナス面もあった。フラワルティシュがアッシリア帝国の首都ニネヴェの攻略に失敗して戦死すると、前六五三年にはスキタイ王マドイェスが寝返ってアッシリアと同盟を結び、逆にメディア王国を攻撃したのである。部族連合の域を脱しなかった第一次メディア王国は、建国以来一九年間で簡単に解体した。だが、マドイェスも、二八年間メディア人を支配したものの、この地に永続的な統治体制を築くには至っていない。

(3) オリエントの強大国――第二次メディア王国

部族連合から中央集権国家へ

部族連合の上にスキタイ人の軍事力を招来した第一次メディア王国の弱点を克服したのが、フラワルティシュの息子(とされる)フヴァ・フシュトラ(ギリシア語ではキャクサレス)である。彼は、前六二五年にマドイェスを祝宴に招いて暗殺し、スキタイ人をコーカサス山脈の北方に追い返して、第二次メディア王国の建国に成功した。

フヴァ・フシュトラ王は部族連合の解体にも手腕を振るい、槍兵、弓兵、騎馬兵からなる常備軍を設置した。騎馬兵が加わったのは、明らかにスキタイ人の影響である。また、後のハカーマニシュ王朝の行政用語には、地方総督に当たる「フシャスラパーワン(ギリシア語でサトラップ)」など、メディア語起源と考えられる単語が多いことから、この王国はアッシリア帝国に範を取った中央集権的な官僚システムを具えていたとされる。この躍進の原動力となった経済的基盤は、スキタイ人から学んだと見られる家畜の交配とその売買、およびイラン高原で豊富に産出する鉱物資源の加工技術であった。

アッシリア帝国の滅亡とメディア王国の全盛期

アッシリア帝国による古代オリエント統治は、——少なくとも敵対者の記録によれば——かなり高圧的だったらしく、周辺民族が勢力を伸ばすと叛乱が相次いだ。バビロニアの年代記に従えば、前六二六年にメソポタミア平原南部のバビロニアで、バビロン総督が叛いて新バビロニア王国を建国した。フヴァ・フシュトラ王はこれと同盟を結び、前六一二年には新バビロニア王国とメディア王国の連合軍がアッシリア帝国の首都ニネヴェを挟撃して、同帝国を滅亡に追い込んでいる。都市国家の時代から数えれば一四〇〇年、大帝国を形成してからでも三〇〇年に及ぶ古代オリエントの代表的長寿国家の最期としては、意外に脆い幕切れだった。これ以後、セム語族がオリエントの政治的覇権を握るのは、七世紀のアラブ人の登場を待たねばならず、約一二〇〇年間はイラン系アーリア人定住民が西アジア政治史を主導することになる。

その第一弾がこの第二次メディア王国で、フヴァ・フシュトラ王の下でイラン高原西北部とメソポタミア平原北部（旧アッシリア本国）を支配する大国に成長した。王都ハムグマターナは、バビロンを凌ぐ繁栄を誇ったと伝わる。後世の間接的な資料によると、フヴァ・フシュトラ王はさらに征服活動を続け、カスピ海沿岸のイラン高原北部を制圧、小アジア〜メソポタミア平原北部〜イラン高原を支配する広域国家を樹立した。メディア王国が中央アジアまで支配していたかどうか確実な証拠がないが、この段階で、アッシリア帝国を凌ぐ領土を獲得したことになる。歴史上は、ペルシア帝国のクル大王によるオリエント世界統一が有名だが、フヴァ・フシュトラ王によるイラン高原統一はそれに先んじた偉業だった。

①フラワルティシュ（在位前672～前653年）：アッシリア帝国に反抗し、スキタイ人の力を借りてメディア王国を建国。初代メディア王。首都ハムグマターナ。アッシリア帝国攻撃中に戦死。以後28年間、メディア王国はスキタイ人に支配される。
②フヴァ・フシュトラ（在位前625～前585年）：スキタイ王マドイェスを暗殺して、メディア王国を再建。第2代メディア王。イラン高原全土を統一し、新バビロニア王国と同盟してアッシリア帝国を滅ぼした。
③アルシュティ・ワイガ（在位前585～前550年）：第3代メディア王。前550年にペルシア王クル2世に敗れて幽閉される。メディア王国滅亡。

図表9　メディア王家の系図

（4）メディア王国の消滅——ペルシア帝国への吸収

ペルシア人の台頭

前五八五年にフヴァ・フシュトラ王が没すると、息子のアルシュティ・ワイガ王（ギリシア語名アストヤゲス）が後を継いだ。彼は、娘の一人を新バビロニア王国のネブカドネザル二世に、別の娘マンダネをイラン高原南西部にある臣下筋のペルシア王カンブジヤ（カンビュセス）一世に嫁がせ、対外関係を安定させた。このままいけば、小アジアやエジプトを併合して史上最初の世界帝国を樹立するのはメディア王国かと思われたのだが、歴史は予想通りには動かない。

前五五三年に、マンダネが産んだ外孫のクル二世が、ペルシア王国に拠って反旗を翻したのである。記録によると、このイラン高原西北部の宗主国と西南部の従属国は、三年間のうちに三回戦ったとされる。当初はメディア王国側が優勢だったが、第三回の戦闘でアルシュティ・ワイガ王が派遣した遠征軍の司令官が寝返り、前五五〇年にハムグマターナまで押し寄せた。遠征軍が叛乱軍に豹変したメディア王国は大混乱に陥り、王都は簡単に陥落、メディア王国はペルシア王国に吸収されて世界史上から姿を消した。アルシュティ・ワイガ王は、特に危害を加えられることはなく、ペルシアの地に幽閉されて天寿を全うしたとされる（ペルシア人については、第三章第二節参照）。

メディア王国の意義

このように、第一次王国でフラワルティシュ王の一九年間、第二次王国でフヴァ・フシュトラ王の四〇年間＋アルシュティ・ワイガ王の三五年間と、合計しても三代九四年間しか存続しなかったメディア王国をどう評価するかはむずかしい。一方の極論としては、E・ヘルツフェルトのように「メソポタミア平原から中央アジア、インド亜大陸まで支配下に収めた強力な帝国」と捉え、ペルシア帝国の報われない先駆者と評価する立論がある。この場合、クル大王は単にフヴァ・フシュトラ王の覇業を継承したに過ぎず、ペルシア帝国のフレームはメディア王国時代に完成していたことになる。

他方の極論として、H・ヴァールデンブルクのように「メディア王国という安定した国家が存在した証拠はなく、きわめて脆い部族連合に過ぎなかった」と捉え、メディア王国の存在自体を疑う立論さえある。この場合、イラン系アーリア人定住民で初めて行政組織を具えた国家を形成したのはペルシア人ということになり、メディア人は不肖の先輩の位置づけに甘んじなくてはならない。

ペルシア帝国への継承

ただ、ペルシア帝国以降の状況からメディア王国の位置づけを類推することはできる。一例として、ペルシア帝国におけるメディア人の処遇を見てみよう。クル大王の意識の上では、ペルシア王国がメディア王国に代わったというよりは、外祖父の後を継いで第四代ペルシア王と第四代メディア王を兼任したと考えていたかも知れない。ペルシア王国とメディア王国の同君連合である。ダーラヤワウ一世時代になってもペルシア帝国の行政制度はメディア王国の官職をそのまま踏襲したし、ペルシアにあるペルセポリスは儀礼上の首都に過ぎなかった一方で、メディアにあるハムグマターナは夏の帝都として活用された。また、初代バビロニア総督や親衛隊長官など帝国の要職には、ペルシア人ではなくメディア人が就任し、メディア貴族はペルシア貴族と同等の権利を保障された。やや詳しく資料が残っているバビロニアに限れば、官吏や軍人にはかなり多くのメディア人が登用されている。これは、他の征服地域の住民には絶えて認められなかった権利である。

このため、この当時のギリシア人、ユダヤ人、エジプト人などは、自分たちが「ペルシア帝国」に統治されているのか「メディア帝国」に統治されているのか判然とせず、ペルシアとメディアを互換可能な概念として使用している。これらを参照するなら、メディア王国からペルシア帝国へ継承された制度や文化はおびただしく、やはり「偉大な先駆者」と捉えるほうが妥当なようである。

(5) メディア人の宗教文化——マゴス神官団

メディア王国最大の遺産

ペルシア人がメディア人から受け取った遺産目録の中に、メディア人の宗教を司るマゴス族(マゴイ族)があった。上述のメディア人の六大部族の一つである。ペルシア人には独自の宗教集団が存在していなかったらしく、メディア王国からマゴス族を引き継いで、そのままペルシア帝国の神官階級に転用した。彼らを解体せず、神官階級として活用することにどのようなメリットがあったのか不明なのだが、ペルシア帝国が拡大すると共にマゴス神官団も各地に移住し、帝国の支配が及ぶところ、各地でマゴス神官の姿を見るようになった。結果から見れば、イラン系アーリア人定住民の宗教指導者の座を獲得したマゴス神官団こそ、メディア王国が後世に遺した最大の遺産と言えるかも知れない。本節の最後では、このマゴス族を取りあげよう。

マゴス族の起源

彼らの起源については定説がない。以下では、彼らの出自をイラン系アーリア人とする説と、非アーリア人とする説を一つずつ紹介しよう。

二〇世紀初頭には、マゴス族はどのイラン系アーリア人も実践しない風習（後述）を保持しているので、土着の先住民だと考えられた。こう定義されると、キリスト教とアーリア人優生説が支配的だった時代にはマゴス族は不利な立場に置かれ、ゾロアスター教におけるの反キリスト教的要素はすべて彼らの責任とされた。つまり、当時の一般常識であった一神教にそぐわない善悪二元論、祭式儀礼などは、非アーリア人であるマゴス族がゾロアスター教に持ち込んだ暗黒面と捉えられ、ゾロアスター教がキリスト教のような「正しい一神教」に進化するのを妨げた悪役と考えられたのである。

これに対して、世襲の宗教指導者というマゴス族の社会的位置づけがインド系アーリア人におけるブラフマンとよく似ているので、マゴス神官団はメディア人固有の神官カーストだとする説もある。彼らの中に、呪術的な宗教観や拝火儀礼などアーリア人に共通の要素が見られる点も、これを裏づけ

⑧サカヴァンドのダフマ：ハマダーン近郊のハルスィーン村にあるダフマ遺跡。ヘルツフェルトはガウマータの墓に比定している。

ている。しかし、この場合、曝葬《ばくそう》や最近親婚といったアーリア人全般にまったくなじみのない要素をどう説明するかがむずかしい。

マゴス族の習慣と職能

マゴス族の習慣や職能を知る資料は、ギリシア人による文献と、メディア各地に残されたレリーフや拝火神殿遺跡に限られる。それらを総合すると、彼らは、①父子相承で記憶する呪文、②拝火儀礼、③遺体を放置する曝葬、④爬虫類の屠殺、⑤最近親婚などの風習で知られる、ギリシア人からは不気味がられた集団であった。ちなみにギリシア人は、「マゴス族は神殿を建てない」と報告しているが、ハマダーン近郊のテペ・ヌーシェ・ジャーンにはメディア時代のものと見られるイラン高原最古の拝火神殿遺跡が残っており、近隣のハルスィーン村にはメディア人が拝火儀礼を行うレリーフと曝葬のための横穴墓——通称「サカヴァンドのダフマ」——もある（写真⑧参照）。サーサーン王朝時代に完成するゾロアスター教の拝火儀礼と葬送儀礼の原型は、すでに前六世紀前後のメディア王国で形作られていたようである。

マゴス族とゾロアスター教

ここで、メディア王国滅亡後まで話を先取りすると、マゴス神官団は、ペルシア帝国以降、イラン系アーリア人定住民全体の神官階級に成長した。三世紀のサーサーン王朝時代までには、イラン系アーリア人の宗教思想の主流はゾロアスター教になっていたから、これ以降の時代については「マゴス神官団(中世ペルシア語でモーベド、アラビア語でマジュース)=ゾロアスター教神官団」と定義できる。

問題は、マゴス族がいつゾロアスター教を受け入れ、メディア人の宗教の専属神官階級からゾロアスター教の専属神官階級に転身したかである。最も早い年代を採る説に従えば、ギリシア語資料に記録されたメディア人の人名にゾロアスター教的要素が確認されるので、メディア人はフヴァ・フシュトラ王の時代からゾロアスター教徒だったとされる。ただし、この説は旧ソ連圏の学者に支持されるのみで、欧米の大部分の学者は否定している。

逆に最も遅い年代を採る説に従えば、マゴス神官団は、最初はイラン高原東部から西進してくるゾロアスター教教団をブロックする存在だったのだが、ペルシア帝国時代のいつごろかにマゴス神官団の宗教思想と原始ゾロアスター教が融合して、現在見るようなゾロアスター教が成立したとされる。

どちらにしても、紀元前にゾロアスター教と結合したマゴス神官団は、ゾロアスター教徒がある限り生き延びた。一〇世紀にイスラーム教徒に迫害されたゾロアスター教徒がインド亜大陸に亡命した後は、この神官団が、政治権力を失ったゾロアスター教徒共同体の実質的な指導者となって、現在に至っている。現代インドのゾロアスター教徒財閥の多くは、このマゴス神官団の教えを継承した末流たちが創立したものである。

2 ペルシア人――二つの世界帝国の栄光（前六〜後七世紀）

（1）ペルシア人の興隆――ペルシア王国

ザーグロス山脈内の酷暑の地

ペルシア人（ギリシア語。古代ペルシア語ではパールサ人）とは、イラン高原西南部に住み着いたイラン系アーリア人の一派である。メディア人の場合と同じく、彼らが中央アジアからイラン高原にたどり着いたルートはわかっていない。前八四三年のアッシリア語碑文が「ペルシア人」に関する最古の資料なのだが、その解釈が定まっていないのである。ここでも、①コーカサス山脈を越えてイラン高原西北部に進出し、そのまま南下してイラン高原西南部に至ったとする説と、②中央アジアからイラン高原東部に進出し、西へ向かってイラン高原西南部に至ったとする説の両論が成立する。

彼らがたどり着いたイラン高原西南部は、大河もなく、雪解け水を利用したオアシスも少なく、夏は酷暑に悩まされるという不毛の土地。およそ「耕作」という概念を受けつけない岩山の連続で、ところどころの小規模オアシスで小麦やナツメヤシを栽培しているのみである。特に、ペルシア湾岸の夏は湿気と暑熱が凄まじく、不快指数は最高潮に達する。現地の人には悪いが、盛夏にここを訪れようものなら、「こんな土地に、何でこれだけ世界遺産級の遺跡があるのか?」と深刻に考えざるを得ない。また、陸のシルクロードから離れた地点にあるので、国際的なキャラヴァンの往来も期待できず、「ペルシア」というポエジーを湛えたネーミングに反して、条件は決してよくない土地柄である。

先住民エラム人との共存

メディア人がアッシリア帝国やスキタイ人との交鋒の中で国家を形成していったのと対照的に、ペルシア人は先住のエラム人との共存の中で発展していった。このエラム人とは、前二六八〇年から現在のフーゼスターン州とペルシア州に住んでいたことが確認される系統不明の民族である。エラム語の解読結果によれば、彼らの言語はセム系でもアーリア系でもなく、テュルク語や日本語と同じ膠着《こうちゃく》語《ご》である。すなわち、言語上は、西アジアでは孤立語を話していた民族である。

彼らは、ザーグロス山脈をはさんで西麓はメソポタミア平原に接続し、東麓はイラン高原に広がるという境界付近に居住していたので、メソポタミア文明とは適当に距離を置きつつ、しかも彼らの文明の恩恵は充分に受けて、独自のエラム文明を築いていた。首都は、ザーグロス山脈の西麓でなかばメソポタミア平原に下りた付近、フーゼスターン州にあるスーシャー(古代ペルシア語。現代ペルシア語でシューシュタル)。一〇〇〇年以上に及ぶエラム王国史を概観するのは本節の主旨ではないが、彼らがメソポタミア文明の影響下に楔形文字を使用してエラム語を表記する文字文化を身につけたこと、アッシリア帝国ほどではないにしても、それなりに完備した文書行政組織をもっていたことは記

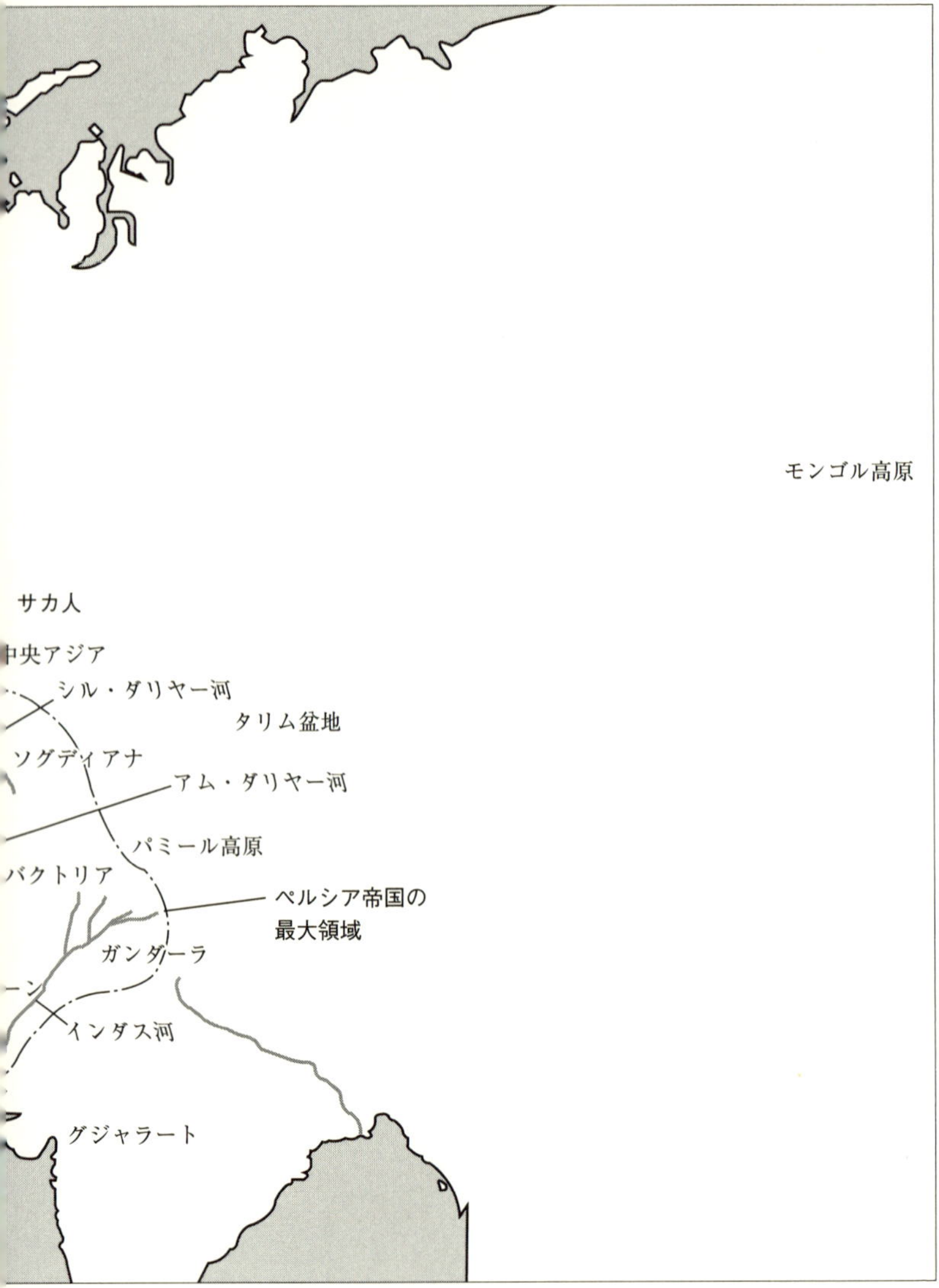

モンゴル高原
サカ人
中央アジア
シル・ダリヤー河
タリム盆地
ソグディアナ
アム・ダリヤー河
パミール高原
バクトリア
ペルシア帝国の
最大領域
ガンダーラ
インダス河
グジャラート

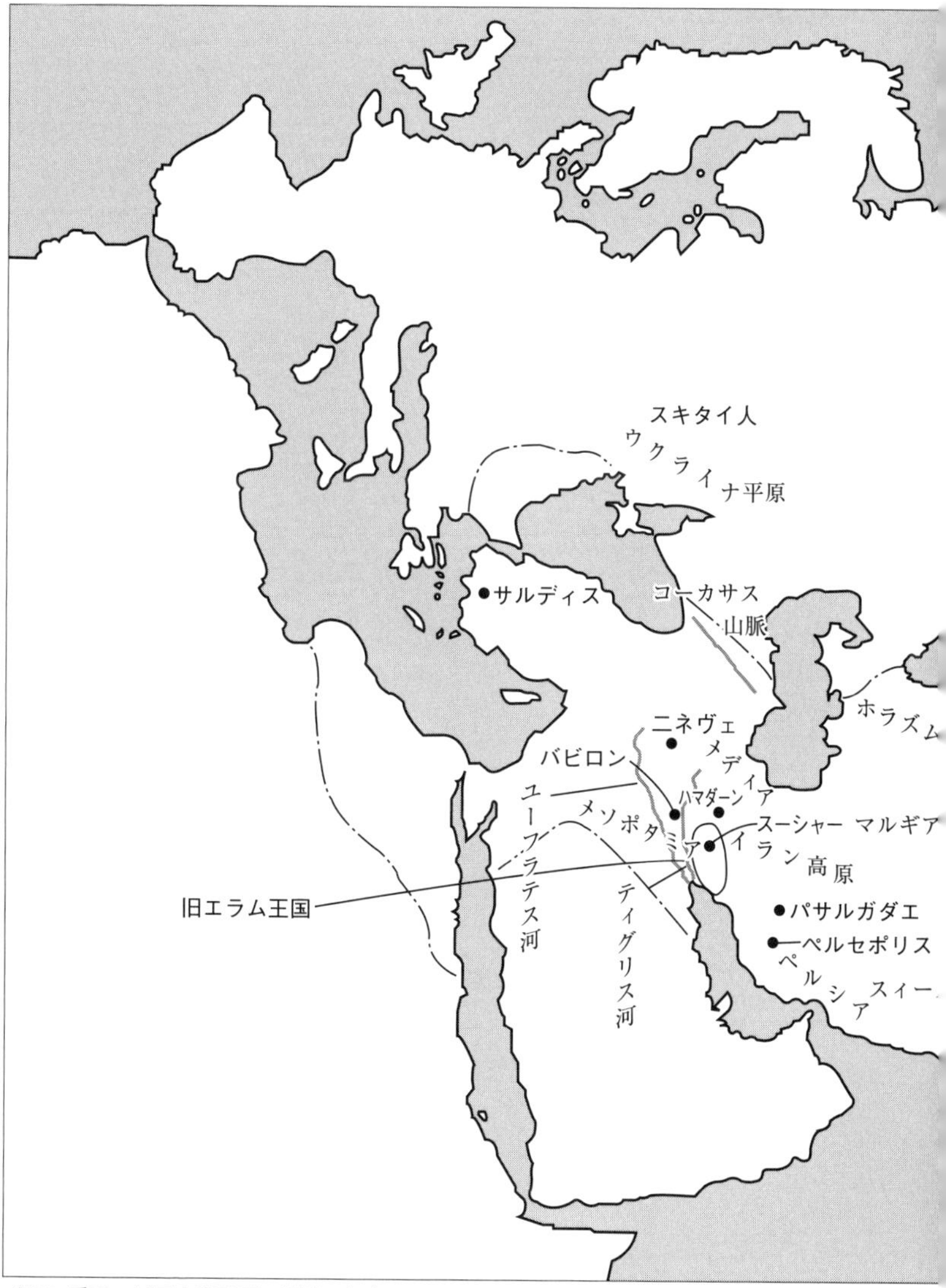

イラン系アーリア人定住民の活動の舞台
(ペルシア人　①ペルシア帝国)

憶に留めていただきたい。

フランス（出身はウクライナのハリコフだが）の考古学者R・ギルシュマン（一八九五〜一九七九年）は、ペルシア人がエラム王国内に定住した経緯を、軍事的征服ではなく、エラム王国に軍人として奉仕し、その対価として徐々に土地を取得したものだと見ている。メディア人のように血みどろの闘争の中から浮かび上がってきたのではなく、平和的な進駐によってエラム人と共存共栄していたとするこの説は、後のペルシア帝国が異民族に対して非常に寛容だったことを考え合わせると、説得力に富む。また、ヘロドトスによれば、このころのペルシア人は、定住して農耕生活を営む六部族と牧畜・遊牧に従事する四部族とに分かれ、一〇大部族を形成していたらしい。

ペルシア王国の成立

ペルシア人は、長らくエラム王国に包摂されてエラム王の支配下にあったが、前六七五年にパサルガダエ族の部族長チシュピシュ（古代ペルシア語。ギリシア語でテイスペス。ただし、イラン系アーリア語としては語源が確定せず、論争中）という人物が政権を奪取し、アンシャンの街（現在のマーリヤーンに比定される）を首都として、ペルシア王国を建国した。先住のエラム人と新来のペルシア人の主客転倒である。

チシュピシュの後を継いで第二代ペルシア王となったクル一世（古代ペルシア語。ラテン語でキュロス、英語でサイラス。ただし、イラン系アーリア語としては語源が確定せず、論争中）は、アッシリア語碑文では「パルシュマシュ卿」と呼ばれ、前六四〇年にはアッシリア帝国に息子を人質に差しだしている。まだ完全な独立国家を築くほどの力はなく、アッシリア帝国を宗主国と仰いでいたらしい。アッシリア帝国が傾くと、クル一世を継いで第三代ペルシア王になったカンブジヤ一世（古代ペルシア語。ギリシア語でカンビュセス。ただし、イラン系アーリア語としては語源が確定せず、エラム語起源と見られている）が、宗主国をメディア王国に乗り換えてペルシア王国の安泰を図った。

ペルシア王国の文化

ペルシア人はこのように後発の民族だっただけに、ヘロドトスからはまったく主体性のない人々として描かれている。彼によると、ペルシア人は、メディア人の衣服を格好良いと思って着用し、エジプト人の武具を便利だと思って真似し、ギリシア人の男色を素晴らしいと思って実行していたという（ギリシア人からは、もっと他に学ぶものがあった気がするのだが）。彼らが路上で出会った際に、同じ身分の者同士は口と口でキスして挨拶し、身分が違う場合は格上の者が格下の者の頬にキスする習慣も、男色文化の延長線上にあるのかも知れない。

しかし、彼らも食文化だけは、中央アジアで牧畜していたころの伝統を引き継いでいた。主食は肉料理で、これにデザートがたっぷりついた（と、デザートの習慣がなかったらしいヘロドトスが驚いて書いている）。また、ペルシア人は酒を何よりも愛しており、重要な会議は必ず酒盛りの席で行われる慣わしであった。仮にも素面の席で相談してしまった内容があったら、後日あらためて酒を飲み直して再決定する仕組みだったという（現代の常識と逆である）。これだと、ペルシア王は会議のたびに酒を飲み、出席する貴族の誰彼なしにキスをし続けなくてはならないので、よほどの神経の持ち主でな

⑨パサルガダエの要塞遺跡：クル大王が最初に拠ったパサルガダエの要塞遺跡。拝火壇や宮殿遺跡などの奥にある「詰めの城」である。クル大王はここでメディア王アルシュティ・ワイガの軍と戦い、世界征服者としての運を開いた。

いと務まらなかっただろう。あるいは、「酔うては臥す美男の膝、醒めては振るう天下の権」といった感じで、本人たちは満足していたかも知れないが。

（2）世界帝国の樹立――「ペルシア帝国」誕生

メディア王国への叛乱

カンブジヤ一世の息子のクル二世は、前五五九年に第四代ペルシア王に即位すると、アンシャンからパースラガーダ（古代ペルシア語。英語でパサルガダエ。現代ペルシア語でパーサールガード）に遷都した。次いで前五五三年には、メディア王国のアルシュティ・ワイガ王に対して叛乱を起こした。伝説では、メディア人の圧政下に農作業に従事する理不尽さが挙兵の根拠だったとされる。しかし、どんなに酒を飲ませてキスしても、一〇大部族のうちの三部族しか説得できなかったようで、当初は苦戦が続いた。白馬に牽かせた八輪戦車を愛用していたと伝わるクル大王も、メディア人の騎兵隊には圧倒され、一時はパースラガーダ近郊まで攻め込まれる始末だった（写真⑨参照）。しかし、前述のように遠

①チシュピシュ（在位前675～前640年）：ペルシア王国建国、初代ペルシア王。首都はアンシャン。
②クル1世（在位前640年～?）：第2代ペルシア王、アッシリア帝国に臣従した「パルシュマシュ卿」。
③カンブジヤ1世（在位?～前559年）：第3代ペルシア王。メディア王国に臣従し、メディア王の娘マンダネと結婚。
④クル2世（在位前559～前530年）：第4代ペルシア王。前550年にメディア王国を破り、エジプトを除く古代オリエントを統一して、ペルシア帝国を建国。初代ペルシア皇帝。パースラガーダへ遷都。
⑤カンブジヤ2世（在位前530～前521年）：第5代ペルシア王、第2代ペルシア皇帝。エジプトを征服するが、シリアで謎の自殺を遂げる。

図表10　クル王家の系図

征軍の司令官が寝返ったのを機に反攻に転じ、前五五〇年にハムグマターナを陥れている。

「ペルシア帝国」の成立

クル二世は、メディア王国征服後、そのまま世界帝国の建設に乗りだした。以下、バクトリア、ソグド、ホラズムを征服してのペルシア帝国の建国、マッサゲタイ族戦での戦死、カンブジヤ二世によるエジプト征服、クル王家の五代での断絶、ダーラヤワウ一世のスキタイ遠征などについては、対象となった民族の項で記述するので、ここでは重複して繰り返さない（詳しく知りたい方は、足利一九七七年や伊藤一九七四年、小川・山本一九九七年などの概説書を参照していただきたい）。

ここで確認しておきたいのは、ハカーマニシュ家のダーラヤワウ一世（古代ペルシア語。ギリシア語でダレイオス）によるクル王家簒《さん》奪《だつ》と、彼が考案した統治システムである。ダーラヤワウ一世は、カンブジヤ二世が自殺した後で（本当に自殺かどうかも謎だが）、クル王家の正統後継者を抑えて第三代ペルシア皇帝に即位した。この際、ハカーマニシュ家の系図の中にクル王家の系図を嵌め込んで、両者は同じ一族であるかのように見せかけた。しかし、ダーラヤワウ一世以降の皇帝が、由緒正しい古代ペルシア語に基づく三種類の即位名――ダーラヤワウ、クシャヤールシャン、アルタクシャサ――しか使用せず、チシュピシュとかクル、カンブジヤと名乗った皇帝が一人もいないところから、第二代カンブジヤ二世と第三代ダーラヤワウ一世の間に深い断絶――王朝交代――があったことを看取できる。

このような経緯で政権を奪取したダーラヤワウ一世であるから、内戦に勝ち抜いた後は、クル大王の政策にかなりの変更を加えている。まず、帝国首都をペルシア州のパースラガーダからエラム王国の旧王都スーシャーに移転させた。スーシャーは、前六四四年にアッシリア帝国によって徹底的に破壊されて廃墟となっていたはずなのだが、それを復興させて首都としたのである。もちろん、メソポタミア平原とペルシア州の中間地点がスーシャーだったという単純な理由もあるだろうが、もしかすると、クル王家の記憶が残るパースラガーダを嫌ったのかも知れない。

また、各民族統治の引き締めも図った。クル大王がオリエントの諸民族を余りにも寛大に扱ったのに一定の歯止めをかけ、各地方の総督には必ずペルシア人かメディア人を充て、皇帝の親衛隊――通称「不死部隊」――にも両者だけを選任したのである（帝国の後期になると、この原則は崩れるが）。この二つの民族だけは、帝国内で租税を支払う義務を負わず、代わりに軍役でもって皇帝に奉仕する特権を持っていた。

「ペルシア帝国」の特徴

次に、史上初めて広範囲にわたるイラン系アーリア人定住民を一つにまとめ上げたクル王朝とハカーマニシュ王朝のペルシア帝国が、他のイラン系アーリア人に対してどのようなスタンスで臨み、彼らの文化にどのような影響を与えたかを検討してみよう。以下では、三つの観点からこの問題を追究したい。

①ペルシア人による帝国

この問題に対する手掛かりの一つは、ダーラヤワウ一世以降に各地に建立された古代ペルシア語碑文である（ちなみに、この碑文自体は肉眼では見ることのできない断崖絶壁の高所に彫られているので、神に捧げた宣言文ではないかと考えられてきた。しかし、同じ内容の宣伝ビラが帝国各地に配布されているから、やはり臣民にあまねく周知させるべきものだったと思われる）。そこでは、ダーラヤワウ一世は自らを「大王、諸王の王、ペルシアの王（フシャーヤスヤ・パールサイ）、諸国の王」と名乗り、ハカーマニシュ王朝の現実的基盤がペルシア人にあることを示唆している。

ペルシア皇帝から見れば、広い意味で言語文化を共有する「イラン系アーリア人」に含まれたバクトリア人やホラズム人などは、セム系のアッシリア人、バビロニア人、エジプト人などと等しく、統治の対象でしかなかった。「アーリア人」という概念がイラン系アーリア人全体のメルティング・ポットとして機能するのは、まだまだ遠い先の話である。この観点からは、この帝国は「ペルシア帝国」と呼ぶのが相応しく、決して「アーリア帝国」ではなかった。

②公用語は帝国アラム語とエラム語

次に言語の問題を取りあげよう。ペルシア帝国は、史上初めて古代オリエントの諸民族を一つにまとめた広域国家だったので、帝国全体の公用語と各民族単位の公用語の二つが設定されていた。しかし、古代ペルシア語は、書記言語としてはどちらにも採用されていない。まず、帝国全体の公用語には、セム民族系のアラム語とアラム文字が導入された。アラム人はアッシリア帝国時代に商業民族として西アジアに広範囲に分散し、その言語は西アジアの国際共通語の地位を得ていた。また、表記に楔形文字を使わず、簡便なアルファベットであるアラム文字を採用したので、筆記用具がタブレットからパピルスに代わった時代にあっては書写に適した言語になっていた。これらの複合的な理由により、アラム語はペルシア帝国全体の公用語の地位を占め、「帝国アラム語」と言われるリンガ・フランカに発展したのである。このため、ペルシア帝国の版図に住むイラン系アーリア人は、「ものを書く＝アラム語・アラム文字で書く」と受け取ったようで、後のパルティア語、中世ペルシア語、ソグド語、ホラズム語などは、多かれ少なかれアラム語のボキャブラリーを含み、アラム文字を改良した文字で書き記された。古代イラン系アーリア人を研究する上では、この「帝国アラム語」に関する知識が絶対に欠かせない。

次に、ペルシア州での公用語は、古代ペルシア語ではなくエラム語だった。エラム人の書記官が官僚に登用され、エラム語とエラム文字を用いて文書を作成していたので、古代ペルシア語は文書用語としてはまったく広まっていなかった。二〇世紀前半にG・キャメロンがペルセポリスで大量のエラム語タブレットを発掘し、R・ハロックがそれらを解読して以降、ペルシア帝国におけるペルシア人の活動を研究するには、古代ペルシア語ではなくエラム語のタブレットを読み解かなくてはならないという変則的な事態が惹起されている（詳しいことを知りたい方は、川瀬一九八七年、一九九〇年などを参照）。

ちなみに、異様に影の薄い古代ペルシア語であるが、一応、宮廷では標準語になっていたらしい。また、軍事用語としても若干の汎用性があったようである。帝国内の各民族が混成部隊を編成する際は、ペルシア人（かメディア人）が隊長になるケースが多かったので、号令などは古代ペルシア語で周知されていたのであろう。これらの古代ペルシア語ボキャブラリーは、ペルシア帝国支配下のインド亜大陸西部で確認されている。

③帝国辺境としてのペルシア州

最後に重要なのは、「ペルシア帝国」では、イラン高原西南部の「ペルシア州」が重要な役割を果たしたことは一度もない点である。前述のように、「ペルシア帝国」全体の首都としてはスーシャーが選ばれた。夏の副都はハムグマターナで、『旧約聖書』エズラ記第六章に見られるように、ダーラヤワウ一世時代にはここが公式文書の保管所として活用された。ペルシア王国時代の首都であったパースラガーダは放棄され、ダーラヤワウ一世が儀礼用に建設したペルセポリス（ギリシア語。古代ペルシア語名は不明。現代ペルシア語名はタフテ・ジャムシード）だけがペルシア州内に残った。従って、「ペルシア皇帝」は、年に一度の祭礼の際にペルセポリスへ赴くのを除いてはペルシアに滞在せず、エラムとメディアの間を往復しているだけの存在だったと考えられる。

また、ペルシア帝国が誇るハイウェイである「王の道」も、リュディア王国の旧首都サルディス→アッシリア帝国の旧首都ニネヴェ→新バビロニア王国の旧首都バビロン→エラム王国の首都スーシャー／メディア王国の旧首都ハムグマターナを繋ぐだけで、ペルシア州には連結していない。ペルシア州には遊牧に適した牧地もなく、シルクロードの幹線からも大きく外れた辺境なので、ここを重要視する理由がなかったのであろう。

すなわち、「ペルシア帝国」とは、クル大王に率いられたペルシア貴族たちがたまたま軍事的な覇権を掌握したのを発端として成立したに過ぎないのである。また、ダーラヤワウ一世以降は、メディア人が考案した行政システムを継承し、エラム人を官僚に登用して、アラム語をリンガ・フランカに、エラムの首都で治めた帝国であった。「ペルシア帝国」では、古代ペルシア語もペルシア州も、大した役割を果たしていない。ただ、人材としてのペルシア人の特徴は、それらの古代オリエント文明の遺産を巧みに融合させ、自分たちよりもはるかに古い伝統を持つ諸民族を綏撫《すいぶ》し、史上初の世界帝国を二二〇年間も運営した点にある。ペルシア人のこの能力だけは、世界史上に大きな足跡を遺した。

(3) ペルシア人の逼塞——フラタラカー王朝

ギリシア人の支配とパルティア人の支配

前三三〇年にアレクサンダー大王によってハカーマニシュ王朝が滅ぼされて以来、メソポタミア平原とイラン高原は前一四一年までギリシア人のセレウコス王朝が支配するところとなった。支配者はギリシア人、公用語はギリシア語、公用文字はギリシア文字と、古代オリエント世界がギリシア文化によって統一された一八九年間を、「ヘレニズム時代」と称する。ギリシア人は図表1のインド・ヨーロッパ語族の中の①ヨーロッパ系に当たる民族で、イラン系アーリア人には含まれない（従って、ヘレニズム時代は本書が扱う対象外になるので、興味のある方は大戸一九九三年などを参照）。そして、前一四一年にミフルダート一世率いるパルティア人がセレウキアに入城すると、今度はイラン系アーリア人遊牧民であるパルティア人のイラン高原支配が始まり、二二四年まで三六五年間継続した（この経緯については、第二章第三節を参照）。

このギリシア人支配とパルティア人支配の合計五五四年間、ペルシア人は古代オリエント世界の支配者の地位から転落し、ペルシア州での逼塞《ひっそく》を強いられた。ギリシア人の支配者たちの目に留まることもほとんどなく、また、パルティア人は自分たちのことさえ記録しなかったくらいなので、この時期のペルシア人に関する外部資料は限られている。また、エラム人の書記官僚たちは消滅し、古代ペルシア語で文書を作成する伝統も全然なかったから、ペルシア人自身による文献も残っていない。結局、ペルシアに残存した地方王朝がアラム文字で銘文を彫ったコインと、ペルセポリスなどに残された若干のレリーフが、この期間のペルシア人の動静を知る唯一の手掛かりである。以下では、J・ヴィーゼヘーファーの研究などを参考に、ペルシア人の残存王朝の歴史と文化を探ってみよう。

フラタラカー王朝／ペルシス地方王朝

ペルシア人の残存王朝に対する名称は、学界でも確立されていない。前三〜前一世紀のコインに記された支配者の称号「神々のフラタラカーたる〇〇」を採って、この期間を「フラタラカー王朝」とするのが一般的だが、残念ながらコインの綴りが一定せず、場合によっては「フラタカラ」、「フラタダーラ」、「フラタカーラ」と読むケースもある。語義も、「指導者、支配者」だろうと推測されているものの、確定していない。また、地名を採って「ペルシス地方王朝」と呼ぶことも可能だが、「ペルシス」はギリシア語の他称だから、古代イラン学者は使用を躊躇っている。

この「フラタラカー王朝」は、コインのデザインがハカーマニシュ王朝のものを踏襲しているので、従来はセレウコス王朝のギリシア人支配に反発するペルシア人が建てた独立王国だと見られてきた。しかし、ヴィーゼヘーファーによると、前二世紀初頭までは、逆にセレウコス王朝から送り込まれた総督領だった可能性が指摘されている。コインから推測するなら、前二世紀中葉に、ヴァードフラダード一世というフラタラカーが、セレウコス王朝とアルシャク王朝が激しく争っているのに乗じて、ペルシア人の独立王国を復活させたと見られている。彼のコインには、ハカーマニシュ王朝の皇帝たちと同じく、栄光の光輪が誇らしげに彫り込まれている。

(4) アーリア帝国の成立——エーラーン・シャフル誕生

サーサーン王朝の特徴

二二四年、フラタラカー王朝との関係は不明だが、ペルシア州の神官王であるアルダフシール一世がアルシャク王朝を破ってクテスィフォンに入城し、新たにサーサーン王朝を興した（写真⑩参照）。アルシャク王朝が独立を認めていた地方王朝は、次々に新王朝に併合され、ここにクテスィフォンを首都とした新たな中央集権的帝国が成立した。

なぜ遊牧地や交易ルートに恵まれないペルシア州が、一度ならず二度までもイラン高原を統一する主導勢力になったのかは不明である。歴史を通観してみても、ペルシア州を地盤にイラン高原を征服

⑩ガルエ・ドフタル対岸のアルダフシール1世レリーフ：エーラーン・シャフル初代皇帝アルダフシール1世の王権神授レリーフ。サーサーン王朝最初期のレリーフなので、まだまだ古拙な出来である。

した王朝は、クル王朝（前六七五～前五二一年）＋ハカーマニシュ王朝（前五二一～前三三〇年）と、このサーサーン王朝（二二四～六五一年）があるのみで、イスラーム時代以降の大半の王朝は、メディア州か中央アジアに拠点を構えている。

サーサーン王朝は、ペルシア人が再びペルシアの地から出てイラン高原全土を統一し、メソポタミア平原や中央アジアにまで版図を拡大した点で、外面的にはハカーマニシュ王朝に似ていた（領土的には、エジプト・小アジアを支配したか否かの差しかない）。これを観察したギリシア・ローマの歴史家が、サーサーン王朝を「第二次ペルシア帝国」と認識し、同時代のマーニー教徒が「パールス・シャフル（＝ペルシア帝国）」と呼んだのももっともである。しかし、以下に述べるように、両者の相違はか

ウクライナ平原
コーカサス山脈
ホラズム
メディア
クテスィフォン
メソポタミア
イラン高原
マルギアナ
中央アジア
エーラーン・シャフルの基本領域
シル・ダリヤー河
タリム盆地
ソグディアナ
アム・ダリヤー河
パミール高原
バクトリア
スィーラーフ
ペルシア
カーリヤーン
スィースターン
ガンダーラ
グプタ王朝
インダス河
ティグリス河
グジャラート

イラン系アーリア人定住民の活動の舞台
（ペルシア人　②エーラーン・シャフル）

なり大きい。本項では、細かな歴史的事実を描くよりも、ハカーマニシュ王朝とサーサーン王朝を対比させながら、後者の特質を検討していこう。

①イラン系アーリア人の帝国

ハカーマニシュ王朝では、ペルシア人（とメディア人）が特権的な地位を享受していたが、サーサーン王朝ではペルシア人が独占的に大きな権限を振るうことはなくなった。皇帝に帝冠を捧げるのはイラン高原東南部で遊牧しているサカ人の指導者スーレーン家であり、軍人にはイラン高原西北部の旧メディア出身者が多く、アルシャク王朝から引き継いだパルティア人の封建貴族も温存され、宰相や軍司令官には帝国各地の大貴族が任用された。つまり、イラン系アーリア人全体が支配階級を構成する点で、ハカーマニシュ王朝より裾野が広がったのである。

②公用語はパフラヴィー語

サーサーン王朝は、最初の約八〇年間は、ペルシア人たちの言語であるパフラヴィー語（中世ペルシア語）に加えて、前々王朝のギリシア語と前王朝のパルティア語も併用していた。しかし、三〇〇年代に入るころから、次第にギリシア語とパルティア語の使用を取りやめ、公用語をパフラヴィー語に一本化した。

その理由はいくつか推測できる。まず、ハカーマニシュ王朝に倣《なら》ってエラム人官僚やアラム人書記官を任用しようにも、前者はとうに消滅していたし、後者はメソポタミア平原の主要人口を占めてはいたのだが、キリスト教と結びついてシリア語話者に変質しつつあった。また、アルシャク王朝時代に行政処理を司っていたギリシア人も、一世紀以降は影響力を失っていた。さらに、後期アルシャク王朝が脱ヘレニズム化を推し進めていた流れを受けて、イラン系アーリア人定住民の文化復興の気運が盛り上がっていたことも見逃せない。

これらの理由によって、支配権を握ったペルシア人は、自ら文書行政も担当しなくてはならなかった。そして、古代にはあれほど文書作成が不得手だったペルシア人が、これ以後は人が変わったように行政手腕に習熟した民族に変貌してゆくのである。イスラーム時代に入ると、アラブ人やテュルク系遊牧民の下で、このペルシア人が、かつてのエラム人やアラム人のように行政官僚の役割を担うことになる。

その結果、ハカーマニシュ王朝では古代ペルシア語が中心的な役割を果たしていなかったのに対し、サーサーン王朝ではパフラヴィー語が枢要の位置を占め、イラン高原各地に住んでいたイラン系アーリア人がパフラヴィー語に標準化されるという現象が起こった。つまり、サーサーン王朝領内のイラン系アーリア人の諸言語が、パフラヴィー語へ一元化されつつあったのである。

③ペルシア州は宗教の中枢・海上貿易の要

最後に、ペルシア州の位置づけを取りあげよう。サーサーン王朝の帝国首都はメソポタミア平原のクテスィフォンに、副都はメディア州のハマダーンに設置され、ペルシア州は相変わらず行政上では重要な役割を果たしていない。しかし、今回は宗教上と貿易上の二つで、帝国の中で大きな比重を占めることになった。

まず、宗教上の意義である。ペルシア人たちは、パフラヴィー語を広めると共に自らが信じていたゾロアスター教をもイラン高原全土に広めたようで、この帝国はペルシア的なゾロアスター教を国教に採用した（他のイラン系アーリア人は、これまでは、もっと別のタイプのゾロアスター教を信じていたはずである）。そして、帝国首都がクテスィフォンに移動した後も、ゾロアスター教の中枢は依然としてペルシア州に置かれ、ここでは異常な密度で拝火神殿が建設された。サーサーン家が代々仕えた神殿はスタフルに残されて歴代皇帝の戴冠式に用いられたし、サーサーン王朝第一の聖火もカーリヤーンに設置されていたと伝わっている。このため、ペルシア州は帝国の政治の中枢ではないにしても、宗教や文化の中枢としては機能し続けていた。

次に、貿易上の意義である。ペルシア州は陸のシルクロードからは外れていたのだが、ペルシア湾とインド西岸・中国南岸を結ぶ海のシルクロードが発展すると状況は一変した。ペルシア州南部の海港の一つ、スィーラーフ（現在のバンダレ・ターヘリー）が飛躍的な発展を遂げるのである。二〇世紀後半以降にスィーラーフの遺跡を発掘しているD・ホワイトハウスによれば、海港跡からは東アフリカの象牙、インドの宝石、イラン高原東部のラピス・ラズリ（瑠璃《るり》）などが出土し、また、中国の揚州や広州でもスィーラーフから出荷されたと見られる陶器が出土しているので、この地が当時の国際的な海上貿易の中心の一つだったことは間違いがない。ちょっと意外だが、サーサーン王朝時代には、ゾロアスター教徒ペルシア商人たちがスィーラーフの港沿いの一等地に豪邸を構え、ここを本拠にアラビア海・インド洋に船出して、東アフリカ・インド・中国を結ぶ貿易で巨万の富を築いていたらしい。遠くオマーンやイエメンにも、かつてはゾロアスター教徒ペルシア人のコロニーが存在し、現地駐在員や船員たちのための拝火神殿が建てられていたという。ホワイトハウス自身は、当時のスィーラーフの繁栄を、「ルネッサンス時代のヴェネツィアや現代の香港《ホンコン》のようだっただろう」と述べて高く評価している（インド洋貿易におけるスィーラーフの重要性に関する日本語の参考文献としては、家島一九七二年などを参照）。

エーラーン・シャフル＝アーリア帝国

では、このようにイラン高原のイラン系アーリア人に支持基盤を広げたサーサーン王朝の皇帝たちは、何と自称し、自分たちの帝国を何と名づけていただろうか？　碑文や印章などを参照すると、彼らは、ハカーマニシュ王朝の皇帝たちが「大王、諸王の王、ペルシア王」と称していたのとは対照的に、「シャーハーン・シャー・イー・エーラーン＝エーラーン（アーリア人）の皇帝」と名乗り、「ペルシア王」という呼称は一度も用いていない。また、自らの国家についても、「エーラーン・シャフル（＝アーリア帝国）」と命名し、「パールス・シャフル（＝ペルシア帝国）」という用語は使っていない。パフラヴィー語「エーラーン・シャフル」を古代ペルシア語に直すと「アルヤーナーム・クシャスラ」になるが、そのような使用例は発見されていないので、この自称はサーサーン王朝の独創であろう。

彼らは、「エーラーン＝アーリア人」の名称をものすごく気に入ってしまったらしく、都市名や官職名など至るところに採用した。たとえば、メソポタミア平原とメディア州の中間地帯は「エーラーン・アーサーン・ケルド・カヴァード（＝カヴァードが安寧にしたエーラーン）」、現在のイスラーム・シーア派の聖地ゴムは「エーラーン・ウィナルド・カヴァード（＝カヴァードが飾ったエーラーン）」などと名づけられた。そればかりではなく、旧エラム地域に当たるフーゼスターン州は「エーラーン・ファッラフ・シャーブフル（＝シャーブフルのエーラーンの栄光）」と改称されるなど、既存の地名も次々に変更された。また、サーサーン王朝の財務卿は「エーラーン・アーマールガル」、書記官長は「エーラーン・ディビールベド」、軍司令官は「エーラーン・スパーフベド」など、帝国高官は軒並み「エーラーン」を冠した職名を名乗った。古代日本で、あらゆる地名や官職名の上に「大日本○○」と冠するケースは考えられないし、これ以降のイラン史でもそのようなパターンは見いだせない。サーサーン王朝時代は、よほど「エーラーン」が意識されたらしい。

従って、自称を尊重するという観点からは、ハカーマニシュ王朝を「ペルシア帝国」と呼ぶのは差し支えないものの、サーサーン王朝を「ペルシア帝国」と呼ぶのは大いに問題がある。厳密に言えば、ハカーマニシュ王朝はペルシア人に依拠した「ペルシア帝国」であったのに対し、サーサーン王朝はアーリア民族意識を高揚させた「エーラーン帝国」であった。本人たちの自称を尊重するなら、「サーサーン王朝ペルシア帝国」ではなく「サーサーン王朝エーラーン帝国」または意を汲んで「サーサーン王朝アーリア帝国」と呼ぶべきだろう。

イラン高原におけるイラン系アーリア人のペルシア人化

こうして、サーサーン王朝の皇帝たちは積極的に「エーラーン・シャフル」の建設に励み、ペルシア人だけの国家ではなくイラン系アーリア人全体の国家を目指した。しかし、ここに一つのパラドックスが生じる。つまり、本人たちの意識の上では「アーリア帝国」を推進したのだが、その内容を仔細に検討すると、パフラヴィー語を公用語とし、ペルシア州のゾロアスター教文化を国教とするなど、ペルシア人の基準をもって他のイラン系アーリア人を均質化しているのである。これは、実態としてはイラン高原のイラン系アーリア人のペルシア人化であった。

ハカーマニシュ王朝ペルシア帝国は、ペルシア人が支配する多民族の連邦国家であり、実際にそれを束ねるのはアラム語であったりエラム人官僚であったりした。この意味で、「ペルシア帝国」の実態は「多民族連邦」であった。これに対してサーサーン王朝エーラーン帝国は、ペルシア人の基準に沿ってメディア人、パルティア人、サカ人などのイラン系アーリア人を一元化した中央集権国家だった。この意味で、「エーラーン帝国」の実態は、逆に「ペルシア帝国」と解釈しても差し支えないものであった。

エーラーン・シャフルの経済的基礎

サーサーン王朝の皇帝たちは、「エーラーン・シャフル」という言葉の響きや、国教に昇格したゾロアスター教の教えに酔っていたばかりではなく、彼らの帝国の経済的基礎を固める政策を着々と実行していた。メソポタミア平原とイラン高原では、前二世紀から後六世紀まで、灌漑設備の整備、大規模な植民活動など農業生産力を高める施策が着々と実行されていたのである（Christensen 一九九三年による）。

まず、エーラーン・シャフルの農業生産の中枢はメソポタミア平原およびフーゼスターン州（旧エラム王国領）にあった。王朝初期にはこの一帯で集中的に植民活動が行われ、①灌漑施設の整備の結果生まれた自発的な都市、②ローマ帝国との戦争捕虜に強制的に建設させた都市、③イラン高原東部で叛乱した住民を強制移住させた都市などが、続々と建設された。皇帝たちが「エーラーン・〇〇〇」との命名に耽っていられたのも、これらの新都市の建設ラッシュのゆえである。次の開発のピークは五世紀末に訪れる。この時は、ティグリス河東岸にアラビア語で「カトゥル・アル・キスラウィー」と名づけられた運河が開削され、メソポタミア平原からイラン高原の中間地帯での集中的な開墾が始まった。これらのサーサーン王朝政府の努力によって、前三〇〇〇年から続くメソポタミア平原の長い歴史の中でも、エーラーン・シャフルの時代が農業生産力のピークだったと高く評価されている（七世紀以降のイスラーム時代に入ると、メソポタミア平原の灌漑設備は破壊され、農業生産力は凋落の一途をたどる）。

次に、イラン高原上に目を向けると、メディア州やペルシア州、ホラーサーン州などで新たなオアシス都市の建設やカナート（砂漠の地下水路）の整備はあるものの、それほど劇的な農業生産力の向上は見られない。むしろ、イラン高原東南部のスィースターン州で、大規模な開発事業があったと推定されている。この一帯は、ヒンドゥークシュ山脈から流れる雪解け水がいくつもの河川を形成してヘルマンド湖に注ぐ水量豊富な地方である。もしかするとサーサーン王朝の土木開発は、高原上のオアシス都市建設やカナート掘削よりも、大河流域における灌漑整備を得意にしていたのかも知れない。

エーラーン・シャフルの限界と経済的・軍事的崩壊

このように、政治的にはかつてないほど中央集権化され、経済的には大河流域の開発を進めてオリエント史上ピークの農業生産力を誇り、イデオロギー的にはアーリア民族主義で統一されたエーラーン・シャフルであったが、地図の上で見る領域の広大さに幻惑されて国家としての実力を過大評価してはならない。たしかにメソポタミア平原は人口稠密な穀倉地帯ではあるけれど、それと同時に、イラン高原の三分の二はどうしようもない砂漠地帯なのである。

人口統計の試算によると、一世紀のローマ帝国の人口が五〇〇〇万人、七世紀の唐王朝の人口が成人男性だけで六〇〇〇万人と推定されるのに対し、三~七世紀のエーラーン・シャフルの人口はどんなに多くても一〇〇〇万~一五〇〇万人を越えないと見積もられている。ローマ帝国・ビザンティン帝国と古代末期の世界を二分する超大国といわれるサーサーン王朝であるが（写真⑪参照）、人口で比較すれば、国家としての実力は数分の一に過ぎない。メソポタミア平原からの税収によってイラン高原の地主や農民を動員し、アルシャク王朝から継承した重装騎兵戦法を頼りに、かろうじてローマ帝国・ビザンティン帝国に対抗していたというのが実力相応の評価であろう。

また、この国家構造からして、メソポタミア平原が何らかの天災・人災に見舞われて農業生産を阻害された場合、エーラーン・シャフルの税収は激減し、イラン高原上のオアシス諸都市は扇の要を失って分裂していくことが予想された。イラン高原は、砂漠の中にオアシス都市が点在する社会なので、強力な中心点を失うと王朝は一気に崩壊するのである。この場合、皇帝がいくら「エーラーンの

⑪ナクシェ・ロスタムのシャーブフル1世レリーフ：エーラーン・シャフル第2代皇帝シャーブフル1世がローマ皇帝を降伏させた栄光のレリーフ。手前は筆者。

栄光」という題目を唱えても、イラン系アーリア人たちはサーサーン王朝を見捨てるだろう。そして、七世紀には、実際に天災と人災が複合してメソポタミア平原を直撃する異常事態が起こった。すなわち、六世紀の段階から、綿作などによってメソポタミア平原の土壌は疲弊し、両大河は流れを変えて一部の耕地を荒蕪地に変えていた。七世紀の前半には、サーサーン王朝のホスロー二世がビザンティン帝国を相手に国力を遥かに超えた無謀な戦争を挑み、しかも当初は連戦連勝してしまって、疲弊した耕地を管理すべき地主や自由農民たちを根こそぎ戦場に動員していた。

その結果、大破局は六二八年に起こった。この年、ティグリス河はとうとう大氾濫を起こし、メソポタミア平原南部の農業を壊滅させた。通常、大河の大氾濫は周辺の地味を回復させるが、メンテナンス不足の耕地を直撃した今回の洪水は、灌漑設備もろとも開墾地を押し流した。後に残ったのは泥濘と化した大地だけで、この地域の灌漑システムは現在に至るまで二度と立ち直ることがなかったと言われている。二六年間に及ぶ大戦で軍事力を消尽し、さらには主たる税収源まで失ったエーラーン・シャフルには、ビザンティン帝国の反撃を食い止める余力は残されておらず、帝都クテスィフォンを包囲されて屈辱的な講和条約を結ばざるをえなかった。さらに、この政治・経済の未曾有の混乱の最中にホスロー二世は暗殺され、皇位継承者が決まらないまま、王朝政府は統治能力を失って四年に及ぶ内戦が勃発した。最後に、メソポタミア平原には伝染病が発生し、何人かの皇帝を含む老若男女が大量に犠牲になって、人口が極端に減少した。正に、史上稀に見るカタストロフィーの連鎖である。

古代オリエントの終幕・イラン系アーリア人の覇権の終焉

歴史上は、アラブ人イスラーム教徒がエーラーン帝国軍を破った六四二年のネハーヴァンド会戦をもって、サーサーン王朝が滅び、西アジアにイスラーム教徒支配がもたらされたと説明されている。それは間違いではないが、経済や国家構造の観点から見るなら、エーラーン・シャフルは六二八年に自滅したのであって、それから十数年間存続していたのはかつての大帝国の残骸に過ぎなかった。帝位継承者の誰もが、帝国再建に成功しなかったのである。そして、アラブ人イスラーム教徒は、その破産した大帝国を再編成する管財人として歴史に登場した。

六二八年に終焉したのは、サーサーン王朝という一つの王朝だけではなかった。メソポタミア平原の農業生産力が回復しなかった以上、この地域が自立的な政治権力を回復するのは、二〇世紀のイラク王国建国まで待たなくてはならなかった。もちろん、古代オリエント文明の終局を、前六一二年のアッシリア帝国の滅亡、または前三三〇年のハカーマニシュ王朝の滅亡に置く解釈もある。しかし、その場合でも、メソポタミア平原の経済的実力は依然として維持されていた。七世紀のメソポタミア平原の最終的な政治的・経済的没落を、古代オリエント文明の崩壊の終わりとまで言っては言い過ぎだろうか。

また、古代オリエント文明の終幕をどこに置くかは別にして、この時期に間違いなく終わったのは、メディア王国以来一三〇〇年以上続いてきたオリエントにおけるイラン系アーリア人の政治的覇権である。メディア人、ペルシア人、パルティア人、サカ人などのメルティング・ポットとして機能してきたエーラーン・シャフルが倒れたことで、以後、イラン高原のアーリア人定住民は一〇世紀まではアラブ人イスラーム教徒に、それ以降は中央アジアから移動して来たテュルク系遊牧民に支配されて近代に至る。七世紀という時代は、古代オリエントの時代、ペルシア帝国の時代、アーリア民族の時代が終わりを告げ、新たにイスラーム時代が開幕するという意味で、たしかに世界史上の転換点であった。

3 バクトリア人・マルギアナ人——ヘレニズムと仏教の受容者（前六〜後九世紀）

（1）バクトリア・マルギアナと研究資料

ヒンドゥークシュ山脈北麓の「バクトリア・マルギアナ複合文化」

ヒンドゥークシュ山脈の北麓からアム・ダリヤー河（近世ペルシア語名。ギリシア語ではオクサス河、ソグド語ではワフシュ河、アラビア語ではジャイフーン河）上流の南岸にかけての一帯は、パミール高原に発するバクトラ川、タシュクルガン川、クンドゥーズ川、サレ・ポレ川などの河川が北流し、一群のオアシス都市の存立を可能にしている。地形的には、イラン高原東北部が中央アジアのステップ地帯に接続する境界付近、現在の地名で言えば、アフガニスタン・イスラーム共和国の北部からトゥルクメニスタン南部に相当する。

このうち、イラン高原東北部（現在のアフガニスタン北部）を、古代ペルシア語で「バークトリ」、ギリシア語で「バクトリア」と称する。『アヴェスター』では「バーフティー」と表記され、「世界で四番めに良い国」と讃えられている。首邑は、バルハーブ河の河畔に建設されたバルフ（現在のマザーリ・シャリーフ近郊）。また、中央アジアのムルガーブ河流域の平野部（現在のトゥルクメニスタン南部）を、古代ペルシア語で「マルグ」、ギリシア語で「マルギアナ」と称する。『アヴェスター』では「モール」と表記され、「世界で三番めに良い国」と讃えられている。首邑は、東西交通の要衝メルヴ（現在のマルイ近郊）。本書では、このバクトリアとマルギアナを一括して扱う。

この地域は、イラン高原に比べれば水量豊富な河川に恵まれている分だけ生活環境が良く、イラン系アーリア人の大移動以前の推定前二〇〇〇年ごろから先住民がいたことが知られている。彼らは文献資料を遺していないので、考古学的な出土品からその文化を類推せざるを得ないのだが、二〇世紀後半に旧ソ連の研究者が調査したところでは、予想以上に高度な都市文明を築いていたことが判明した。都市の遺構や灌漑設備、工芸品などの質から、これを世界四大文明（メソポタミア、エジプト、インダス、黄河）に次ぐ第五の古代文明と評する向きもあり、現在では「バクトリア・マルギアナ複合

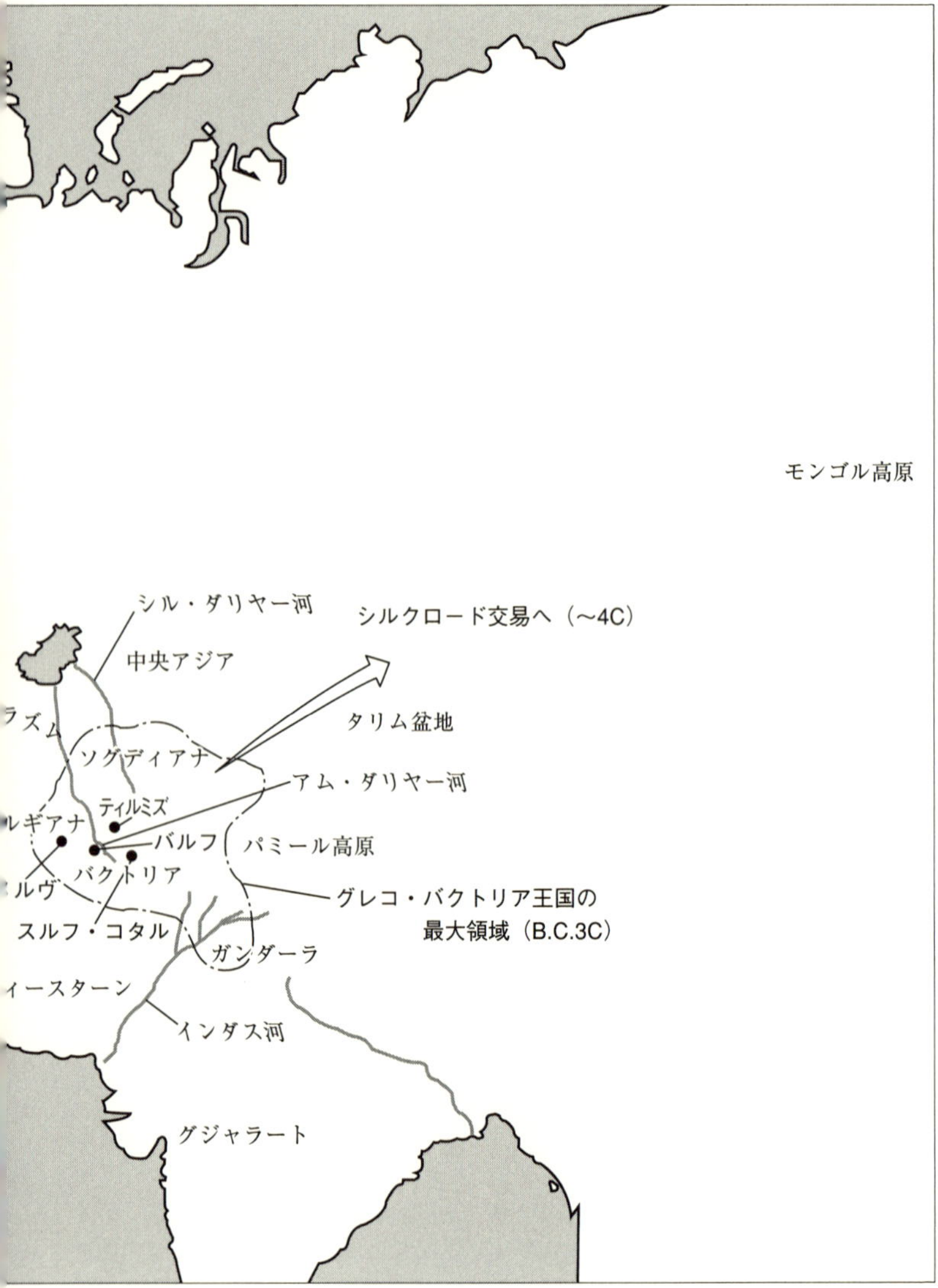
モンゴル高原
シル・ダリヤー河
シルクロード交易へ（〜4C）
中央アジア
ラズム
タリム盆地
ソグディアナ
アム・ダリヤー河
ティルミズ
ルギアナ
バルフ
パミール高原
バクトリア
ルヴ
グレコ・バクトリア王国の
最大領域（B.C.3C）
スルフ・コタル
ガンダーラ
ィースターン
インダス河
グジャラート

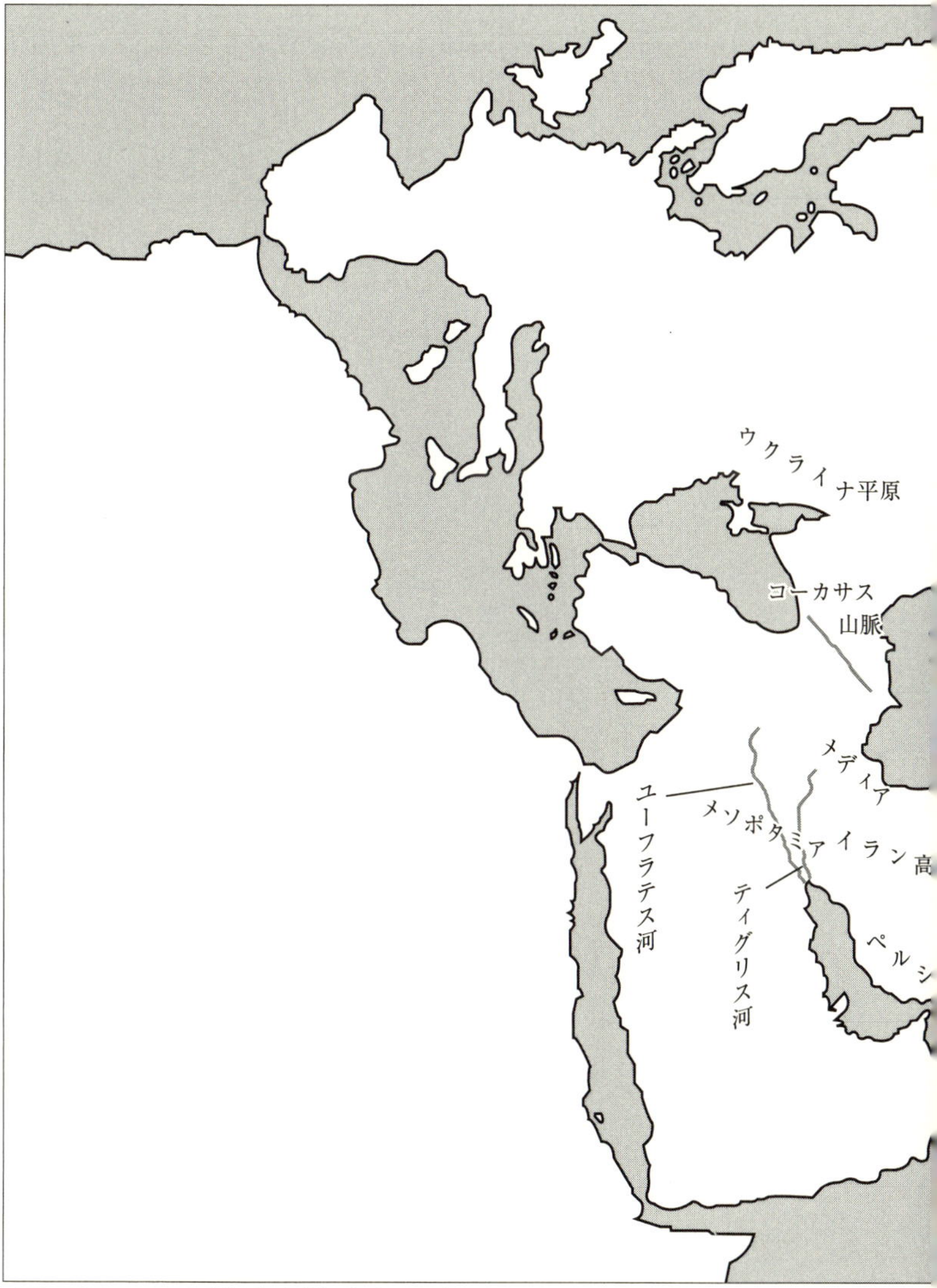

イラン系アーリア人定住民の活動の舞台
(バクトリア人、マルギアナ人)

文化（BMAC）」と名づけられて研究が進められている。

この複合文化と、前一五〇〇年ごろに南下してきたイラン系アーリア人との関係は、まだ解明されていない。「バクトリア・マルギアナ複合文化」はイラン系アーリア人に滅ぼされたのか、逆に大きな影響を与えてイラン系アーリア文化の源泉になったのか、今のところは両方の可能性が考えられる。

ここに定住したバクトリア人・マルギアナ人は、メディア人やペルシア人、ホラズム人といった同胞に比べれば、農業生産力とラピス・ラズリなどの鉱物資源のおかげで、生活環境の面ではいくぶんか有利だった。ただ、いくらバクトリア・マルギアナ複合文化が高度な都市文明を発展させ、それを継承したバクトリア人・マルギアナ人が物質的に豊かな生活を享受したといっても、文字文化を持たないのは大きな欠点だった。このため、彼らの文明は、かなり後年まで外部の記録からおぼろげに浮かび上がるばかりで、伝説に満ちた存在にとどまっている。

バクトリア人・マルギアナ人と外来の支配者たち

バクトリア・マルギアナの歴史が複雑になっている要因は、文字資料の不足だけではない。この地域は中央アジアのステップ地帯と隣接する豊かな穀倉地帯である関係上、軍事力に長けた外来の諸民族が頻繁に侵入し、土着のバクトリア人・マルギアナ人の上に乗って征服王朝を築くパターンが恒常化するのである（もちろん、前一五〇〇年ごろに移動してきたバクトリア人・マルギアナ人自体、バクトリア・マルギアナ複合文化の担い手である先住民から見れば北方からの征服者である）。これら外来の支配者たちを概観すれば、図表11のようになるだろう。

要するにバクトリア人・マルギアナ人は政治的に自立することがほとんどなく、つねに外来勢力に支配されてきたのである。このうち、日本では、②のグレコ・バクトリア王国がヘレニズム文化の東方拠点となった事実、及び③のクシャーナ王朝が大乗仏教形成に寄与した事実の二点が極端にクローズアップされて紹介されている。そして、これらの征服王朝の華やかな活動を支えた土着民であるバクトリア人・マルギアナ人の活動は、ともするとそれらの陰に隠れている感がある。そこで本書では、上部に乗っかった征服王朝の変遷とは関わりなく、この豊穣の地に安住したイラン系アーリア人定住民の歴史をたどりたい。

①ペルシア人によるハカーマニシュ王朝の支配（前6～前4世紀）
②ギリシア人によるグレコ・バクトリア王国の支配（前3～前2世紀）
③大月氏によるクシャーナ王朝の支配（前2～後3世紀）
④ペルシア人によるサーサーン王朝の支配（3～7世紀）
⑤アラブ人によるイスラーム帝国の支配（7世紀～）

図表11　バクトリア・マルギアナに成立した征服王朝

バクトリア語資料

それを可能にするバクトリア人・マルギアナ人の資料を先に確認しておこう。一九世紀には、ゾロアスター教の聖典『アヴェスター』がバクトリアで成立したと仮定し、その言語を「古代バクトリア語」と命名していた。しかし、現在では、『アヴェスター』が地理的にどこで成立したかは未解決な以上、この呼称は廃棄されている。すなわち、①のハカーマニシュ王朝以前のバクトリアに関する確実な内部資料はない。

②のグレコ・バクトリア王国時代になると、アレクサンダー大王の東征に従軍

⑫バクトリアのラバータク碑文：1993年にスルフ・コタル近郊で発見されたギリシア文字によるバクトリア語碑文。

したギリシア人たちがバクトリアに支配者として居座ってしまい、バクトリア人たちは彼らからギリシア文字の活用を学んだらしい。ただし、ギリシア人はギリシア語という立派な文語を持っていたので、土着のバクトリア語を公用語として採用することはなかった。

③のクシャーナ王朝時代に入ると状況は一変する。このイラン系アーリア人遊牧民たちには自前の文語がなく、窮余の一策として土着のバクトリア語をギリシア文字で表記し、「アーリア語」と名づけて公用語にしたのである。遊牧民の支配者が文化的に優越する定住民の言語を採用するという、以後の歴史ではありがちなパターンの先例である。これが「中世バクトリア語」である。バクトリア語には中世語の層しか確認されていないので、普通は単に「バクトリア語」と称する。イラン系アーリア人の言語はおおむねアラム文字表記の流れの中にあるのだが、バクトリア語だけはギリシア文字表記する点で特異な位置を占めている。

このバクトリア語資料は、一九五〇年代に長文の碑文が発見された以外は、断片的な碑文やコインしかなく、実質的にはスルフ・コタル碑文二五行のみが資料として機能していた。しかし、一九九三年にラバータク（スルフ・コタル近郊）でバクトリア語碑文が発見され（写真⑫参照）、クシャーナ王朝史上の謎だったカニシカ王の即位年問題を最終的に解決した上に、一九九一〜一九九六年には四〜八世紀に属する一〇〇点以上の世俗文書が出土し、④⑤の時代をカヴァーするバクトリア研究が飛躍的に進んでいる（新出バクトリア語文書の解読については、シムズ＝ウィリアムズ一九九七年参照）。

（2）ゾロアスター教における伝説とハカーマニシュ王朝の支配（〜前四世紀）

ゾロアスター教における伝説

バクトリアの歴史は、まずはゾロアスター教の伝説に登場する。それによると、イラン系アーリア人の先祖が開いたカイ王朝は、イラン高原東北部から中央アジア南部を支配していた。その第二代王カイ・カーウースが首都として建設した街がバルフである。また、彼らが敬愛してやまない教祖ザラスシュトラ・スピターマも、ここバルフで第五代王カイ・ウィーシュタースパと出会い、光と闇の二元論を説いたとされる。そして、このカイ王朝は、あの憎きヒヨーン人やテュルク系遊牧民と戦い、アーリア民族の帝国を蛮族から守る東方辺境の盾となったのである。『アヴェスター』は、バクトリアを「軍旗の高く翻る国」と描写している。

むろん、ヒヨーン人やテュルク系遊牧民というはるか後代の存在に言及していることからもわかるとおり、これらはサーサーン王朝時代に形成された神話である。カイ王朝とは、人名の上に宗教的尊称であるカイが付された人物を繋いで作られた人為的な「王朝」であるし、牧畜生活しか知らなかったザラスシュトラが、前二〇〇〇年から高度な都市文明を営んでいたバクトリアで活動していたとは考えがたい（現在では、より後進的だったホラズムの出身と推定されている。第三章第五節参照）。

クル大王によるバクトリア・マルギアナ併合

カイ王朝が架空の伝説だったにしても、前六世紀以前のバクトリアには何らかの政治組織が育っていたかも知れない。また、メディア王国のフヴァ・フシュトラ王がバクトリア・マルギアナ方面まで勢力を伸ばしていた可能性も捨てきれない（第三章第一節参照）。しかし、仮に何かがあったとしても、記録が残っていないので史実としてここに記すわけにはいかない。

彼らが初めて史上に現れるのは、前五四七〜前五三九年にクル大王が東方遠征を行い、イラン高原東部から中央アジアの諸国を併合して以降である。クル大王の東方遠征は、約二〇〇年後のアレクサンダー大王の東方遠征と異なり、軍事作戦よりも誘降と平和条約締結を主旨としていたようで、実態としてはペルシアを中心とする連邦国家への参加を慫慂《しょうよう》したに等しかった。バクトリアとマルギアナは、まとめてペルシア帝国の第一二州として遇されている。

この州は、①イラン高原東部で最も納税額の多い要の州として、②中央アジアのステップ地帯で蠢《しゅん》動《どう》する遊牧民サカ人への備えとして、③インド亜大陸や中国への交通の要衝として、ペルシア帝国内でも重要視された。この州の総督には、皇位継承権を持つハカーマニシュ皇族が任ぜられ、州都バルフは帝国東方の最重要拠点としての役割を担ったらしい。

アラム語の光被と推定上の古代バクトリア語

ペルシア帝国時代のバクトリア人・マルギアナ人の文化は、間接的な情報から類推できるだけである。すなわち、彼らも古代ペルシア人と同様にアラム語の影響を受け、アラム語とアラム文字を使用していたのではないかと推定されている。その根拠は、バクトリアからアラム語文書は発見されていないものの、前四〜前三世紀の期間、バクトリアを飛び越えたインダス河流域でアラム文字に影響されたカローシュティー文字が使用されているという事実である。バクトリアより東部でアラム系文字の使用例が確認されるなら、バクトリアでアラム文字が普及していても不思議ではないであろう。

学者はこういった研究に涙ぐましい努力を払うもので、マウルヤ王朝時代にタキシラやカンダハール、ラグマーンなどに六つ建立されたアラム文字碑文の解読結果から、これらの碑文には古代バクトリア語の要素が発見されると判断している。もしそうだとしたら、わずかながら古代バクトリア人の肉声を聞くよすがである。しかも、近年の研究によれば、推定上の古代バクトリア語は、じつはアヴェスター語と非常に近いことがわかってきた。一九世紀の学者も、まんざら見当違いではなかったのかも知れない（日本語で読めるイラン高原以東のアラム文字碑文の研究としては、伊藤一九七九年参照）。

タフテ・サンギーン遺跡とバクトリア遺宝

ペルシア帝国時代のバクトリアの物質文化は、現在のタジキスタン共和国西部で発見されたタフテ・サンギーン遺跡（直訳すれば「石の玉座」遺跡）の出土品から知ることができる。ここのゾロアスター教神殿と推定される建造物の中に、ハカーマニシュ王朝時代からクシャーナ王朝時代に至る歴代の財宝——通称「バクトリア遺宝」——が眠っていたのである。なぜ、それだけ長期間にわたる財宝が一ヵ所に集められていたのかは、じつはよくわからない。このゾロアスター教神殿がかなり継続的に機能していたか、息の長いバクトリア貴族の家系が存在していたとしか推測できない（ちなみに、出土地不明だが、「バクトリア遺宝」と類似したもう一つのコレクションとして、大英博物館所蔵の「オクサス遺宝」もある）。

「バクトリア遺宝」に含まれる金貨・銀貨や芸術品の中でも、ペルシア帝国時代のバクトリア人の宗教を知る上で特に重要なのが、黄金製の神官像と神官奉納板の数々である。そこに刻まれた人物像を考古学者が分析したところでは、彼らは一様にメディア風の衣服をまとい、手にはゾロアスター教の儀式に欠かせないバルソムの小枝を携えている。残念ながら拝火壇の表現はないのだが、口を覆うマスクを付けていることから、彼・彼女の前には、間違いなく拝火壇が想定されていたはずである（図版としては、Miho Museum 二〇〇二年を参照）。

ということは、つまり、ペルシア帝国の属州バクトリアでは、ゾロアスター教に非常によく似た拝火儀式を行うイラン系アーリア人の宗教が、篤い信仰を集めていたと考えて差し支えない。ただ、バルソムの小枝を持つ手の問題（オクサス遺宝の奉納板では右手、現在のゾロアスター教では左手）、女性でも拝火儀式に参与する点、奉納板にそれらの姿を彫って神殿に奉納する習慣などは、少なくとも現在まで生きながらえているゾロアスター教の姿とはかなり異なっている。本書では、これらの黄金像や奉納版から知られる古代バクトリアの宗教を、ひとまずは「バクトリア的ゾロアスター教」と名づけておきたい。

ハカーマニシュ王朝バクトリア王国？

バクトリア・マルギアナ州が政治史上で脚光を浴びるのは、前三三〇年にペルシア帝国が崩壊する時である。ダーラヤワウ三世がガウガメラの戦いでアレクサンダー大王に敗れた際、バクトリア州軍を率いて左翼の司令官を務めていたバクトリア総督ベッソスは、主君を裏切る決心をしたらしい。何も知らぬ敗残のダーラヤワウ三世は、帝国の本拠地（のはず）であるペルシア州を捨てて、一路バクトリア・マルギアナ州へ蒙塵《もうじん》を図ったのだが、その中途でベッソスに暗殺された。そして、ベッソス本人が、前三三〇年の秋にアルタクシャサ五世と名乗ってペルシア皇帝の玉座に就いたのである。

この一連の動きから、二つのことがわかる。一つは、ダーラヤワウ三世が再起を図った策源地がバクトリアであった以上、イラン高原東部の最重要拠点は相変わらずバルフであったという事実。彼は、ここからイラン高原東部の諸州を組織して、ハカーマニシュ王朝を再建できると踏んでいたらしい。もう一つは、バクトリア総督は、そのままペルシア皇帝に登極《とうきょく》する権利があったという事実。おそらく、ベッソスもハカーマニシュ家の皇族だったのであろう。この二つの事実が、ハカーマニシュ王朝時代のバクトリアの重要性を証明している。

アルタクシャサ五世は、バクトリアだけでなく、バルフを首都としてソグディアナやマルギアナ、インダス河流域まで統治し、遊牧民サカ人とも良好な関係を築いて、ハカーマニシュ王朝再建に尽力したようである。しかし、即位する権利があるにしても、先帝を暗殺している後ろめたさは拭えなかった。アレクサンダー大王率いるギリシア軍は、前三二九年の春にはバルフの野に押し寄せ、アルタクシャサ五世の王朝は一年ももたずに瓦解した。こうして、バクトリアはアレクサンダー大王率いるギリシアの東方遠征軍の軍門に降り、混乱の中で新たな支配者を迎え入れることになった。

（3）グレコ・バクトリア王国とヘレニズムの時代（前三〜前二世紀）

ギリシア人による植民地化

アレクサンダー大王の目から見ても、イラン高原東部〜中央アジアを支配する要地は、バクトリアを措いて他になかった。彼は、アルタクシャサ五世を十字架に掛けて処刑した後、バルフを拠点に中央アジア遠征に出撃し、そして今度ばかりは見事に失敗した。中央アジアのステップ地帯にいた遊牧民サカ人とソグド人は、ダーラヤワウ一世を苦しめた焦土戦術によって三年近くも徹底抗戦し、大王は住民皆殺しで報復せざるを得なかったのである。中央アジアのイラン系アーリア人でアレクサンダー大王に靡《なび》いたのは、ホラズムばかりだった（第三章第五節参照）。結局、大王は、前三二八年にバクトリアの名門貴族オクシアルトの娘ロクサーナと結婚し、ギリシアから率いてきた軍の中の老兵をバクトリアに残すことで、東方支配を固めたものと満足せざるを得なかった。これほどの規模でギリシア人が居ついてしまった地域は、イラン高原上のどこにもなく、婚姻政策を前提とはしていたものの、実態としてはギリシア人によるバクトリアの植民地化であった。

この時代は、ギリシア人の政治体制によって二つの段階に区分される。第一は、メソポタミア平原に首都を構えたセレウコス王朝がバクトリアを遠隔統治した前三一二〜前二五〇年。第二は、バクトリアの現地のギリシア人がセレウコス王朝から独立してグレコ・バクトリア王国を建国した前二五〇～前二世紀半ば。このうち、後者のグレコ・バクトリア王国時代に、このイラン高原東部に取り残されたギリシア人たちが独特のヘレニズム文化を発展させるので、本節ではそこを中心に概観しよう（なお、グレコ・バクトリア王国の政治史については前田一九九二年を、文化全般については加藤二〇〇一年～を参照）。

「一〇〇〇の都市の国」としてのグレコ・バクトリア王国

ストラボンが「一〇〇〇の都市の国」と讃えたグレコ・バクトリア王国の繁栄は、西方では伝説になっていた。ギリシア人やローマ人が彼らと同じ文化を有するグレコ・バクトリア王国に対して抱いたであろう親近感を割り引いても、その栄華は事実であったらしい。それは、「オクサス遺宝」や「バクトリア遺宝」に含まれるバクトリア・コインの優秀な質から証明できる。また、コインには歴代王の肖像とギリシア語銘も打刻されていたから、グレコ・バクトリア王国の王統譜も何とか復元できた。問題は、それが土着のバクトリア人・マルギアナ人と断絶したギリシア人特有の文化だった点であるが。

しかし、考古学的にグレコ・バクトリア王国のヘレニズム文化を証明しようとする研究は、長らく不毛の状況が続いた。「一〇〇〇の都市の国」との蠱惑的呼称に反して、二〇世紀の考古学者がイラン高原東部のどこを掘ってもヘレニズム的な都市遺構にぶつからなかったのである。最も有望と思われたバルフとティルミズも空振りに終わり、発掘を主導したフランス考古学隊は「バクトリアの幻影《ミラージュ》」という言葉を残して解散した。

状況が劇的に転回したのは、一九六五年にバクトリア中央部で「アイ・ハーノム遺跡（訳せば「月の貴婦人の丘」という詩的な名称である）」が発見されて以降である。アム・ダリヤー河とコチャク河が交わるこの地点こそ、グレコ・バクトリア王国の東方支配の重要拠点の一つで、完全にギリシア的な設計プランに即した都市遺構や神殿遺構、灌漑施設、碑文、さらにはギリシア的な工芸品の数々が出土したのである。ここが、アレクサンダー大王が建設した伝説の「オクサス河畔のアレクサンドリア（アレクサンドリア・オクシアナ）」に当たる可能性もあり、そう判断しても不思議ではないほどの貴重品が埋まっていた（ギリシア文化の香りを強く残したこの遺跡について、詳しくはMiho Museum 二〇〇二年を参照）。

遊牧民の襲来

約一〇〇年間にわたってバクトリアでギリシア文化の華を咲かせたグレコ・バクトリア王国であったが、前二四七年にはセレウコス王朝との間にパルニ族のアルシャク王朝が成立し、地中海世界との交通を遮断されて次第にその文化を先細りさせていった。その滅亡の状況は曖昧なのだが、『後漢書』によれば、遊牧民である大月氏が中央アジアから南下して「大夏《たいか》」を征服したと記述されている。研究者の間では、この「大夏」がグレコ・バクトリア王国のことではないかと推定されているので、そうだとすれば、このギリシア人の王国は、イラン系アーリア人と推定される遊牧民によって命脈を絶たれたことになる（なお、ギリシア人自体は、この後もインド亜大陸西部にインド・ギリシア王朝を建てて粘っている。しかし、これはバクトリアとは関係のない後日譚に過ぎない）。

（4）クシャーナ王朝とシルクロードの時代（前二～後三世紀）

クシャーナ王朝の成立とトハリスターン

前二世紀以降、ステップ地帯から南下してきたインド・サカ人やインド・パルティア人が足早にバクトリアを駆け抜けて行った後（第二章第四節参照）、最終的にバクトリアを支配した遊牧民は大月氏だった。そして、一世紀に大月氏の五翕侯の一つが強大化して、クシャーナ王朝を建国する。しかし、このクシャーナ家の出自は謎に包まれている。イラン系アーリア人だとしても、ステップ地帯からやってきた大月氏の末裔なのか、それとも土着のバクトリア人なのか？（第二章第五節参照）

しかも、前二世紀にグレコ・バクトリア王国を滅ぼした遊牧民を、中国語資料では「大月氏」と称するのに対し、ストラボンやプトレマイオスは「トハラ人」と記述している。バクトリアという地名自体も、このころから中国語資料で「吐火羅／都貨邏」、西方資料で「トハリスターン」に変更され、「トハラ人」の存在が大きくクローズアップされる。いったい、大月氏とトハラ人とバクトリア人の関係がどうなっていたのか、わずかな資料しか残っていないので学界でも定説がない。なお、この時代以降、イラン高原東北部の地理的名称は「バクトリア」から「トハリスターン」に変更され、旧称はバルフという一都市名に面影を留めるのみとなった（混乱を避けるために、本書では引き続き「バクトリア」の呼称を用いる）。

流通経済の発展と仏教、キリスト教の流入

この時代の特徴は、小額コインが増えることからわかるように、貨幣経済と商品流通の活発化である（巨大金貨は贈答品で退蔵されるだけと考えられるのに対し、小額コインは貨幣経済が機能していた証拠とされる）。バクトリアの諸都市は独自のコインを発行する権利を持ち、バクトリア金貨はローマ帝国の金貨と同じ基準で鋳造された。そして、この経済活動の高揚は、ローマ帝国・インド亜大陸・中国の結節点に位置するクシャーナ王朝には、またとない好条件を提供してくれた。

本書でクシャーナ王朝史の逐一を追うわけにはいかないので、ここでは宗教関係に絞って話を進めたい。まず、日本人学者の活躍が目立つ仏教遺跡の研究であるが、クシャーナ王朝時代のバクトリア仏教寺院の発掘調査記録としては、京大考古学隊の水野《みずの》清一《せいいち》（一九〇五～一九七一年）の業績を参照。水野は、戦前の雲崗石窟《うんこうせっくつ》や龍門石窟《りゅうもんせっくつ》、居庸関《きょようかん》の発掘で著名だが、戦後に中国調査が不可能になると一転してアフガニスタン・パキスタンの仏教遺跡調査に取り組み、両方の分野で金字塔的な業績を遺した考古学者である（私は最初、これらを調査したのは同名異人ではないかと疑ったほどである）。また、バクトリアとメルヴの仏教遺跡の調査報告としては、加藤九祚氏によるシルクロード学研究センター（編）一九九七年を参照。ターリバーンによる破壊後のバーミヤーン調査として、山内二〇〇五年、二〇〇六年も見逃せない。

全体としては、この地域の仏教は、文献よりも考古学的な遺跡を多く遺しているようである（もちろん、写本が残りがたかったという事情も考慮しなくてはならないが）。その仏教伝播の西限は、急速に東西交通の要衝としての存在感を増してきたメルヴ。ここのギャウル・カラ遺跡（写真⑬参照）から

は、ストゥーパと僧院跡、およびサンスクリット語の「バイラーム・アリー写本」が出土し、北伝仏教の隆盛を今に伝えている。仏教は、クシャーナ王朝時代にインド亜大陸西部から出て、イラン高原東部に確固とした地盤を築いていたようである。

⑬メルヴのギャウル・カラ遺跡：セレウコス王朝時代からサーサーン王朝時代まで続いたマルギアナの首邑の遺跡。サンスクリット語経典と仏像が発見された仏教伝播最西端の地である。

次にキリスト教であるが、メルヴの墓地に埋葬されたキリスト教徒の墓から判断すると、三世紀までにキリスト教の宣教師がマルギアナに姿を現していたと考えられる。メルヴでは、この他にも、キリスト教僧院跡やネストリウス派十字が打刻された遺物が発見されているので、クシャーナ王朝治下でそれなりの規模のキリスト教徒コミュニティーが存在したらしい。これに対して、バクトリアにおけるキリスト教布教の状況は判然としない。シリア語文献の「クシャンの国にはキリスト教徒の女性たちがいる」との記述をバクトリアのことと解釈するなら、この時代からコミュニティーがあったのかも知れない。

クシャーナ王朝下のバクトリアにおけるゾロアスター教パンテオン

最後にゾロアスター教であるが、資料がほとんど残っていないので、コインに打刻された神格を研究するくらいしかできない。おまけに、それらは、外来の大月氏の宗教を反映しているのか、土着のバクトリア人の宗教を反映しているのか、すこぶる微妙である。そんなことを念頭に置きながら、以下では、最高神（複数）、戦闘神、その他の神格の三つに整理して概観したい。

・最高神：オホロマズダー、ミフル、マーフ、ファッル、アルドヴァフシュ（女）
・戦闘神：ウルスラグナ、ティール、ヴァニンド（女）、ルルヴァースプ
・その他の神格：アーサル

まず、最高神の地位には、オホロマズダー（アフラ・マズダーの訛りである）、太陽神ミフル、月神マーフが就いている。前二者は他のイラン系アーリア人にも共通の最高神であるが、月神マーフの地位が急上昇しているのが目を引く。多くの場合、太陽神と対になっているので、クシャーナ王朝下のバクトリアには日月を併せた天体信仰のようなものがあったと推測される。さらに、『アヴェスター』では目立たない存在だった幸運の女神アシ・ワヌヒが、アルドヴァフシュとして最高神に近い位置まで高められている。これは、ゾロアスター教のパンテオンの中で女性原理を代表するアナーヒターが、豊穣を願う農業神の性格を有していた関係上、遊牧民大月氏の信仰の中では発展する余地がなかったためと解釈される。

これらの最高神に続いて、当時のバクトリアでは戦闘神への信仰も篤かった。勝利の神ウルスラグナと弓を携えたティール神が頻繁に出現するのは不思議ではないが、『アヴェスター』では端役に過

ぎない女神ワナインティーが、ヴァニンドと名を変えて戦闘女神として君臨しているのが注目される。ここから推測するなら、当時は女性も何らかの軍事的な役割を担っていたに違いない。また、同じく『アヴェスター』では目立たない馬の飼育神ドルワースパが、ルルヴァースプとして主要神の地位にまで昇っている。やはり、馬が彼らの主たる関心事だったからであろう。この戦闘神の多さから、これらの信仰はバクトリア人ではなく、大月氏に由来すると考えられる。

これらの複数の最高神と戦闘神に加えて、炎を形象化したアーサル神への崇拝も見逃せない。イラン系アーリア人は、牧畜時代から拝火信仰を発展させていたので、彼らが遊牧／定住と生活分化した後でも、共通の拝火儀礼を保持していたらしい。

（5）クシャーノ・サーサーン王朝からイスラーム化まで（三〜九世紀）

エーラーン・シャフルへの併合

三世紀末、バクトリアは再びイラン高原西南部に勃興した政治勢力の支配下に入る。クシャーナ王朝が滅び、サーサーン王朝に併合されるのである。しばらくの間はクシャーノ・サーサーン王朝という藩王国の存続が認められたものの、やがてエーラーン・シャフルに完全吸収された。パフラヴィー語地理書によると、アム・ダリヤー河とインダス河がエーラーン・シャフルの境界線とされているので、バクトリア人もイラン系アーリア人の一派と認めて貰えた上での「厚遇」だったらしい。

ただし、地理的名称は、「太陽の昇る国」を意味するフワラーサーン州に変更され、州都はシャーブフル一世にちなんで建設されたネーヴ・シャーブフルに遷された。すなわち、この一帯の名称は、

「バクトリア」→「トハリスターン（吐火羅／都貨邏）」→「フワラーサーン」と二転三転しているのである（ちなみに、イスラーム時代に入ると、パフラヴィー語の「フワラーサーン」が近世ペルシア語の「ホラーサーン」と訛って現在に至っている）。

その後、五〜六世紀に一時的にエフタルの支配下に入るが、それ以外の時期のバクトリアはサーサーン王朝領だったと考えられている。そして、宗教政策に意識的だったエーラーン・シャフルに組込まれたことで、バクトリアの宗教事情は新しい段階に入るのである。

マーニー教、キリスト教、仏教が交わる地

サーサーン王朝時代に入っても、流通経済の発展は阻害されなかったので、バクトリア・マルギアナには依然としてシリア以西の商人、インド亜大陸の商人、ペルシアの支配者の三者が交錯し、目も綾な宗教模様を展開した。そんな中で一番の変化は、メソポタミア平原に出現したマーニー教教会が使徒マール・アンモーを派遣して、一気にイラン高原東部に教線を拡大した点である。伝説によれば、使徒はネーヴ・シャーブフルからメルヴ、バルフと巡錫《じゅんしゃく》し、バクトリア・マルギアナ方面を集中的に教化したとされる。

マーニー教教会はパルティア語（後にソグド語も）を東方布教の際の教会用語に採用していたから、バクトリア語のマーニー教文献はベルリン国立図書館所蔵の一通を除いて現存していない。しかし、マーニー教が北伝仏教の中心であるバクトリアを拠点とした影響はまことに大きく、仏教術語を大量に導入してマーニー教教義を解説する仕儀に立ち至っている。多くのマーニー教学者はこの現象

を、マーニー教教会があまりにも器用なので、布教の便法《べんぽう》として意図的に仏教への同化を図ったのだと解説している。しかし、北伝仏教の中心地に進出した関係上、否応なしに現地化していった可能性も否定できないと思う。

バクトリアのキリスト教については、依然として確実なデータがない。五世紀のアルメニア人作家は、四世紀にはバクトリアにキリスト教が広まっていたと証言しているが、何分にも遠隔地での伝聞である。六世紀のエフタル支配時代には、キリスト教徒のエフタルが主教の派遣を要請したとされるので、たしかにある程度のキリスト教徒コミュニティーは存在したらしい。

この時期のバクトリアの宗教の基層は、何といっても仏教だった。三世紀には、新興サーサーン王朝の権力を背景にしてのゾロアスター教神官団による異教迫害もあり、クシャーナ王朝時代のような国家権力の庇護は受けられなかったようであるが、それでも北伝仏教の拠点となっていたティルミズの街は引き続き仏教僧院を抱え、カローシュティー文字、ブラーフミー文字でサンスクリット文献の著述がなされていたとされる。

最後に、国教のはずのゾロアスター教であるが、サーサーン王朝時代に入ると資料が途切れ、明確な像を描けなくなる。一九九〇年代に続々と発見されたバクトリア語写本コレクションには、なぜかゾロアスター教文献が絶無なのである。ハカーマニシュ王朝時代にはバクトリア遺宝があり、クシャーナ王朝時代にはコイン資料があったのに比べると、何とも皮肉な顚末《てんまつ》である。伝説では、バルフにはゾロアスター教の大聖火ヴァフラームが設置され、イラン高原東部におけるゾロアスター教の中心となったとされるが、現在までのところ、それを裏づける拝火神殿遺構は発見されていない。

バクトリア語の消滅とホラーサーン系スーフィズムの拠点へ

イラン系アーリア人定住民の地としてのバクトリアの終焉は、アラブ人イスラーム教徒による軍事的な征服よりも、バクトリア語使用の下限に求められる。現在知られているところでは、それは九世紀のパキスタン西部のトチ渓谷におけるバクトリア語・アラビア語・サンスクリット語三語併用碑文である。書物文化としてのバクトリア語の寿命は、クシャーナ王朝初期に文語に採用されて以来、約七〇〇年間で終わった。それと共に、バクトリア人という存在も解体を始め、口語としては近世ペルシア語を用いてペルシア人に同一化し、文語としてはアラビア語を用いてイスラームへの改宗が進む。

だが、バクトリア人の宗教文化の残映は、バクトリア人自身よりも長く続いた。イスラーム時代に継承されたバクトリアの文化的活力については第四章第二節に譲るが、ここではインド思想とホラーサーン系スーフィズムの関係にだけ触れておきたい。九世紀にスーフィズム（イスラーム神秘主義）が成立した際、その発祥の地はメソポタミアとホラーサーンに大別され、後者の中心地がバクトリアだったのである（近年の研究では、「初期スーフィズム」という用語をメソポタミア系だけに限定するのが大勢だが）。そのバクトリアのスーフィズムの嚆矢がバルフの王子イブラーヒーム・イブン・アドハム（七七七年没）、次いでバルフ出身のシャキーク・バルヒー（八一〇年没）と続き、セムナーン出身のバーヤズィード・バスターミー（八七四年没）とティルミズ出身のハキーム・ティルミズィー（九一〇年ごろ没）で頂点に達する。彼らの主張は、純粋苦行と静寂主義によって神に消融（ファナー）するところにあった。

当然、後世の学者は、ホラーサーン系スーフィズムの培養土が北伝仏教の中心地だった点に着目して、スーフィズムとインド思想の影響関係を論じた。近年におけるその代表格が、ゾロアスター教研究者のR・C・ゼーナー（一九一三～一九七四年）とイスラーム学者の井筒俊彦《いづつとしひこ》（一九一四～一九九三年）である。両者はともに、『ウパニシャッド』の大格言とホラーサーン系スーフィーの酔言《すいげん》の思想構造を比較して、ニルヴァーナとファナーが類似するが故に前者から後者への影響を肯定している（中村一九七〇年、井筒一九九一年参照）。

ただ、この二人の研究以降、この問題に取り組む学者は出現していない。サンスクリット語とアラビア語の知識が求められるので、語学的負担が過大なのである。筆者も学部学生時代はこんな研究を志していたのだが、今から振り返れば前一〇〇〇年紀に成立した『ウパニシャッド』と九世紀のスーフィーの酔言を直接比較するという研究手法は、ずいぶんと勇猛果敢であった。この問題を実証的に研究するなら、新出のバクトリア語仏教文献（写本コレクションに二点現存）やバルフで作成された仏教文献と、カッラーミー派やマラーマティー派も含めたホラーサーン系思想との対照が必要だと思われるのだが、どうだろうか。イラン系アーリア人時代のバクトリアの思想風土からイスラーム時代のホラーサーン系思想への継承の問題は、まだまだ検討の余地がありそうである。

4　ソグド人――シルクロードの商業民族（前六〜後一〇世紀）

（1）ソグディアナのオアシス定住民とシルクロードの商業民

アム・ダリヤー河とシル・ダリヤー河の両河地域から華北まで

アム・ダリヤー河上流地域を「バクトリア」と呼ぶのに対し、アム・ダリヤー河中流域とシル・ダリヤー河にはさまれた両河地域――現在のウズベキスタン共和国中央部――を「ソグディアナ」と称する。名称の起源は、古代ペルシア語の「スグダ」。ちなみに、『アヴェスター』では「スフトゥム」または「ガヴァ」と表記され、「世界で二番めに良い国」と讃えられた。北方のステップ地帯から移動してきたイラン系アーリア人牧畜民が、大歓喜して住み着いた様子を想像できるようなネーミングである。首邑は、ザラフシャーン河流域のサマルカンド（古名マラカンダ）とブハーラー（古名はソグド語でブハーラク＝幸いの地、またはサンスクリット語でヴィハーラ＝僧院の地）で、両都市とも現在まで同じ名称で存続している（ただし、位置は何度か変わった）。

オアシス都市国家としての歴史

ソグド人たちは、バクトリア人・マルギアナ人と同じく、ソグディアナ全体を統一した独立王朝を形成することはなかった。このため、彼らの政治史は、上部に君臨する外来勢力の変遷の形で描かれざるを得ず、ソグド人自体が実際に何をしていたのかがつかみがたい。この外来勢力の変遷については、図表12のようになる。

ただ、バクトリア人・マルギアナ人と異なるのは、三～七世紀の期間、サーサーン王朝、エフタル、突厥、唐王朝などの諸勢力がめまぐるしく覇権交替する中で、オアシス諸都市の連合が成立していた点である。また、イスラーム時代に入った九世紀には、土着のイラン系アーリア人貴族が、初めてソグディアナに根差した独立王朝サーマーン王朝を建国している。本章のソグディアナ史では、この二つを中心に概観することにしよう。

①ペルシア人によるハカーマニシュ王朝の支配（前6～前4世紀）
②ギリシア人によるグレコ・バクトリア王国の支配（前3～前2世紀）
③大月氏によるクシャーナ王朝の支配（?）（前2～後3世紀）
④オアシス諸都市の連合時代（3～7世紀）
⑤アラブ人によるイスラーム帝国の支配（7～8世紀）
⑥土着のサーマーン王朝時代（9～10世紀）
⑦テュルク系遊牧民の侵入時代（11世紀～）

図表12　ソグディアナに成立した征服王朝

シルクロードの商業民としての歴史

ソグド人は、故郷ソグディアナだけに留まっていたわけではなかった。彼らは、三世紀ごろにバクトリア商人をまねて東西交易に参入すると、五世紀以降はテュルク系遊牧民と共同してシルクロード交易を掌握し、西はビザンティン帝国から東は華北まで爆発的な勢いで拡散する。この観点から見ると、ソグド人は一概にオアシス定住民の枠に収まりきらない商業民としての性格を持っている。その商業ネットワークの年代区分については、図表13のようになる。むしろ、こちらの活躍のほうがソグド人の面目躍如である。

本節では、以上のような①ソグディアナ本国の歴史と②シルクロードの商

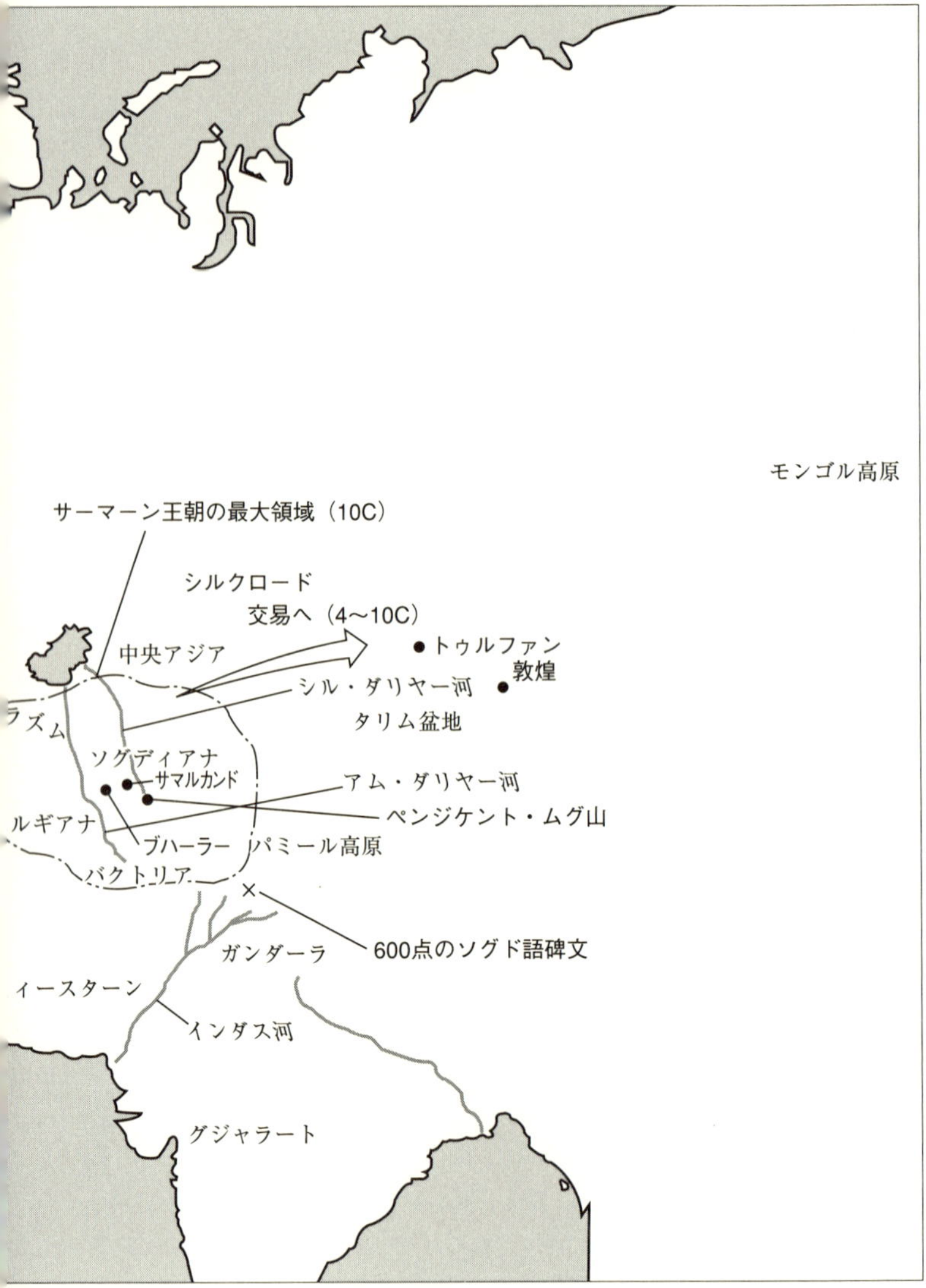

モンゴル高原
サーマーン王朝の最大領域（10C）
シルクロード
交易へ（4～10C）
トゥルファン
敦煌
中央アジア
シル・ダリヤー河
タリム盆地
ラズム
ソグディアナ
サマルカンド
アム・ダリヤー河
ペンジケント・ムグ山
ルギアナ
ブハーラー
パミール高原
バクトリア
600点のソグド語碑文
ガンダーラ
ィースターン
インダス河
グジャラート

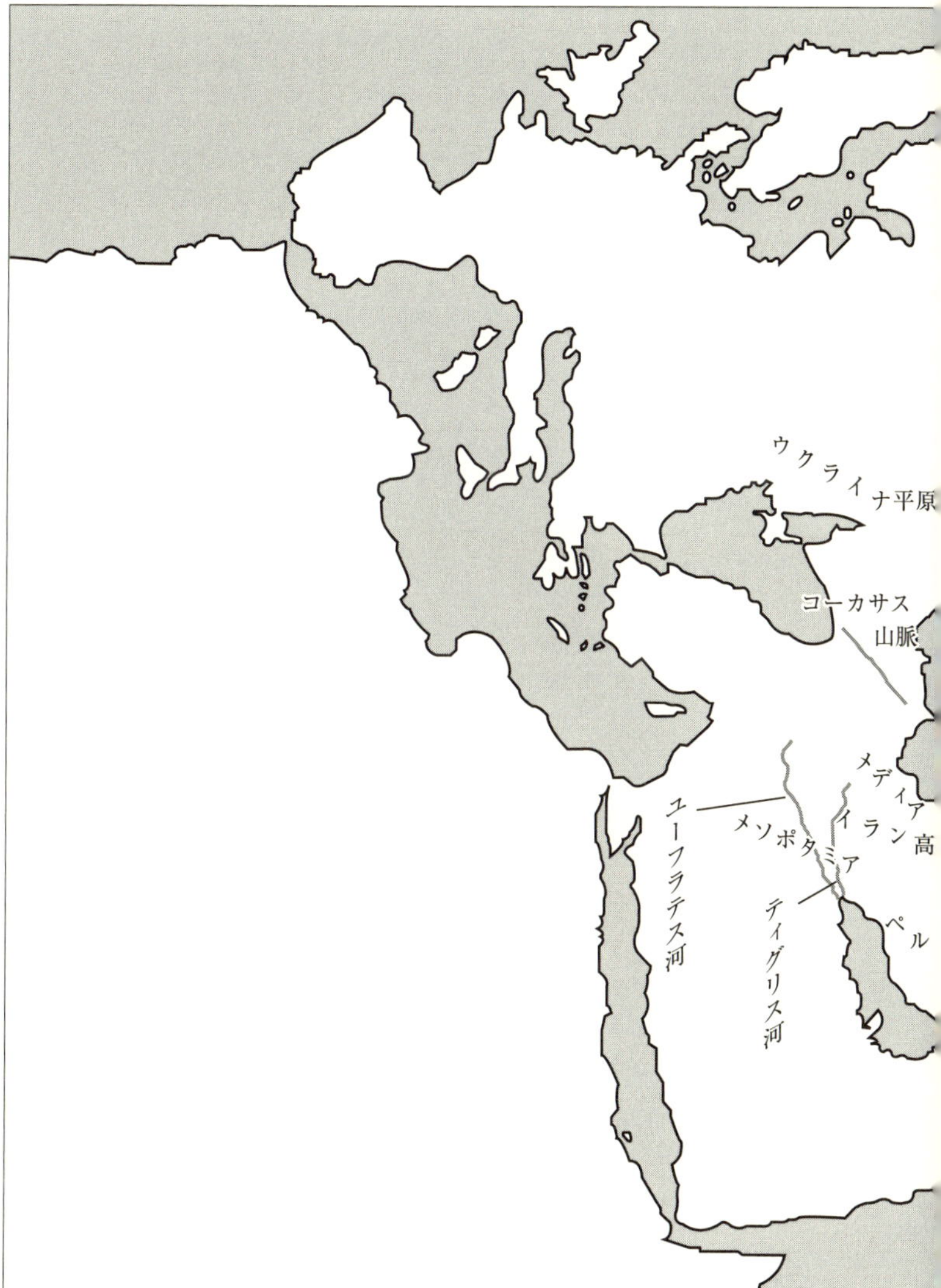

イラン系アーリア人定住民の活動の舞台
（ソグド人）

業民としての歴史を併せて記述したい。その上で、ソグド人の宗教文化をイスラーム以前とイスラーム以後に分けて概観しよう。

（2）オアシス諸都市の連合体として（前六〜後一〇世紀）

外来諸勢力の支配（前六〜後二世紀）

ソグド人が政治史上に現れるのは、バクトリア人の場合と同じく、クル大王が東方遠征を行った前六世紀後半のことである。当時すでに存在していたと見られるサマルカンドの街がペルシア帝国に併合され、ソグディアナはバクトリアに次ぐ東方の重要州として再編された。だが、バルフのほうがペルシア帝国の東方拠点に選ばれている点を見ると、当時のソグディアナ／サマルカンドは、オアシス都市の農業生産力や軍事的な重要性の点で、バクトリア／バルフに劣っていたようである。

アレクサンダー大王がペルシア帝国を滅ぼした際は、ソグド人は遊牧民サカ人と組み、ギリシア軍に三年近く抵抗した。バクトリア総督ベッソスを降して意気揚々とソグディアナに侵入したアレクサンダー大王は、イラン高原ではめったにお目にかからなかった根強い抵抗に遭遇したようである。この時、ペルシア貴族スピタメンがサマルカンド城頭に立ち、英雄的に抗戦して戦死した故事は有名である。誇り高いソグディアナは最後にはギリシア軍によって占領されたものの、この時に非戦闘員を含むソグド人一二万人以上を大虐殺して回ったとの記録は、アレクサンダー大王の経歴に消えない汚点として残った。

①先行するバクトリア商人の模倣時代（前1〜後4世紀）
②ソグド商人によるシルクロード掌握時代（5〜7世紀）
③ソグド商人の黄昏時代（8〜10世紀）

図表13　ソグド商人の商業ネットワークの盛衰

前三世紀にバクトリアを本拠とするグレコ・バクトリア王国が成立すると（第三章第三節参照）、ソグディアナの土着諸侯はこれに従ったとされる。しかし、一世紀のバクトリアにクシャーナ王朝が成立した際は、はたしてソグディアナまで版図に収めていたのかどうか、研究者の間でも意見が分かれている。いずれにしても、この九〇〇年間の流れとしては、ソグディアナの土着諸侯はバクトリアを治める政治勢力に従属する傾向が顕著だと言えそうである。

オアシス諸都市の連合時代（三〜七世紀）

三世紀に入ると、バクトリアの地位が相対的に低下したらしく、ソグディアナの土着諸侯は次第に自立し始める。次項で述べるように、シルクロード交易の担い手もこの当時にバクトリア商人からソグド商人に遷っているので、バクトリア・ソグディアナ関係の帰趨を決する何らかの要因があったと思われる。考古学上の遺跡からは、このころに土地を集約して富を集積した地主貴族《デフカーン》が成立したと見られているから、もしかするとソグディアナの農業生産力の向上が寄与しているのかも知れない。

中国語資料からは、ソグディアナのオアシス諸都市に定住した月氏の子孫が各都市の王として君臨し、五世紀ごろからサーサーン王朝、エフタル、突厥、隋王朝、唐王朝などの間を巧みに遊泳《ゆうえい》して自治を維持した様子がうかがえる。代表的な九つのオアシス諸都市の王族の姓がすべて「昭武」だったから中国語資料ではこれらの土着諸侯を総称して「九姓昭武」と呼ぶ。考古学的な発掘調査から知られるところでは、五〜七世紀のサマルカンドでは著しく城壁が整備され、大邸宅が建造されて、壁画などの芸術作品が発達している。この時代はソグド人のキャラヴァン交易の最盛期にも重なるので、これらの好条件が相俟って、サマルカンド、ブハーラー、ペンジケントなどの諸都市では、かつてないソグド文化の華やぎが見られたようである。

アラブ人イスラーム教徒による征服（七～八世紀）

だが、七世紀前半にエーラーン・シャフルを滅ぼしたアラブ人イスラーム教徒が、七世紀後半から中央アジアに侵入した。そして、八世紀初頭には本格的にソグディアナに駐留し、この地のイスラーム化を促すことになる。この経過は、一般的には滅ぼす側の記録にしか残らないものだが、一九三〇年代に旧ソ連の考古学隊がペンジケント東方にある「ムグ山」（直訳すれば「マゴス神官の山」）から七四通のソグド語遺文――通称「ムグ山文書」――を発掘したことで、ソグド人の記録も明るみに出た。

それらによると、アラブ人イスラーム教徒が七一二年にサマルカンドを征服すると、ペンジケントのソグド人領主デーヴァーシュティーチ（在位七〇六～七二二年）は、いったんは彼らの軍門に下った。この間、テュルク系遊牧民と同盟したり、中国に援助を求めたりもしたようだが、前者は所在が分からず、後者は余りにも遠方で、実際の力にはならなかった。しかし、「サマルカンドの君主《アフシーン》、ソグディアナの王《イフシード》」を称する彼は、叛乱を企てたとして逮捕され、結局はアラブ人イスラーム教徒の総督によって処刑されている。

これがイスラーム以前のソグド人土侯の最後の物語であり、井上靖《いのうえやすし》（一九〇七～九一年）の小説などで、しばしば孤城を守るソグド人の悲壮さを強調して脚色・創作されている（井上一九九五年参照）。これ以降、アム・ダリヤー河北方は、アラビア語で「マーワラー・アン・ナフル（＝川向こうの地域）」と呼ばれ、次第にソグディアナとしての独自性を失っていった。仮に現代の日本人旅行者がソグド商人がキャラヴァンを率いていたころの面影を求めてサマルカンドに旅しても、失望することになるかも知れない。それは、八世紀に絶え、幻となった光景である。

土着貴族によるサーマーン王朝の興隆とテュルク系遊牧民の侵入（九〜一〇世紀）

八〜九世紀半ばの期間は、アラブ人イスラーム教徒がソグディアナに駐留しての異民族支配が続いた。しかし、九世紀後半になると、徐々に土着のイラン系アーリア人貴族が復活し、現地での実権を握るようになる。その代表が、土着貴族のサーマーン・ホダーが、サーサーン王朝時代の大貴族ミフラーン家の子孫と名乗って、ブハーラーを首都に建国したサーマーン王朝である（ミフラーン家については、第二章第三節参照）。しかも、平和裏にバグダードのカリフから太守《アミール》の称号を与えられ、正式にソグディアナの施政権を委任されての土着ソグド人の復権だった。

皮肉なことに、ソグディアナが土着のイラン系アーリア人の政権によって統合されたことは、後にも先にもイスラーム時代になってからのこの一回しかない。そして、この一回に賭けたかのように、サーマーン王朝は、イスラームに改宗はしたものの、それと同時にイラン系アーリア人意識を高揚させた王朝であった。当時最高のギリシア・イスラーム哲学と、イラン系アーリア人がイスラームに順応した象徴としての近世ペルシア文学は、いずれもこの王朝治下のブハーラーで立ち現れている。

このサーマーン王朝は、一〇世紀末にテュルク系遊牧民の叛乱によって滅んだ。しかも、テュルク系遊牧民が部族規模で襲来したわけではなく、王朝内部の権力闘争にテュルク系遊牧民の軍人奴隷を雇い入れ、彼らの叛乱で自滅したらしい。サーマーン王朝の自壊以後、テュルク系遊牧民は大挙してソグディアナに押し寄せるようになり、政治的な支配者になるとともに一部は定住して、住民構成を一変させることになった。ソグディアナのテュルク化である。一一世紀にはソグディアナはトルキスタンに姿を変え、これを最後にソグド人という存在を語ることもできなくなる（ちなみに、このサーマーン王朝はいろいろな意味で歴史の結節点に立っていて興味深いのだが、研究上は資料が極端に少ないことで悪名高い。この王朝に惹かれて専攻する研究者は、だいたいは玉砕するか転進を余儀なくされる「魔の王朝」である）。

ただ、純粋に語学的な意味で、ソグド語（らしきもの）を話す人々が、一九世紀後半にタジキスタン共和国内のヤグノーブ渓谷で発見されている。彼らは、当時はソグド人の直接の末裔と騒がれたりもしたが、現在では、ソグド語のウスルーシャナ方言の子孫語（かも知れない言語）を継承している人々とみなされ、評価がかなりトーンダウンしている。

（3）シルクロードの商業民として（前一～後一〇世紀）

バクトリア商人の弟子からライバルへ（前一～後四世紀）

次に、ソグディアナ本国から離れ、ソグド人の交易ネットワークに目を向けてみよう。考古学の成果によれば、前一世紀ごろのソグディアナでは遠隔地商業は稀で、フェルガナからサマルカンドへトルコ石を運ぶ程度の近距離取引が主流だったとされる。しかも、貨幣経済が浸透しておらず、物々交換によって流通を成立させていたらしい。

と言っても、シルクロードそのものが機能していなかったわけではない。ただ、中国の絹や貴重品をオリエントやインド亜大陸へ中継する販路は、バクトリア商人によって独占され、ソグド商人が参入する隙がなかっただけである。この時代のソグド商人はバクトリア商人の弟子として雄飛の機会をうかがっていたようで、ソグド語の商業用語はバクトリア語に由来している事実がこの師弟関係を裏づけている。ただし、先発のバクトリア商人はそれほど東西貿易に関与した痕跡を残さなかったから、かなりの文献資料を遺したソグド商人の活躍のほうがクローズアップされ、おびただしい研究の対象となっている次第である。

三世紀に入ると、ソグド商人がシルクロード貿易及びインド亜大陸貿易に参加し始め、四世紀までに順調に発展した。三一三年に書かれた最古のソグド語文献『古代書簡』は敦煌《とんこう》で発見されており、当時のソグド商人が洛陽まで商圏を伸ばして、永嘉《えいか》の乱《らん》（三〇七～三一二年）の状況を心配している様子が綴られている。また、同時代にインダス河上流域の交易ルート沿いで書かれたソグド語碑文は六〇〇点にも及び、対するバクトリア語碑文一〇点を大きく引き離している。この時代までに、かつてのバクトリア商人の商圏は、ソグド商人によって奪取されたと見てよさそうである。

シルクロードのキャラヴァン掌握（五～七世紀）

中国史でいえば魏晋南北朝時代後期から隋唐時代前期にかけて、ソグド人商人たちのキャラヴァンは、テュルク系の鮮卑人王朝（北魏～唐）の支配下、思うままに華北全域に拡散し、各地にコロニーを形成して定住した。おまけに、あちこちに特徴のある墓を造営したので、今になってみると華北におけるソグド人研究の貴重な資料として機能している（影山二〇〇四年参照）。この時代が、世に名高いシルクロード交易の全盛期である（この西域～華北におけるソグド人研究については日本が世界をリードしているから、興味のある方は森安一九九一年、二〇〇七年、吉田一九九九年などを参照していただきたい）。

また、彼らの域外来華にともなってソグド人の文化も陸続と華北に伝えられ、長安には時ならぬソグド文化の花が咲いた。ここでは胡風文化《こふうぶんか》の詳細を述べるスペースはないので、李白《りはく》（七〇一～六二年）が胡姫《こき》を詠んだ有名な一首だけを掲げたい。

五陵の年少、金市《きんし》の東
銀鞍白馬、春風を度《わた》る
落花踏み尽くして、何《いず》れの処にか遊ぶ
笑って入る、胡姫《こき》の酒肆《しゅし》の中

さらに、このソグド商人たちは、中央アジアからモンゴル高原に至るステップ地帯にも足を伸ばし、テュルク系遊牧民に寄り添って相互の利益を図った。テュルク系遊牧民は軍事力によってソグド商人の交易路を保障することで。ソグド商人はテュルク系遊牧民たちの手に慣れない文書業務を代行することで。これは、ソグド語の単語がテュルク語に導入されている事実によって確認されている。

ソグド商人の黄昏（八〜一〇世紀）

だが、ソグディアナから華北へ至るソグド商人の商圏は、八世紀の三つの歴史的事件によって大きく揺らいだ。第一に、七一二年にソグディアナ本国がアラブ人イスラーム教徒によって占領され、彼らの母国のゾロアスター教文化とソグド語文化が崩壊したこと。第二に、華北でも安禄山《あんろくざん》の乱《らん》（七五五〜七六三年）が勃発し、唐王朝も最早シルクロード貿易どころではなくなったこと。そして第三に、シルクロードを押さえていた唐王朝の勢力が後退し、西域にはテュルク系遊牧民やチベット人の勢力が伸びて群雄割拠状態に陥ったこと。

七四四年にテュルク系のウイグル王国が成立すると、シルクロードは安定し、状況はやや持ち直す。八世紀後半以来、ソグド人は遊牧ウイグル人の顧問として強力な地歩を築き、ウイグル王国では、テュルク系遊牧民に特有のシャーマニズムに代わって、ソグド人がもたらしたマーニー教（なぜかゾロアスター教ではない）が国教となった。最後に来華したソグド商人が確認されるのは一〇世紀のこと。このころまでに、ソグド人という存在がテュルク化の波の中で溶解し、同時に彼らの商業ネットワークも消滅したらしい。商業民としてのソグド人の活躍の下限も、一〇世紀である。

（4）イスラーム以前のソグディアナの宗教文化（前六〜後八世紀）

古代ゾロアスター教の栄える地

次に、ソグディアナの宗教文化を概観しよう。ソグディアナの宗教に関する最古の文献資料は、敦煌で出土したソグド語文書の一片に見いだせる。この文献自体は後代の作なのだが、そこに書き記されていた内容は、推定前六〜四世紀にさかのぼるソグド語の古形で記されていたのである。しかも、一九七〇年代に古代イラン学者がそれを解読したところ、まぎれもなくゾロアスター教特有の聖呪のソグド語版に該当することが判明した。

これは、当時のソグディアナで、単なるイラン系アーリア人の諸宗教の一種ではなく、明確にザラスシュトラ・スピターマの教えが信仰されていたことを示す動かぬ証拠であった。附言すれば、ソグド語のゾロアスター教文献はこの断片しかないものの、研究上はこれだけで決定的な価値があった。資料上、ゾロアスター教が信仰されていたことが確実な最古の土地は、メディアでもペルシアでもバクトリアでもなく、ソグディアナである。

ソグディアナ本国の宗教とソグド人コロニーの宗教

ソグド人のシルクロード交易参与以後の宗教事情は、ソグディアナ本国と東方コロニーに分割して考察したほうがよさそうである。まず、ソグド語の文献資料であるが、マーニー教、仏教、キリスト教の三宗教にまたがり、量的にもパフラヴィー語のゾロアスター教文献、ホータン・サカ語の仏教文献に次いで、イラン系アーリア人の文献群の中では第三位の豊富さを誇っている。しかし、それらが出土した地域に着目すると、敦煌、トゥルファンなどの東方コロニーに集中しており、ムグ山文書などを除けばソグディアナ本国での発見例は少ない。はたして、マーニー教、仏教、キリスト教の流行は、ソグド人コロニーだけに限られた現象だったのか、ソグディアナ本国の宗教事情をコロニーが反映したものなのか、不明である。
次に、ソグディアナ本国での考古学的調査の結果を、各宗教別にまとめてみよう。
・ゾロアスター教：神殿遺跡、オスアリ墓、現地の伝承に即した壁画など
・マーニー教：不明
・仏教：サンザルの仏寺遺跡の伝説、ペンジケント出土の小型仏像など
これらを参照する限り、東方コロニーで発見されたソグド語文献の宗教別比率とは大きく異なり、ソグディアナ本国ではゾロアスター教が圧倒的に優勢だったと考えざるを得ない。逆に、仏教は非常にマージナルな存在に過ぎず、マーニー教遺跡に至っては大量のマーニー教ソグド語文献が嘘のような寂しさである。イスラーム時代以降にマーニー教僧院が次々にスーフィーの修行場として転用されていたという研究もあるから、もしかしたらハーンカーに姿を変えてしまったのだろうか。以下では、東方コロニーにおけるマーニー教文化や仏教文化は省いて、ソグディアナ本国のゾロアスター教文化を追究したい。

六～八世紀のソグド的ゾロアスター教文化

ソグド商人がキャラヴァンルートを掌握して経済的な全盛期を迎えた五～七世紀から、約一〇〇年のタイムラグをおいた六～八世紀の期間が、ソグディアナのゾロアスター教文化の爛熟期と考えられている。当時のソグディアナの諸都市をその規模から判断するなら、サマルカンド二一九ヘクタール、ブハーラー三四ヘクタール、ペンジケント一三・五ヘクタールと、サマルカンドが他都市を圧倒

⑭ソグディアナのペンジケント遺跡：ソグド人の考古学遺跡を最もよく保存しているオアシス都市。

していた。しかし、遺跡の残り具合はスケールと比例しないようで、重要な発見はペンジケントから相次いで報告されている（写真⑭参照）。ここでは、ロシアの考古学者ボリス・マルシャークが今でも発掘作業に従事しているので、彼の研究成果を中心に当時の宗教事情を類推してみよう。

まず、ソグディアナの神殿遺跡は、このペンジケントに二つと、エル・クルガンに一つ確認されている。いずれもデザインはグレコ・バクトリア王国のギリシア風神殿と共通しており、遺跡の形状からどの宗教に属していたかを割りだすのは困難である。かろうじて、五〜六世紀のものと思われる拝火室があるから、ゾロアスター教の拝火神殿である公算が高いと推測されている。ちなみに、この拝火室は八世紀までは実際に使用されていたらしい。

次に、ソグド人は絵画に趣味があったらしく、また、サーサーン王朝下のような偶像破壊運動も経験していなかったので、しばしば建造物の内部に壁画を残した。研究者は、これらからソグディアナの宗教を類推することが可能である。数量的に最も多いのは、神々をモチーフとしたもの。続いて、拝火儀式の様子を描いた絵や、狩猟や宴会などの世俗的情景を写した絵、さらにはソグディアナの国際交易の中継地点としての役割を反映して、ビザンティン、ペルシア、中国などの使節の絵も見られる。このうち、神々の絵を詳しく参照すると、ソグディアナの芸術家たちはインド芸術の影響を強く蒙っていたことがうかがえる。たとえば、ズルヴァーンはブラフマー神の、オフルマズドはインドラ神の、ヴァーユはシヴァ神の様式で描かれている。ナナ女神に至っては、四本の腕を持ってライオンの上に鎮座するという、まるっきりヒンドゥー教の女神の姿に成り果てている。ヒンドゥー教風のゾロアスター教絵画は、他ではお目にかかれない貴重な文化遺産である。

最後に、ソグディアナ（及び後述のホラズム）のゾロアスター教に独特のオスアリ（納骨壺）が挙げられる。イラン高原でマゴス神官団の影響を受けたゾロアスター教の伝統では、遺体は犬やハゲタカに喰わせた後で、遺骨だけを磨《ま》崖横穴《がいおうけつ》墓に放り込んで処理した。しかし、ソグディアナにおける「ソグド的ゾロアスター教」の伝統では、遺骨は納骨壺に保管して地中に埋めるのが一般的だった。現在までのところ、サマルカンドとペンジケントのゾロアスター教徒墓地で多くのオスアリが発見されており、この地方の住民がマーニー教でも仏教でもなく、ソグド的ゾロアスター教を信仰していた有力な物証になっている。

ソグド的ゾロアスター教文化の衰退

以上、遺跡からわかる範囲内でソグド的ゾロアスター教を概観した。しかし、ゾロアスター教ソグド語文献が見事なまでに欠落していることからも察せられるように、このソグド的ゾロアスター教はソグド人の土俗的信仰の混合体に留まっていたようで、決してペルシアのゾロアスター教のように国家権力の保護を受けて、強固な神官団組織と確定した教義を具えた宗教ではなかった。

このため、政治権力を確保した外来の有力宗教に侵入されると、衰退は急激に訪れた。この点は、ペルシアのゾロアスター教とは対照的である。土俗的な信仰になじんだ旧世代が退場すると、ほとんど「世代の変わり目が縁の切れ目」と言わんばかりの勢いで改宗が進み、わずか一〇〇年足らずの間にソグディアナのイスラーム化が完成したのである。以後、この地域は、「祖父はゾロアスター教徒だった」と称するイスラーム教徒たちが、父祖の信仰とは何の関係もなくイスラーム文化の発展に寄与していく不思議な土地柄になった。

（5）イスラーム以後のソグディアナの宗教文化（九〜一〇世紀）

ギリシア・イスラーム哲学が花開く地

そのねじれ現象を象徴するのが、なぜかソグディアナで花開いたギリシア・イスラーム哲学と近世ペルシア文学である。バクトリアが幾多のスーフィーを輩出したのとは対照的に、一〇世紀のソグディアナは、ファーラービー（九五〇年没）やイブン・スィーナー（一〇三七年没）などのギリシア・イスラーム哲学者を育んだ。前者は、出身こそファーラーブ（現在のカザフスタン共和国）だが、ブハーラーに学んで、ペリパトス哲学の理解では及ぶ者のない「（アリストテレスに次ぐ）第二の師」と仰がれた。後者は、ブハーラー近郊に生まれ（写真⑮参照）、ギリシア哲学と医学を究めて「統領たちの師」の名をほしいままにし、ギリシア・イスラーム哲学の最高峰として名を成した。彼が晩年に構想したとされるイラン的な「東方哲学」は、現在では研究者たちの仮定の産物だったとみなされているから、やはり純粋にギリシア的な教養の土壌から生まれた哲学者である。

なぜ、一〇世紀のソグディアナで、ソグド的ゾロアスター教とは何の関係もない世界最高水準のギリシア・イスラーム哲学が形成されたかについては諸説ある。イブン・スィーナーの場合は、サーマーン王朝第八代君主ヌーフ・イブン・マンスール（在位九七六～九九七年）の侍医を務めつつ、彼の大図書館を自由に渉猟し得たのが基礎になったと考えられている。サーマーン王朝の宮廷では、鑽仰《さんぎょう》詩人《しじん》でさえギリシア風物語のアラビア語訳写本の作成を行っているくらいだから、九世紀のバグダードで栄えたギリシア語文献のアラビア語翻訳運動の余波が遠くブハーラーまで及んでいたのだろうか。

⑮アフシャナのイブン・スィーナー像：サーマーン王朝治下、首都ブハーラーはイスラーム文化の中心として栄えた。イスラーム哲学の泰斗イブン・スィーナーは、その近郊アフシャナの出身。生誕地（推定）には、記念館と銅像が建っている。

現在までのところ、イスラーム以前のソグディアナでアリストテレス学派哲学や新プラトン主義が受容されていたことを示す証拠はない。一〇世紀のソグディアナの文化は、たしかにこの地方のソグド人の末裔たちが担ったものの、内容的にはソグド的ゾロアスター教文化とは完全に断絶しているようである。ソグディアナは、一〇世紀を境にイスラーム文化圏に包摂され、ギリシア哲学に強く影響された独特の中央アジア・イスラーム文化として再出発したと見てよいと思う。

近世ペルシア文学発祥の地

イスラーム時代に入ってからのソグディアナの知的興隆は、ギリシア・イスラーム哲学だけに留まらない。アラブ人イスラーム教徒によってエーラーン・シャフルが打倒されて以降、パフラヴィー語はつとに廃れ、新たにアラビア文字表記の近世ペルシア語が形成されていたのだが、その揺籃の地がソグディアナだったのである。

ペルシアではなく、ソグディアナで近世ペルシア語が誕生した理由については諸説ある。ペルシアでは一〇世紀までゾロアスター教神官団が命脈を保っていたから、旧来のパフラヴィー語の使用が継続し、イスラーム的な近世ペルシア語の生成を阻害したという説明が一般的である。また、ペルシアはアラブ化したメソポタミア（イラク）に近過ぎて、アラビア語の影響力から脱しきれなかったとも言われる。ともかく、一〇世紀のソグディアナでは近世ソグド語の代わりに近世ペルシア語が誕生し、それがまたたく間にイラン系アーリア人の間に拡散していった。

このソグディアナの近世ペルシア文学は、やはり一〇世紀のサーマーン王朝下で大きく飛躍した（詳しくは、黒柳一九七七年を参照）。ここでは代表例を二人だけ挙げたい。第一に、ルーダキー（九四一年没）。サマルカンド近郊出身の彼こそは、サーサーン王朝の宮廷詩人の伝統に忠実に頌詩をもってブハーラー宮廷に仕え、近世ペルシア語を詩的言語として確立した最初の人物である。アラビア語詩のカスィーダ形式、ガザル形式を近世ペルシア語詩に応用し、「近世ペルシア文学の父」と讃えられている。そして第二に、フェルドゥスィー（一〇二〇年または一〇二五年没）。トゥース近郊の地主出身である彼は、イラン系アーリア人の神話伝説を蒐集し、民族叙事詩『シャー・ナーメ』執筆に生涯を捧げた。本書は、ゾロアスター教系以外ではほとんど唯一、イスラーム時代以前のイラン系アーリア人の民族興亡の神話と歴史を現在に伝えている。

二人とも、出身地からいえばソグド人の末孫と考えてよいと思う。「イラン系アーリア人の文化」という観点から見た場合、イスラーム時代以降のイラン系アーリア人の共通語となった近世ペルシア語を創出し、民族の神話伝説を叙事詩としてまとめたところに、ソグディアナの人々の最後の貢献があったといえるかも知れない。

5 ホラズム人——民族発祥の地に最後までとどまった一派（前六～後一〇世紀）

(1) ホラズムと研究資料

アム・ダリヤー河下流の豊穣の地

「ホラズム」とは、アム・ダリヤー河の下流域一帯のアラル海に面した肥沃な低地を指す地名で、現在のウズベキスタン共和国のホラズム州とトゥルクメニスタンのタシャウズ州に相当する。ちなみに、このアム・ダリヤー河下流は、時によっては河流を変えてウズボイ河床を西流し、カスピ海へ注ぐこともある（このウズボイ河床は現在では涸れ河だが、一〇世紀以前には水が流れていたと推定されてい

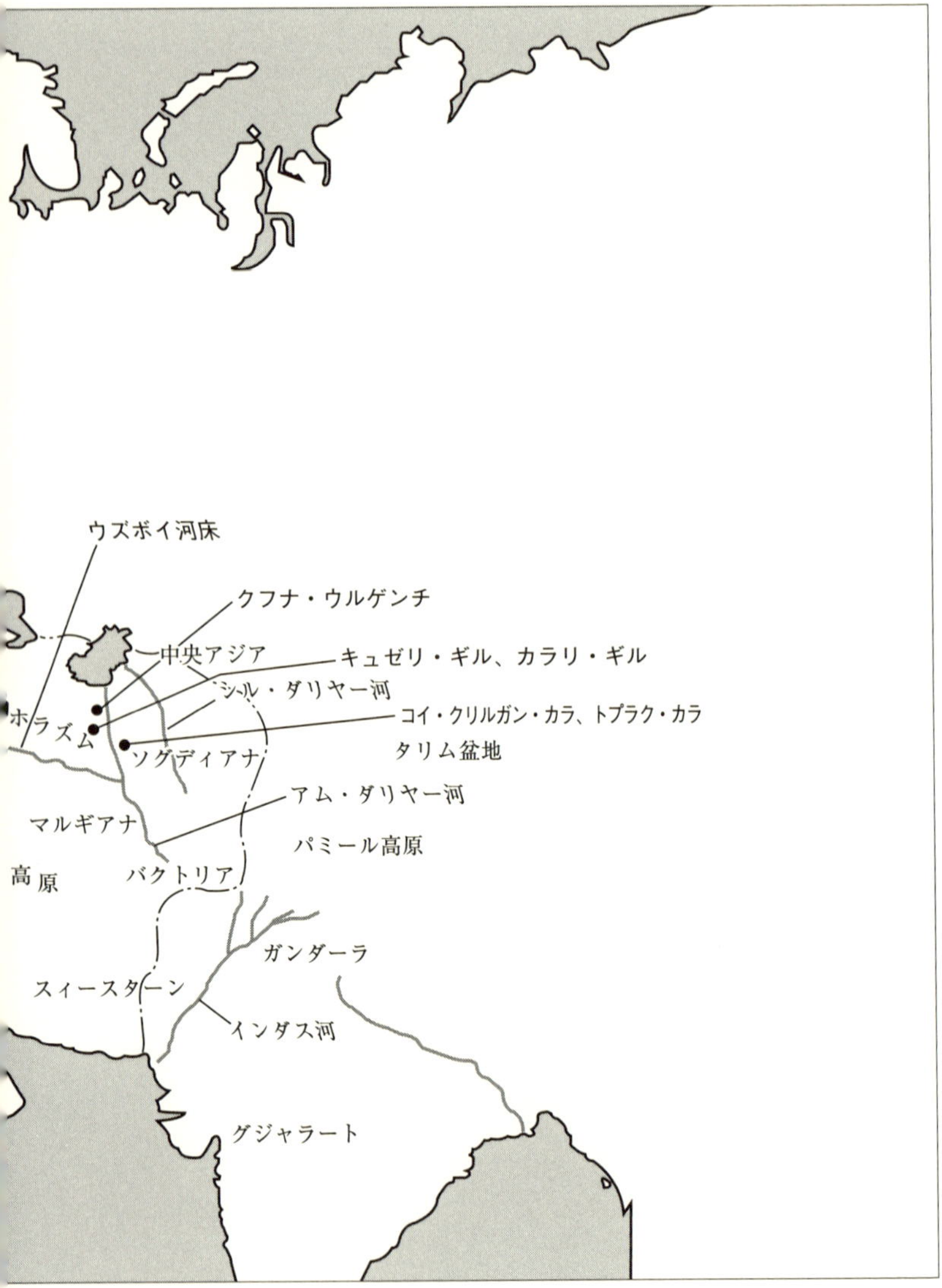

ウズボイ河床
クフナ・ウルゲンチ
中央アジア
キュゼリ・ギル、カラリ・ギル
シル・ダリヤー河
コイ・クリルガン・カラ、トプラク・カラ
ホラズム
ソグディアナ
タリム盆地
アム・ダリヤー河
マルギアナ
パミール高原
高原
バクトリア
ガンダーラ
スィースターン
インダス河
グジャラート

イラン系アーリア人定住民の活動の舞台
（ホラズム人）

る）。この地域の歴史は、アム・ダリヤー河の河流の変動に大きく左右されてきた。考古学遺跡からは、古代イラン系アーリア人の移動以前の前四〇〇〇～前三〇〇〇年紀に、このデルタ地域で狩猟生活を営んでいた人々がいたことが知られているが、彼らがどのような民族だったのかはわからない。ホラズムの有史は、古代イラン系アーリア人が到来してから明け初《そ》めるのである。

「ホラズム」という名称の起源は、『アヴェスター』で「フワーリズム」、ダーラヤワウ一世の古代ペルシア語碑文で「フワーラズム」、ギリシア語文献で「ホラスミア」と表記されるのが初見で、古代イラン系アーリア語で「豊穣の地」、「低地」、「太陽が昇る地」などが語源と推定されている。「ホラズム」との表記は、その近世ペルシア語形「ハーラズム」が英語に入って慣用化された訛称《かしょう》である。いずれにしても、前二〇〇〇年紀にアム・ダリヤー河下流の低地に足を踏み入れた古代イラン系アーリア人が、このデルタ地帯の生活環境になじみ、すっかり気に入った上での命名と言えそうである。

ただ、ここに定住したホラズム人は、メディア人、ペルシア人、バクトリア人・マルギアナ人、ソグド人などに比べると、かなり地味な存在である。メディア人やペルシア人のようにメソポタミア平原の先進文明の恩恵に浴してオリエント世界で華々しい活躍をすることもなく、バクトリア人・マルギアナ人やソグド人のようにシルクロードの中継地点に当たって東西文化交流の架け橋になることもなかったのが、その原因である。ホラズム人は、セム系民族、インド・アーリア人、漢民族のいずれの影響を蒙ることも少なく、かえって遊牧民サカ人などとの交流が深かったらしい。それがホラズムの文化を、古代イラン系アーリア人定住民の中で独特のものにしている。

ホラズム研究の資料

このホラズムに定住したイラン系アーリア人も、ペルシア人やソグド人などと同様に、自らの言葉を文字にして残すことに積極的でなく、彼らの歴史を復元する手段は大幅に限られている。現状で研究者が活用できる資料は、大別すると以下の四系統にまとめられる。

①旧ソ連の考古学者が一九三〇年代から発掘した考古学遺跡、及びそこから出土する古銭、銀製品、オスアリ（納骨壺）など。代表的な都城遺跡は以下の四つ。ちなみに、ホラズムの都城の位置が頻繁に変わるのは、アム・ダリヤー河の河床の変化によって、「肥沃な豊穣の都市」が一夜にして「水系に見放された不毛都市」に転じるためである。

・キュゼリ・ギル遺跡：前六～前五世紀に比定される都市遺跡
・カラリ・ギル遺跡：前四世紀初頭に建設途中で放棄された城塞遺跡
・コイ・クリルガン・カラ遺跡：前四～後三世紀に比定される円形神殿遺跡
・トプラク・カラ遺跡：三～六世紀に比定される都城遺跡

②上述の遺跡から発掘された資料に記された古代ホラズム語、および中世ホラズム語資料。これも、以下の二つの系統にまとめられる。

・古代ホラズム語資料：一～七世紀に属する貨幣、銀製食器、オスアリに、アラム文字によって記された断片的な記録。それらに加えて、トプラク・カラ遺跡出土の八世紀のホラズム語文書
・中世ホラズム語資料：一三世紀のイスラーム法律文書におけるホラズム語引用。また、アラ

ビア語文法学者ザマフシャリー（一一四四年没）著の写本（推定一二〇〇年ごろ成立）の欄外に記されたホラズム語対訳。いずれもアラビア文字で表記されている

③ギリシア語資料、『アヴェスター』、古代ペルシア語碑文などの外在的な記録。

④アラビア語文献。イスラーム時代のホラズム出身の大学者アブー・ライハーン・ビールーニー（一〇四八年没）の二つのホラズム史書に代表される。

・『古代年代記』：一〇〇〇年ごろに執筆された古代諸民族の歴史と暦法に関する大部の著書。第一一章と第一二章がホラズムの紹介に当てられている

・『マスゥーディーのカノン』：天文学や地理学に関する専門書であり、近年まで翻訳されなかったが、じつはホラズム史に関する重要な情報源であることが判明した

この他、ビールーニーによると、七世紀の時点でホラズム語によるゾロアスター教文献群が存在していたと伝わる。しかし、それらはすべて、七一二年のアラブ人イスラーム教徒軍のホラズム侵攻の際に烏有《うゆう》に帰したという。この伝説が本当だとしたら、古代イラン学者はホラズム研究上、じつに惜しい文献資料を失ったことになる。

（２）幻想の「大ホラズム帝国」とハカーマニシュ王朝の属州時代（前六〜前四世紀）

ザラスシュトラの故郷にして「大ホラズム帝国」の地？

前二〇〇〇年紀に中央アジアからの大移動を開始したイラン系アーリア人は、彼ら自身が「豊穣な土地」と評価したこのデルタ地帯に目をつけ、一部がここに定住して農業を始めた。しかし、いつ、

どのようにしてそれが起こったかを明確にする証拠がない。ゾロアスター教研究者の多くは、ザラスシュトラ・スピターマは、前一二～前九世紀または前六～前五世紀のホラズムで活躍したと考えている。しかし、「ガーサー」に見られる社会は、青銅器段階にある部族制の牧畜社会である。ザラスシュトラ自身は、鉄器を目にしたこともなければ、定住して農業を営んだわけでも、騎馬に乗って遊牧したわけでもなさそうで、単に牛を追って牧畜する部族の間を渡り歩いた神官に過ぎない。仮にザラスシュトラのホラズム出身説が正しいとすると、彼はまだ定住して農業を始める以前の人物だったか、ホラズムでは農業と牧畜が複合する社会が形成されており、後者のグループに属する人物だったことになる。

これに対して、W・B・ヘニング（一九〇六～六七年）やI・ゲルシェヴィッチ（一九一四～二〇〇一年）などの古代イラン学者は、『アヴェスター』の内容から類推して、ザラスシュトラ在世当時、中央アジアには強大な領域国家としての「大ホラズム帝国」が存在したと主張している。ザラスシュトラを保護したカウィ・ウィーシュタースパ大王はこの帝国の君主であり、『アヴェスター』で言及される「アルヤナ・ワエージャフ＝アーリア民族の領域」とは、大ホラズム帝国の領土を指す言葉に他ならないというのである。彼らの立論に従えば、ハカーマニシュ王朝時代にソグディアナ～ホラズムが単一のサトラップの支配下に置かれた事実も、それ以前にここに広域独立国家があり、まとまった行政単位として機能していたことを裏づける（ただし、この行政区分は、ヘロドトスの『歴史』から確認される第八代皇帝アルタクシャサ二世時代のものであるが）。

しかし、彼らがこの説を発表して以降に進展した旧ソ連の考古学の成果に照らせば、ホラズムにおける大規模灌漑施設は前六世紀までしかさかのぼれず、それ以前にこの地域で多くの人口を養うのは不可能だったとされる。旧ソ連の考古学者に従うなら、ホラズムにおける文明の進展は、前六世紀後半にこの地域がペルシア帝国に併合され、オリエントから大規模灌漑の技術が導入されて以降と考えなくてはならない。「大ホラズム帝国」は幻想で、この地域の文明の発展は前六世紀以降と考えるのが妥当であろう。

クル大王によるホラズム征服とキュゼリ・ギル遺跡

ペルシア帝国の建国者、クル大王は、小アジアのリュディア王国を下した前五四七年からメソポタミア平原に侵攻してバビロニア王国を平定する前五三九年以前の時期に、中央アジア遠征を行ったと見られている。しかし、クル大王の中央アジア遠征はギリシア人歴史家の観察が及ばなかった部分なので、その詳細は明らかではない。特に華々しい会戦も伝わっていないところを見ると、当時の中央アジアには大小の土侯が割拠するだけで、組織的な抵抗はなかったのかも知れない。

ホラズムを含む中央アジアを平定したクル大王は、次男のバルディヤ（推定される古代ペルシア語名はタヌ・ワルザカ）を東方諸州の総督に任命して、ペルシアに帰還した。長男のカンブジヤがバビロニア総督なので、クル大王の帝国構想の中では、メソポタミア平原に次いでこの中央アジアを重要視していたと考えられる。ただし、メディア王の血脈を引く母から生まれた同母兄弟をこのように分封したことは、後に兄弟間での王位継承を巡る暗闘を生み、クル王家の運命を暗転させる遠因にもなった。

他方、考古学が明らかにしたところによれば、このころのホラズムには、約四〇〇の住居遺構があったことが知られている。代表的なのは、外周三キロメートルに及ぶ城壁を誇るキュゼリ・ギルの要塞遺跡。この遺跡は完全に発掘されたわけではないが、これまでの調査によると、王宮南部に宗教施設らしき基壇があり、その下部からは大量の白灰が見つかっている。宗教施設の下面に大量の灰が付着しているなら、その上で長期間火が焚かれていたことは確実であり、つまるところこれは拝火壇である。そうだとすると、メディアやペルシアで拝火神殿が形成されるずっと以前に、ホラズムでは拝火神殿が成立していたことになる。

また、キュゼリ・ギル遺跡には土葬の痕跡がまったく見当たらない。ついでに言えば、ホラズム全土で、この時期の土葬跡は確認されていない。ホラズムで土葬の痕跡が消え去る時期とクル大王のホラズム征服の時期が重なる点は重要である。宗教学者と考古学者の共同の推測では、たぶん、クル大王ないしその後継者が、メディア人・ペルシア人の習慣をホラズムに導入して、土葬から曝葬への転換があったとされる。宗教面では、この時期にホラズムのメディア・ペルシア化が起こっていると言えそうである。

ハカーマニシュ王朝ペルシア帝国とホラズム州

その後のホラズムは、キュゼリ・ギルを州都として、ハカーマニシュ王朝ペルシア帝国を構成する州の一つとなり、スーシャーの中央政府が磐石の間はその威令に忠実であり続けた。古代ペルシア語碑文などの断片的な情報によれば、前五一七年にはダーラヤワウ一世の対「尖帽のサカ人」遠征基地となり、スーシャーの宮殿建設の際には装飾用のトルコ石を供給し、クシャヤールシャン（クセルクセス）一世（在位前四八六〜前四六五年）のギリシア遠征の際は兵士を供出した。ペルセポリス宮殿造営に際してもホラズム人が駆りだされたらしく、彼らの姿もレリーフにしっかり彫り込まれている。

ホラズム州はハカーマニシュ王朝中央政府に労働力と資材を提供するばかりで、どのような反対給付を受け取っていたかというと、これがはっきりしない。後述するような考古学調査によれば、ハカーマニシュ王朝滅亡後にホラズム経済が大発展しているので、かなり一方的に搾取されていたのかも知れない。ただ、文化的なメリットが最低一つは挙げられる。ハカーマニシュ王朝が帝国全土の公用語に採用したアラム語とアラム文字の影響がホラズムにも波及し、前四世紀の初頭にはホラズム語をアラム文字によって表記する習慣が始まったのである。その物証は一世紀までしかさかのぼれないが、ハカーマニシュ王朝下で文字文化に触れた点は、当時のホラズムにとって大きな進歩だった。

ハカーマニシュ王朝支配からの離脱とカラリ・ギル遺跡

アルタクシャサ（アルタクセルクセス）二世（在位前四〇四〜前三五九年）の古代ペルシア語碑文における言及を最後に、ホラズムはハカーマニシュ王朝関係の記録から姿を消す。この事実から推して、ホラズム州は前四世紀初頭には独立して、ハカーマニシュ王朝への属州関係を断ち切ったと思われる。この断絶は、かなり急激に起こったらしい。前五〜前四世紀の変わり目に、キュゼリ・ギルに代わる州都として造営されたと見られるカラリ・ギル遺跡（キュゼリ・ギルのすぐ東隣）は、ペルセポリス風に設計された神殿遺構を持つのだが、建設途中で突然放棄されているのである。ここに着任予定だったハカーマニシュ王朝のホラズム総督は、新州都を完成できないまま、ホラズムを追われたと考えるのが一般的である（ちなみに、放棄されたカラリ・ギル跡は、後に墓地としてリサイクルされた。未完成の神殿遺構が変じて墓地になるとは、詩的な光景である）。

ただ、この独立によって一気にハカーマニシュ王朝と敵対関係に入ったわけでもなさそうである。ホラズム人は、土着の王を推戴して独立王国を樹立したものの、ハカーマニシュ王朝とは同盟関係を結んだらしく、軍事的な紛争を起こした形跡はない。ハカーマニシュ王朝はもともと各地の土着文化圏を尊重した緩やかな連邦国家だったから、遠心力が働けば、スーシャーから遠い地域ほど分離独立を求めるのは必然的な成り行きだった。

（3）アレクサンダー大王の到来と「ホラズム第一王朝」（前四〜前一世紀）

アレクサンダー大王の到来

前三三〇年にアレクサンダー大王がハカーマニシュ王朝を撃破し、彼の率いるギリシア軍はそのまま中央アジアまで進軍して来た。この時のギリシア人歴史家の伝聞記録が残っているので、ホラズムの歴史は一瞬だけ詳細に判明する。それらによると、バクトリア総督ベッソスがアレクサンダー大王に討たれた後も、ホラズム王フラタフェルネスはマッサゲタイ族と同盟して抵抗し、ギリシア軍を苦しめた。他方、彼の息子ファラスマネスは、大王に対して恭順の意を示し、黒海沿岸までの案内役を申し出た。結局、ソグド人を相手に手を焼いていたアレクサンダー大王はファラスマネスと同盟を結び、それ以上ホラズムに侵攻することのないままにバビロンへ撤収した。

このギリシア人の記録から、王朝名などは不明だが、当時のホラズムには何らかの王が存在したことが判明する。ハカーマニシュ王朝から独立した際の王朝がそのまま継続していたのではないかと思われるものの、一切の記録を欠くので、この「ホラズム第一王朝」の事跡は全然わからない。ただ、前四~前三世紀にホラズムは経済的な急成長を遂げているから、土着の民生に注意を払う王朝だったとは言える。このころ、灌漑設備は立て直され、荒廃していた都市や要塞も再建された。そして、コイ・クリルガン・カラの神殿遺跡も、このころに建てられたと見られる。

コイ・クリルガン・カラ遺跡とオスアリの出現

この「ホラズム第一王朝」時代の代表的な遺跡は、直径約一〇〇メートルの円形をしたコイ・クリルガン・カラ神殿である。この遺構から判明する事実は、大別して二つある。

第一に、ハカーマニシュ王朝の属州時代には見られなかったオスアリ(納骨壺)の出現である。メディア人・ペルシア人の葬送儀礼では、遺骨を磨崖横穴墓に放置する曝葬が一般的であり、属州時代のホラズム人もこの方式を採用していたものと考えられる。しかし、属州統治から離脱する前四世紀以降に、ホラズム人は曝葬をさらに発展させたオスアリ葬に転じる。このオスアリ葬とは、遺体を動物に喰わせて遺骨を綺麗に洗うところまでは曝葬と同じである。しかし、遺骨を磨崖横穴墓に放り込む代わりに陶器のオスアリに納め地下に埋葬する点で、はっきりと異なる。ホラズム人はこれ以降、イスラーム時代に至るまでの一三〇〇年間にわたってこのオスアリ葬を固守するので、よほどこの方式が気に入ったらしい。メディア・ペルシア風の宗教観念の退潮にともなって、ホラズム独特の宗教観念が台頭したと考えるべきだろう。

話が先走るが、ホラズムのオスアリ葬は、オスアリの形状に従ってさらに前期と後期に区分される。前四世紀から後二世紀までの前期のオスアリは、納骨壺の蓋部分の上に人物像が造形され、外見的には納骨壺の上に人物像が座っている観を呈している。おそらく、何かの神格か故人の像だと思われる。しかし、二～九世紀の後期になると上部の人物像が消滅し、下部の壺だけのよりシンプルな形状に移行する。

第二に、天文学への異常な関心である。コイ・クリルガン・カラ神殿は、墓廟に加えて天文台としての機能も有していたらしく、日月星辰を観測した痕跡が残されている。イラン系アーリア人に特有の太陽崇拝やシリウス崇拝の便を図る宗教目的の他に、暦法を決めるという実用目的もあったものと思われる。ずっと後の話になるが、ホラズムが前一世紀に独自のホラズム暦を導入し、九世紀には天文学者・代数学者として名高いムハンマド・ハーラズミー（八四五年没）、一一世紀には天文学者でもあるビールーニー（一〇四八年没）などを輩出した淵源は、このコイ・クリルガン・カラの天文台に求められるかも知れない。

（4）遊牧民支配から「ホラズム第二王朝」の独立まで（前二～後四世紀）

サカ人・康居・クシャーナ王朝（?）による遊牧民支配

ホラズムは、イラン高原～中央アジアの定住民の中でもとりわけ北方に位置し、遊牧民世界の大洋に浮かぶ孤島の観を呈していた。ビールーニーによると、「ホラズムの王は夏になるとしばしばステップに出撃して、遊牧民を撃退しなくてはならなかった」とあるので、ホラズムの王権の主要な課題の一つは遊牧民対策だったはずである。

そして、これまで必ずしも遊牧民の直接的な支配を受けたとは思われないホラズムが、前二世紀から立て続けに遊牧民化する。まず、コイ・クリルガン・カラを含む広範囲のホラズムの遺跡は、前二世紀に集中的に破壊されている。時期から類推して、サカ人の大侵攻を受けたものと思われる。さらに、このサカ人がそのまま南方に大移動して行った後で独立を回復できたかといえば、そうでもない。前二世紀の中国資料『漢書』「西域伝」によると、康居（イラン系またはテュルク系の遊牧民）がシル・ダリヤー河流域に都を置いた遊牧国家を形成し、ウルゲンチが前一世紀にはその支配下に入っていたことが確認されている。ホラズムは、今度はこの康居の支配下に置かれたらしい。

「サカ人の大侵攻」→「康居の支配」に続く状況に関しては、研究者の間で大きく意見が分かれている。ある説によれば、ホラズムは、イラン高原東部のバクトリアに成立したクシャーナ王朝（一～三世紀）の支配を受けた。たしかに、当時のイラン高原東部～中央アジアの状況を考えれば、クシャーナ王朝の傘下に入るという選択肢は説得力を持つ。しかし、これには二つの点で反論が提出されている。第一に、クシャーナ王朝は支配地域に独自のコインを流通させていたのに対し、この時期のホラズムでも独自のコインを発行している。だとすると、ホラズムは独立を維持していたと考えるしかない。第二に、クシャーナ王朝は仏教の宣布に非常に熱心だったことが知られるが、ホラズムでは仏教関係の遺跡が一切出土していない。ならば、ホラズムはクシャーナ王朝の文化的影響力の圏外にあったことになる。この二点を踏まえれば、康居の支配を脱したホラズムが、今度はクシャーナ王朝の支配下に入ったとの説は疑わしくなる。

遊牧民支配時代の文化

この遊牧民支配時代にも、ホラズム文化は決して停滞していたわけではない。グレコ・バクトリア王国の影響を受けて、それなりに発展を遂げているのである。まず、前一世紀には、ホラズムで最初のギリシア文字銘文入りのコインが発行された。一世紀半ばには、銘文がギリシア文字からアラム文字に変化するが、コイン自体は切れ目なく発行し続けている。上述のように、この事実が、ホラズムがクシャーナ王朝の支配下に入らなかった有力な論拠になっている。

また、前四〇年から前三〇年ごろには、ゾロアスター教暦から派生したホラズム暦が用いられるようになった。おそらく、康居からの独立が、独自のホラズム暦の使用を可能にしたのであろう。このホラズム暦は、アラブ人イスラーム教徒の侵攻によってヒジュラ暦が普及するまで、八〇〇年間ホラズムで実用に供された。最後の使用例は、西暦七五三年に該当するトク・カラ遺跡出土のオスアリの日付である。

「ホラズム第二王朝」の独立とトプラク・カラ遺跡

クシャーナ王朝の支配下に入ったにせよ入らなかったにせよ、ホラズムでは二世紀に再び独立王朝として「ホラズム第二王朝」が成立したようである。その証拠が、トプラク・カラ遺跡。旧ソ連の考古学者は、この新首都建設は、ホラズムのクシャーナ王朝支配からの離脱を示すと考えている。

ここは王宮と拝火神殿を含む都城跡で、数百点に及ぶアラム文字表記の古代ホラズム語文書の出土地として名高い。出土した資料群の規模から言えば、古代ホラズム研究の宝庫である。特に、王宮跡から発見されたタブレットには、四人のホラズム貴族に雇われた戦士の名前が確認できる。これらの発掘・解読の功は旧ソ連の研究者に帰せられるのだが、彼らによれば、これらの戦士の大部分は奴隷で、借金のかたに売られたものである。このころにホラズムにも封建制が確立し、階層社会が成立したと解釈されている。

さらに、トプラク・カラ遺跡から発見された文書で確認されるホラズム語人名によれば、三世紀以前のホラズムでは、水神ヴァフシュ、太陽神ミスラ、火の神格、風の神ヴァーユなどが崇拝されていた（イラン系アーリア語では、人名の中に神名を組み入れるのが一般的である）。これらは、古代イラン系アーリア人の原始的な信仰を表す資料として貴重である。

続く三世紀後半～四世紀の状況は、はっきりしない。サーサーン王朝の政治的影響が及んでいた可能性は高い。タバリーによると、アルダフシール一世はバルフ、メルヴ、ホラズムまでを征服したというが、シャーブフル一世のカァベ・イェ・ザルドシュト碑文には、ホラズムの名は記載されていない。ここから判断すると、サーサーン王朝の実質的な支配が及ぶことはなく、ホラズムは名目的な臣従関係を結んだのではないだろうか。

「ホラズム第二王朝」の文化

三世紀末のホラズムに、サーサーン王朝の文化的影響が及んだことは間違いない。すなわち、三世紀以前に一般的だった古代イラン系アーリア人の神格がこの時期を境に一掃され、彫像型のオスアリは単なる骨壺に変化するのである。この背景には、諸神格をオフルマズド（アフラ・マズダーのパフラヴィー語形）に統一し、偶像崇拝を禁じたサーサーン王朝のゾロアスター教の影響があると考えられる。

面白いことに、サーサーン王朝のゾロアスター教神官団のほうでも、彼らの守護聖火アードゥル・ファッローバイは当初はホラズムに存在し、後にペルシアに移転したとする伝説が生まれている。サーサーン王朝時代のペルシアとホラズムの宗教的な相互影響関係は、（有効な資料があるとすればだが）今後の研究課題である。

（5）アフリーグ王朝の成立からホラズム文化の消滅まで（四～一三世紀）

アフリーグ王朝の成立？

ビールーニーによれば、三〇五年に正体不明の「ホラズム第二王朝」が崩壊し、アフリーグ王朝が成立する。初代王アフリーグは、「ハーラズム・シャー」の称号を名乗り、トプラク・カラを放棄して、そこから四〇キロメートル南の地点に新首都フィール（キャト）を造営した。以後、アフリーグ王朝では歴代二二人の王が即位し、九九五年にマァムーン家に簒奪されるまで、六九〇年にわたってホラズムを治めた。

……と、ビールーニーは記しているものの、彼が挙げる二二名の王名は、この時期のコインの王名と見事なまでに一致しないので、彼の情報の信憑性には疑問が持たれている。考古学の成果によれば、三世紀後半まではトプラク・カラ城砦が威容を誇っていたが、四～八世紀にかけてはより小規模な砦が多数造営されるようになる。とすると、はたしてこの時期のホラズムに統一的な王権が成立していたのか、それともサーサーン王朝を宗主国と仰ぐ多数の公国が乱立状態にあったのか、よくわからない。

ペルシア文化、ソグド文化との比較

ホラズムが完全にサーサーン王朝の支配下にあったとする立場の弱点は、四世紀以降のホラズム的ゾロアスター教にはペルシア的ゾロアスター教との共通要素が減少し、むしろソグド的ゾロアスター教との共通要素が増加する点である。まず、この時期には、ペルシア的ゾロアスター教のパンテオンには見受けられない水神ヴァフシュへの信仰が深まっている。この水神はアム・ダリヤーの精霊と考えられ、ビールーニーによると、ホラズムでは毎年一二月一〇日がヴァフシュの祭日だったという。また、トク・カラ遺跡から出土したオスアリには、葬儀の際の悲嘆表現が見受けられるようになる。これは、ペルシア的ゾロアスター教では絶対にありえない図像表現で、むしろソグド的ゾロアスター教と共通する。おそらく、ホラズム的ゾロアスター教は、三世紀に集中的にペルシア的ゾロアスター教の影響を蒙った後、四世紀以降は徐々にその影響圏を脱しつつあったものと考えられる。この文化的影響力の推移が、そのままホラズムに対するサーサーン王朝の政治的影響力の推移に比例しているかも知れない。

では、この時代のホラズム文化をソグド文化との共通項でくくって良いかというと、そうでもない。ホラズム文化とソグド文化の最大の相違点は、後者にソグド的ゾロアスター教に加えてネストリウス派キリスト教、仏教、マーニー教など他宗教の痕跡が多々発見されるのに対し、前者はホラズム的ゾロアスター教一辺倒な点である。この相違を説明する方法の一つは、ホラズムとソグドの商圏の違いである。その前提として、ホラズムにも活発な商人が存在していたことが、『唐書』から確認される。しかし、ソグドの商圏がシルクロード沿いに華北まで及んだのに対し、ホラズムの商圏はアラル海周辺から北西カスピ海、ヴォルガ河下流域をカヴァーするだけだったと推測されている。たしかにこの範囲内ならば、イラン系アーリア人遊牧民しかいないから、キリスト教や仏教が流入してくる余地はなく、ゾロアスター教の多様なヴァリアントを吸収するだけで終わりそうである。結果としてホラズムには、非常に素朴な形のゾロアスター教だけが集積されることになった。

アラブ人イスラーム教徒の侵攻とホラズムのイスラーム化

このホラズム的ゾロアスター教にとって致命的な一撃は、七一二年のクタイバ将軍率いるアラブ人イスラーム教徒軍の到来である。もっともこれは、内戦に苦しんでいた当時のハーラズム・シャーが、クタイバに「ホラズムの三大都市の城門を開ける黄金の鍵」を進呈して援軍を求めたのがきっかけだったようで、だとすればアフリーグ王朝の自滅である。結局、クタイバを招き入れたハーラズム・シャーは臣下によって暗殺され、シャーに対する叛乱軍はそっちのけで、進駐してきたアラブ人イスラーム教徒軍とホラズム人の間で激しい戦闘が展開された。ビールーニーによれば、ホラズム語で書かれた貴重な文献はこの戦乱で失われ、ホラズムの歴史や文化を伝える長老たちも皆殺しにされた。ホラズム的ゾロアスター教に関する知識も、この際に永遠に失われたとされる。

ただ、アラブ人イスラーム教徒軍の侵攻によって、ホラズムが一気にイスラーム化したと考えるのは間違いである。ハーラズム・シャーがクタイバに協力したおかげで、アフリーグ王朝はウマイヤ王朝——後にアッバース王朝——カリフ政権の傀儡《かいらい》として、九九五年まで存続を許される。その王名表を参照すると、九世紀になってから典型的なムスリム名アブドゥッラーが出現するので、王族はこのころに「ホラズム的ゾロアスター教」を捨ててイスラームに改宗したらしい。一般のホラズム人の改宗状況を明らかにする資料はないものの、ホラズム語の使用は一三世紀初頭まで確認されるから、少なくともこのころまでは伝統的なイラン系アーリア人のホラズム文化が生き残っていたと考えるべきである。

テュルク化の進行とイラン系アーリア人ホラズム文化の消滅

アフリーグ王朝が臣下のマァムーン王朝に簒奪され、そのマァムーン家も直後にテュルク系のガズナ王朝に併合されてから、ホラズムの支配層のテュルク化が始まる。マァムーン家の失脚以降、ホラズムでイラン系アーリア人の王朝が復活することは二度とない。

ガズナ王朝の後を受けたセルジューク王朝のテュルク系軍人奴隷クトゥブッディーン・ムハンマドが、一〇七七年にハーラズム・シャー王朝（一〇七七〜一二三一年）を開き、一時期はホラズムを基点に中央アジア、イラン高原全土を征服する。アム・ダリヤー河下流域を本拠地とする王朝がこれほど広範囲の支配権を獲得するのは空前絶後なので、ホラズムとしてはかつてない栄光の歴史である

（写真⑯参照）。しかし、この王朝は「ハーラズム・シャー」という近世ペルシア語名に反して、イラン系アーリア人の文化を誇るホラズムとはほとんど関係のないテュルク系遊牧王朝である。おまけに、一一九四年にセルジューク王朝を倒したあたりまでは良かったのだが、運の悪いことにモンゴル系遊牧民の興隆期と重なってしまい、最後にはものすごくあっさりとチンギス・ハンに滅ぼされる始末であった。

⑯ホラズムのクフナ・ウルゲンチ遺跡：12世紀に栄えたハーラズム・シャー王朝の首都。最盛期のホラズムを象徴する都市なのだが、アム・ダリヤー河の流れが変わるとともに放棄されて廃墟となった。

このように、支配者がテュルク系の軍人奴隷に変化すると共に、テュルク系遊牧民のホラズム定住が相次いだと考えられ、ホラズムの言語や文化も次第にテュルク化していった。ホラズムの言語はホラズム語からテュルク語に変わり、文化の基層はホラズム的ゾロアスター教からイスラームに変化した。すなわち、一三世紀には、前六世紀から一八〇〇年間も存続してきたイラン系アーリア人のホラズム文化が消滅し、入れ替わりにテュルク系のホラズム文化が成立したと考えてよさそうである。

6　ホータン・サカ人――定住して仏教徒となったサカ人の末裔（前二～後一一世紀）

（1）サカ人とタリム盆地

崑崙山脈の北麓

ウクライナの草原地帯から白銀のコーカサスへ、モンゴル高原から亜熱帯のインド亜大陸へと、縦横無尽にユーラシア大陸を踏破した観があるサカ人であるが（第二章第一節、第四節参照）、彼らの一派ははるかに東流して、タリム盆地の崑崙山脈北麓にまで姿を現している。さすがに最初に馬に乗り始めたのは伊達ではなく、その行動半径はじつに広い。牧畜・農耕しか知らなかったそれ以前の人類にとっては、驚異的な移動距離である。

このタリム盆地とは、現在の中華人民共和国の新疆ウイグル自治区に当たる地域である。漢代以降の漢文資料では「西域」とか「玉門《ぎょくもん》の彼方」と呼ばれ、日本でも旧制京都三高の寮歌「紅萌ゆる」の一節「通える夢は崑崙の　高嶺の此方ゴビの原」で名高い。北は天山山脈《てんざんさんみゃく》、南は崑崙山脈に囲繞《いにょう》され、その中央に広大なタクラマカン砂漠が広がる。ただ、面積は日本の四倍以上を誇るものの、人間が住めそうなのは、雪解け水が地表に湧出する崑崙山脈北麓と天山山脈南麓の限られた部分に過ぎない。すなわち、崑崙山脈北麓では西から順にヤルカンド、ホータン、ニヤ、ミーランと続き、天山山脈南麓では西から順にアクス、クチャ、カラ・シャフル、トゥルファンと連なるオアシス国家群である。そして、勇猛果敢なサカ人は、この地の果てのようなタリム盆地南部にまで出現して、この地に最初の文明を拓く端緒をもたらしたのである。

ただ、せっかく馬に乗ることを覚えたサカ人にとっては残念にも、タリム盆地南部は砂漠とオアシスで織り成される地形で、遊牧可能な大規模ステップが見当たらない。サカ人は否応なしに馬から下りてオアシスに定住せざるを得ない羽目に陥り、ここに、他の地域ではほとんど見られない「定住したサカ人」が現れた。しかも、彼らは文字を覚えて、かなりの数量の文献を作成している。

上述のように、サカ人についての研究資料は、ウクライナ平原で遊牧していたスキタイ人がギリシア人の目に止まるか、インド亜大陸に侵入したサカ人が土着資料で言及されるかに限られ、サカ人自身による資料を欠いていた。ところが、タリム盆地南部に定住したサカ人は、イラン系アーリア語文献としてはパフラヴィー語に次ぎ、ソグド語をしのぐ規模の資料を遺してくれたのである。現在の研究者がサカ語やサカ文化を研究できるのは、この「定住したサカ人」が、膨大なサカ語文献を遺してくれたおかげである。

ホータン・サカ研究の資料

サカ人が住み着いた崑崙山脈北麓のオアシス諸都市の中で、最大の繁栄を享受したのがホータンである（ちなみにこの地名、漢文資料では「于闐《うてん》」と表記するが、現代中国語では「和田《ヘーティアン》」と別記する。しかも、現代中国語では東隣のケリヤを「于田《ユーティアン》」と表記するので、非常にややこしい）。その繁栄の理由は、カラコルム山脈から流れ出る白玉河《はくぎょくが》・黒玉河《こくぎょくが》の水系を利用したオアシス農業、中国から導入した養蚕技

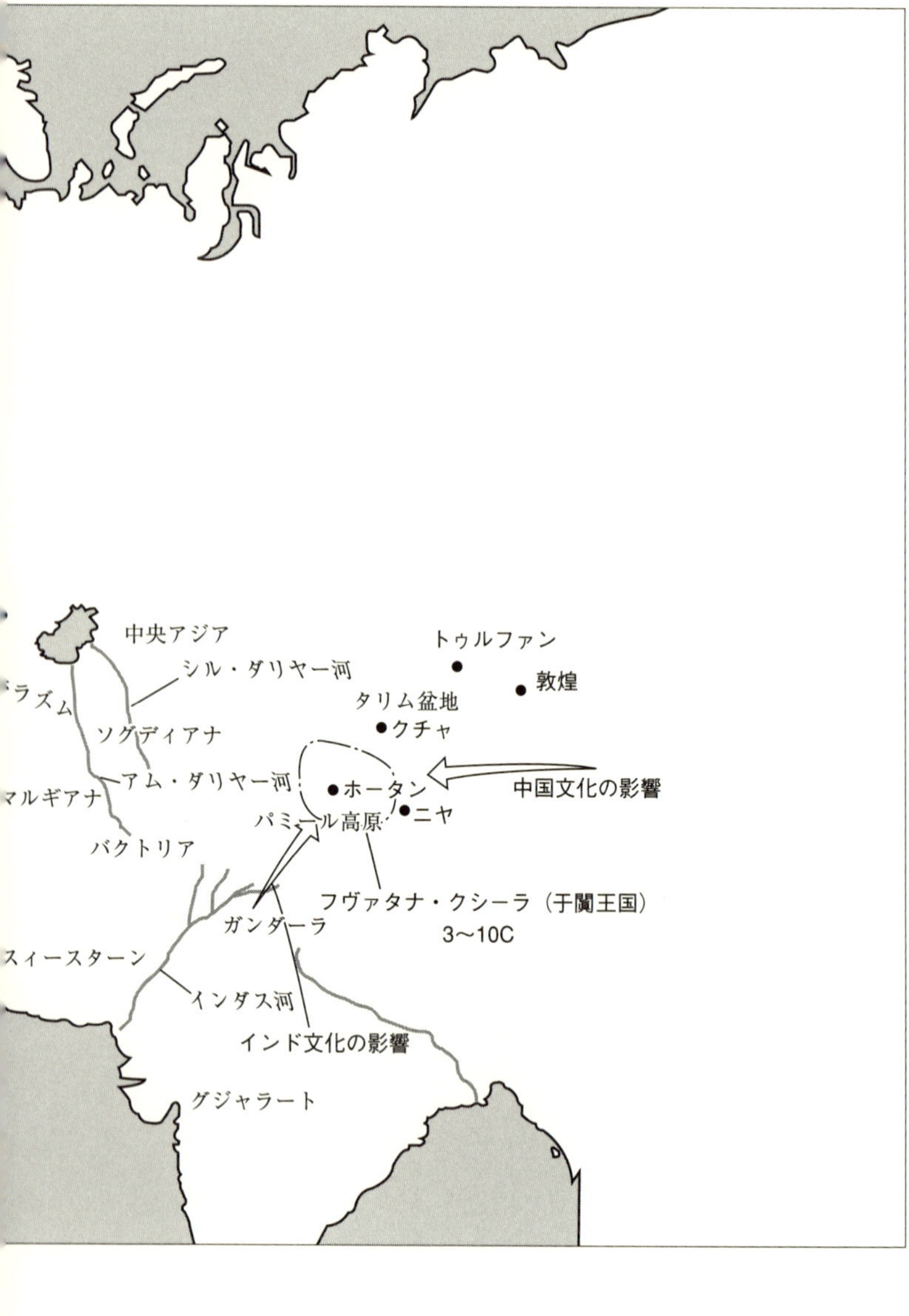
中央アジア
トゥルファン
シル・ダリヤー河
ラズム
敦煌
タリム盆地
ソグディアナ
クチャ
アム・ダリヤー河
ホータン
中国文化の影響
マルギアナ
ニヤ
パミール高原
バクトリア
フヴァタナ・クシーラ（于闐王国）
3〜10C
ガンダーラ
スィースターン
インダス河
インド文化の影響
グジャラート

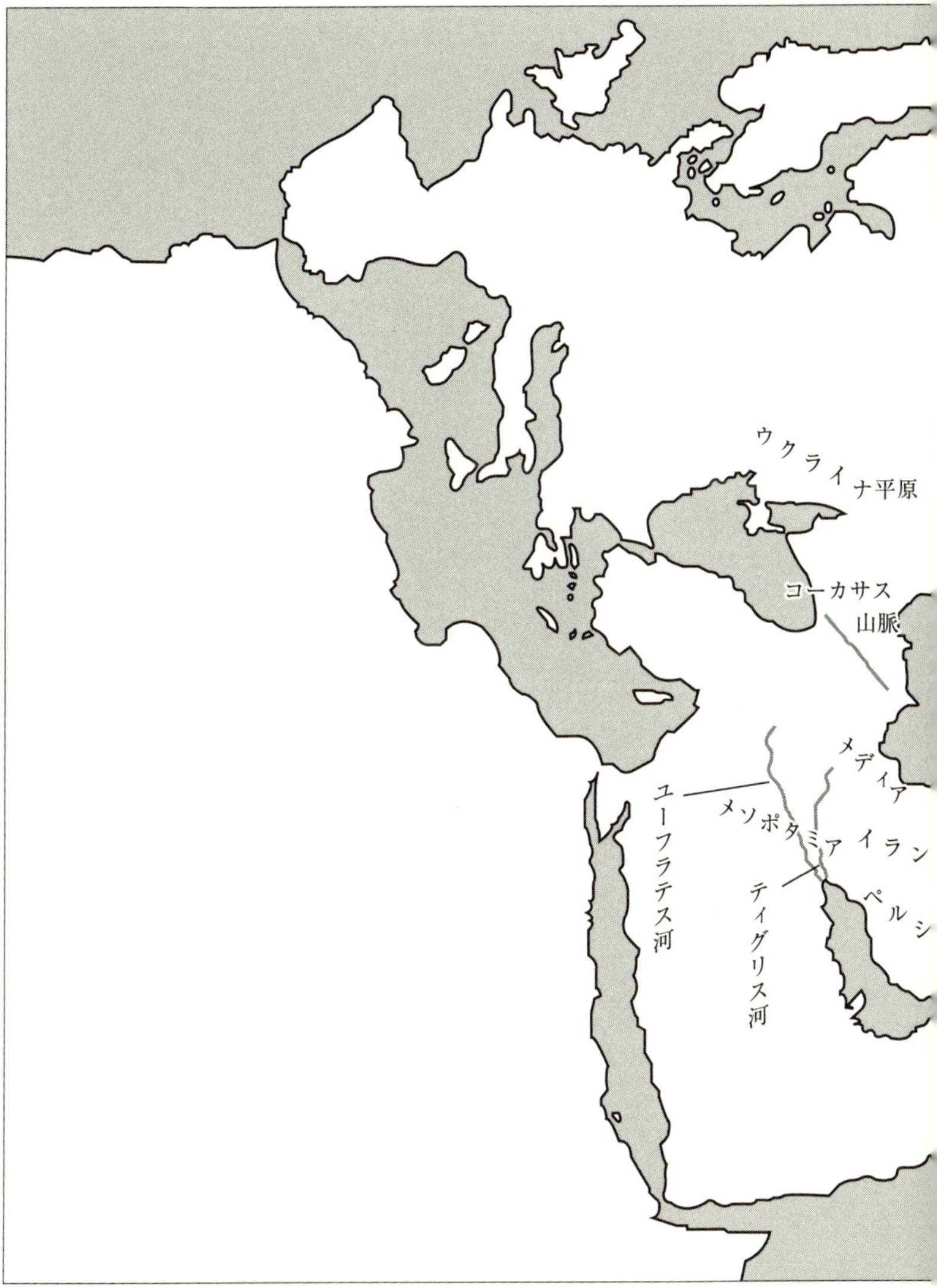

イラン系アーリア人定住民の活動の舞台
（ホータン・サカ人）

術、白玉河・黒玉河流域で産出する翡翠《ひすい》、両河を遡上するルートで結ばれたカシミール交易など、比較的恵まれた条件にあったと考えられる。このため、崑崙山脈北麓に定住したサカ人関係の資料もこのホータンから集中的に発見されており、このサカ人研究を「ホータン・サカ研究（古い呼称では于闐研究）」、彼らが用いた言語を「ホータン・サカ語（またはコータン・サカ語）」と呼ぶ。ホータン・サカ研究のために活用できる資料は、大別すると以下の四系統にまとめられる。

①前二世紀に漢の勢力が西域に伸びて以来、ホータンは中国王朝の支配下に入ることが多く、『漢書』、『魏書』、『唐書』などの漢文資料に散発的に姿を現す。また、五世紀の『法顕伝《ほっけんでん》』、六世紀の『宋雲行記《そううんぎょうき》』、七世紀の『大唐西域記』など、中国人仏教僧の求法記の中でも言及されている

②ホータン・サカ語の文献は、ホータン近郊の遺跡と敦煌の二ヵ所で発見されている。セム系の子音文字ではなく、インド系のブラーフミー文字で表記する。時代的には七～一〇世紀にわたり、大部分は仏教文献である

③チベット語の『リー・ユル国史』（リー・ユルとは、ホータンのチベット語名）。これは、一一八三年にあるホータン・サカ人がチベットを訪れ、ホータン・サカ語の『ホータン国史』をチベット語に翻訳したもの。原文は失われ、チベット語訳だけが残った

④一〇～一一世紀にテュルク系イスラーム教徒によって滅ぼされる際の状況は、カラ・ハーン王朝の初代王の伝説をまとめた『サトク・ボグラ・ハーン伝』など、近世ペルシア語資料によって確かめられる

（2）ホータン・サカ王国史（前三〜後一一世紀）

オアシス都市国家ホータン・サカの建国

チベット語『リー・ユル国史』の伝説に従えば、ホータンは前二五三年にアショーカ王の王子クスタナによって建国され、前八三年に仏教を受容したとされる。

これに対して、より史実を反映していると見られる『漢書』によれば、塞族（サカ人）は、元来タクラマカン砂漠北方で遊牧生活を営んでいたものの、前二世紀後半に大月氏に追われ、バクトリア、スィースターン、インド亜大陸を目指したとされる（第二章第四節参照）。他方、前漢の武帝《ぶてい》の時代（在位前一四一〜前八七年）に、于闐王の使節が朝貢に訪れたことが確認されている。とすると、前二世紀の時点で、サカ人がタクラマカン砂漠北方から移動を開始し、同時にホータンに王国が成立していたことになるのだが、両者を繋げる決め手がない。特に、前二世紀段階での于闐人がサカ人だったのか、それ以前の先住民だったのかが不明である。故に、「前二世紀に移動したサカ人の一部が、ホータンに移動して王国を形成した」と説明できればすっきりするのだが、証拠がない以上は推論にとどまる。

もう一つの可能性は、タクラマカン砂漠を追われたサカ人がバクトリア、スィースターンを経てインド亜大陸へ到達し、そこから反転北上してカラコルム山脈を越え、ホータンへたどり着くパターンである。この説の根拠は、碑文や貨幣に残されたインド・サカ人のサカ語と、ホータンに定住したサカ人のサカ語との密接な関係である。また、ホータンで見つかる最初期の文献資料がガンダーラで話されていたガンダーリー語である点も、カシミールとホータンの文化的な親和性を立証している。この説に従えば、ホータンのサカ人は、パミール高原、ヒンドゥークシュ山脈、カラコルム山脈を反時計回りに大迂回して、ものすごい山越えをしたあげくに、結局は故地の近くの崑崙山脈北麓に逆戻りしたことになる。どちらにしても、サカ人は、いつのころからかホータンを中心としたタリム盆地南部に定住した。

『漢書』「西域伝」に他の群小都市国家と並列して描かれているところを見ると、前漢時代のホータン（瞿薩旦那《クスタナ》）は、群小都市国家の域を出ていなかったようである。しかし、続く『後漢書』によれば一世紀後半にはカーシュガルに至るまで支配下に収めたらしく、にわかに強大化した様子がうかがえる。その理由は推測するしかないが、前述の諸条件が周辺のオアシス都市国家に優っていたのであろう。

ヴィジャ王朝の成立

三世紀以降のホータンでは、サカ人のヴィジャ王家によって、サカ語で「フヴァタナ・クシーラ」と自称する王国が成立した。これが、確実にサカ人が政権を掌握したホータン都市国家の最初である。ちなみに、このヴィジャ王家は、チベット語でヴィジャヤ王家と呼ばれ、隋代の漢文資料では「卑示《ひじ》」、唐代の漢文資料では「尉遅《うっち》」と訛音表記されている。

ヴィジャ王朝の歴史は、漢文資料・チベット語資料・近世ペルシア語資料によって確かめられる。それらによると、オアシス都市であるホータン・サカ王国の経済は、灌漑施設に頼った農業、絹織物、シルクロード交易、軟玉《なんぎょく》（いわゆる「禺氏の玉」）の産出などにあった。また、ヴィジャ王家の主たる使命は、灌漑施設の整備と定期的な保守点検、シルクロードの保護にあったと推測される。ただし、中国の王朝が強大になると間歇的に西域経営に手を伸ばし、チベットが強勢になるとオアシス都市を支配するから、ヴィジャ王家は忙しく独立と臣従を繰り返し、政治的に不安定な状況に置かれざるを得なかった。

毘沙門天の末裔

後述のように、このホータン・サカ王国では、毘沙門天信仰《びしゃもんてんしんこう》が盛んだった。『大唐西域記』によれば、ヴィジャ王家自ら毘沙門天の末裔を自称していたとされる。このため、先祖であるサカ人の血が騒いだのか、ヴィジャ王家もときたま武門としての面目を発揮することがあった。たとえば、唐の開国二十四功臣の一人尉遅《うっち》敬徳《けいとく》（五八五〜六五八年）は、本人は洛陽《らくよう》の出身とされるものの、遠祖をたどればヴィジャ王家にさかのぼると考えられる。玄武門《げんぶもん》の変《へん》（六二六年）の際、彼が騎射によって李《り》元吉《げんきつ》を射殺した件まで、彼の先祖がサカ人だったことに帰することはできないだろうが、相当の驍《ぎょう》将《しょう》だったらしい。ちなみに、この尉遅敬徳の武勇は巷間に広く伝承されたらしく、後代になると独特の鞭の使い手としてのイメージが定着している。『水滸伝』に登場する鉄鞭《てつべん》の達人、孫立《そんりゅう》の渾名が「病尉遅《びょううっち》」であることは、その象徴である。

また、ホータン・サカ国王の尉遅勝《うっちしょう》は、唐王朝の第六代玄宗《げんそう》皇帝（在位七一二〜七五六年）によって毘沙府都督に任じられ、その娘婿となっている。この「毘沙府」の名称は、ヴィジャ王家の「毘沙門天の末裔」との自称に由来していると思われる。彼は、安禄山の乱（七五五〜七六三年）に際しては、五〇〇〇人のホータン軍を率いて長安に入り、唐王朝再興に尽くしたとされる。おまけに、「フヴァタナ・クシーラ」の王位を弟に譲ったまま長安を去らず――唐王朝の側が帰国を懇願しても去らなかったので、居座ったと言ったほうがよさそうだが――、長安で毘沙門天信仰を広めたらしい。これが、毘沙門天信仰が中国に根づく契機で、以後、元代に関帝《かんてい》（三国志の関羽《かんう》）信仰に取って代わられるまで、中国の民間信仰における代表的な武神として篤い尊崇を集めた。

テュルク人イスラーム教徒の侵攻とホータンのイスラーム化

唐代には中国本土にまで羽翼を広げて活躍したヴィジャ王朝ホータン・サカ王国だが、その終焉は、一一世紀にテュルク人イスラーム教徒によってもたらされた。テュルク系遊牧民がカーシュガルを首都として建国したカラ・ハーン王朝（九世紀半ば～一二一二年）が、九六〇年代にソグディアナのサーマーン王朝の影響を受けてイスラームに集団改宗し、一〇～一一世紀にタリム盆地のオアシス都市国家へのジハードを実践するのである。

近世ペルシア語で伝わる伝説によれば、カラ・ハーン王朝の君主の兄弟か従兄弟に当たるユースフ・カドル・ハーンが、長い悪戦苦闘の末に、遅くとも一〇〇六年までにホータン・サカ王国を完全制圧した。これ以後、ホータンでも、イスラームを信仰するテュルク系遊牧民の定住が相次ぎ、ヴィジャ王家の覇権は永遠に失われた。もっとも、ヴィジャ王家は八〇〇年近く続いた計算になるので、もって瞑すべしかも知れない。ちなみに、現在の「和田《ヘーティアン》」は、人口一五万人を数えるテュルク系のイスラーム教徒の街と化しており、日本人観光客が訪れても、サカ人が「フヴァタナ・クシーラ」王国を建国し、翡翠と絹織物で栄えた往時を偲《しの》ぶよすがはほとんど残っていない。

ホータン・サカ語は、サカ人の王家より多少は生き長らえた。著名な辞書編纂者マフムード・カーシュガリーによると、この言語は一一世紀になってもカーシュガル近郊の村で話されていた。しかし、これが最後の記録なので、これをあまり下ることなく、ホータン・サカ語も滅びたようである。現在では、ホータン・サカ語の直接の後継言語ではないものの、パキスタン・イスラーム共和国のワハーン回廊に、ワーヒー語という後継言語が細々と生き残っている。

（3）仏教王国ホータンとイラン系アーリア文化

インド系文化の影響力

「フヴァタナ・クシーラ」は、王族の血統から言えばサカ人の王国だった。しかし、ホータンの立地条件は、西域南道を西進してくる中国の勢力と、カシミールからカラコルム山脈を越えてやってくるインドの文化が交わる地点に当たる。しかも、七世紀にチベット系の吐蕃王国が強大化するとチベット文化も流入してきた。このため、西方のイラン系アーリア人たちの世界から孤立した格好のホータン・サカ人の文化は、中国・インド・チベットの文化的影響を強く蒙ることになった。

その中でも、ガンダーラ、カシミールを越えてもたらされるインド仏教の影響は圧倒的だった。前一世紀には上座部仏教が、後四世紀初頭には大乗仏教がこの地に到達し、相携えて繁栄した。このインド文化の影響力は、言語や文字の上からも確認される。前二世紀から後四世紀まで、崑崙山脈北麓一帯で書記言語として用いられていたのは、支配階級に属するサカ人の言語ではなく、ガンダーラからもたらされたインド系のガンダーリー語であった。現存最古の仏典といわれる『法句経《ほっくぎょう》』も、ガンダーリー語の写本がここホータンで発見されたものである。

サカ語の文献は、五〜一〇世紀に入ってから集中的に著されている。多くは、サンスクリット語やガンダーリー語から訳された仏典であるものの、それらに加えて、ホータン・サカ語で独自に執筆されたか、原典が失われた仏典の翻訳も多い。後期になると、密教系の仏典も見いだされる。『大唐西域記』によれば、七世紀のホータンでは各家の前にストゥーパが立ち並び、ストゥーパと寺院の数は一〇〇〇、僧侶の数は万を数えたという。ホータン・サカ王国は、求道の中国人仏教僧にとってのメッカになった。それにしても、古代世界で勇猛をもって鳴ったサカ人の言葉が、最終的には解脱を説く仏典の言語として後世に残ったとは、歴史の皮肉である。

ホータンのイラン系アーリア人文化？

本書の主旨はイラン系アーリア人の文化を広範囲に追うことにあるので、これ以上のホータン仏教文化の解説は割愛し、サカ人独自の文化に話頭を転じたいと思う。しかし、残念ながらホータンにおけるサカ人文化は仏教の前に霞んでしまい、幽かに痕跡が残っている程度である。たとえば、唐代の文献によると、ホータンでは、仏教と並んで「祆神《けんしん》」を拝んでいたという。しかし、これだけの記述では、その「祆神」がイラン系アーリア人の伝統的な神格なのか、別の何者かなのか、確実なことは何も言えない。

この点に関して興味深い説を発表しているのが、宮崎市定《みやざきいちさだ》（一九〇一〜一九九五年）である。宮崎一九九二年によれば、ホータンで盛んだった毘沙門天信仰のルーツは、通説のように仏教の四天王にあるのではなく、イラン系アーリア人固有の信仰であるミスラ神にある。すなわち、サンスクリット語で毘沙門天を指すVaiśravaṇaは、じつはイラン系アーリア語のMithra-manaが語源であり、前者が複雑な語形変化を経た果てに後者に行き着いたという。また、毘沙門天の漢語意訳が「多聞天《たもんてん》」である点も、ミスラ神が一〇〇〇の耳を有するとされることから容易に説明できるという。この説に従うなら、驚くべし、越後の戦国武将・上杉謙信《うえすぎけんしん》（一五三〇～一五七八年）は、サカ人の太陽神崇拝を引き継いで川中島《かわなかじま》で戦っていたことになる。

この説の初出は一九四一年だが、宮崎は自信があったのか、一九九二年に公刊した『宮崎市定全集一九』にもそのまま再録している。そして、泰斗の学説だけにその影響力はかなり大きく、日本で出版されたシルクロード関係の書籍には、今でも「ホータンの本来の宗教はミスラ教だった」と解説されることがある。ただ、古代インド学の専門家に確認したところ、Mithra-manaのmiがvaiに、thがśに、maがvaに都合よく転換してVaiśravaṇaに化けるのは無理かも知れず、素直に古代インドの財宝神クベーラの発展形と捉えたほうがよいらしい。それに、イラン側にMithra-manaという神格が見当たらないのもこの説の弱点である。浅学な筆者が言うのもおこがましいが、「毘沙門天信仰＝ミスラ信仰」説については、碩学によるそのような指摘があるものの、学界の定説とはなってはいないことだけを記して、ホータン・サカの節を結びたいと思う。

第四章
イスラーム時代以降のイラン系アーリア人

1　パシュトゥーン人——生き残ったイラン系アーリア人遊牧民

（1）消え去った民族と生き残った民族

異民族支配下での存亡

西アジア・中央アジアの歴史は、七世紀のアラブ人イスラーム教徒による西アジア→中央アジア征服と、一〇世紀のテュルク系遊牧民の中央アジア→西アジア進出によって、ガラリと局面が変わる。宗教的・文化的にはゾロアスター教に代わってイスラームが規範となり、政治的にはアラブ人、次いでテュルク系遊牧民が覇権を握る。この地域において、イスラーム時代以降にテュルク系遊牧民の影響力が圧倒的になった理由は、サーサーン王朝以降に西アジアの農業生産力が衰退の一途をたどり、定住民が武装する余裕を失って、低額で雇えるテュルク系遊牧民に軍事力を委ねたからだとも説明される。

こうして、全般的に退潮傾向にあったイラン系アーリア人であるが、かなりの部分はイスラームに改宗して生き残った。ここで「生き残った」と表現するのは、イラン系アーリア人の言語を継承しているという意味であって、それ以上ではない。形質上は、彼らはセム系アラブ人やテュルク系遊牧民と混血して固有の特徴を失い、金髪でも碧眼でもなくなっている。また、文化的にもイスラームへの収斂が進み、それぞれに特徴のあったアーリア人の伝統はほとんど消滅した。

テュルク系遊牧民に同化されない遊牧民たち

本書の慣例に従って、遊牧民から話を進めよう。先に、イラン系アーリア人遊牧民は六世紀のエフタルを最後に姿を消したと述べた（第二章第五節参照）。しかし、一〇世紀になると、不思議にもイラン高原東部に「パシュトゥーン人」というイラン系アーリア人遊牧民が復活し、インド亜大陸西部にまたがって生活を営んでいる。資料がないので彼らのルーツを正確にたどることは不可能だが、おそらくはエフタルの残党にテュルク系の遊牧民が合流し、前者が主軸となってイラン系アーリア語を話す遊牧民の伝統を維持したと考えられている。四捨五入するなら、このパシュトゥーン人をサカ人、スキタイ人といったイラン系アーリア人遊牧民の末流と捉え得る。

テュルク系遊牧民に仕えるイスラーム教徒文人官僚たち

イラン系アーリア人定住民のほうは、彼らのイスラーム的教養を武器に、テュルク系遊牧民に仕える文人官僚として生き残る道を選んだ。また、イスラームに改宗以降のイラン系アーリア人のほうが、それ以前よりも生き生きとした文化的創造力を発揮したのも否めない事実である。おそらく、エーラーン・シャフルが民族主義的な理由から拒んできたビザンティン帝国のヘレニズム文化や仏教文化などが、イスラーム政権下で一斉に解放され、それらがアラビア語という国際共通語で百花斉放《ひゃっかせいほう》するようになった結果であろう。

以下では、パシュトゥーン人、イスラーム教徒ペルシア人の順で、イスラーム時代以降のイラン系

ウクライナ平原
コーカサス山脈
中央アジア
シル・ダリヤー河
タリム盆地
ホラズム
ソグディアナ
メディア
アム・ダリヤー河
テヘラン
マルギアナ
メソポタミア
イラン高原
パミール高原
バクトリア
イスラマバード
ティグリス河
カーブル
ガンダーラ
ペルシア
スィースターン
インダス河
グジャラート

イラン系アーリア人の活動の舞台
(パシュトゥーン人とイスラーム教徒ペルシア人)

アーリア人の状況を概観しよう。

（2）パシュトゥーン人の歴史

アフガニスタン王国建国まで（一〇〜一八世紀）

一〇世紀に資料に現れるパシュトゥーン人（後述の理由でアフガーン人とも自称し、パキスタンではパターン人とも呼ばれる）は、地理的には現在のアフガニスタン・イスラーム共和国南部〜中部とパキスタン・イスラーム共和国の北西部に広く分布している。もちろん、これらの地域に均質に存在していたわけではなく、テュルク系遊牧民やタージークなどの定住民と混交しているのであるが。

彼らがなにゆえテュルク系遊牧民の波に飲みこまれずにイラン系アーリア人遊牧民としてのアイデンティティーを保持できたのかは、解明されていない。彼らは自立した政治勢力を形成せず、テュルク系遊牧民の尻馬に乗ってインド亜大陸侵攻の驥尾《きび》に付していたようなので、政治的に独立していたがゆえという説明はむずかしい。

パシュトゥーン人がようやく自前の王朝を形成するのは、イラン高原東部の本拠地ではなく、テュルク系遊牧民について行った先のインド亜大陸でのことである。テュルク系遊牧民によるデリー・スルターン諸王朝が次々に倒れた最後に出現したロディー王朝（一四五一〜一五二六年）がそれに当たる。ただし、テュルク系遊牧民に比べて各部族間の平等主義が強いとされるパシュトゥーン人の間では、どうにも王朝支配が安定せず、おまけに土着のヒンドゥー教徒の間にも根づいていなかったので、カーブルから新手のモンゴル系ムガル王朝が侵攻して来ると、簡単に四分五裂して崩壊してしまった。

アフガニスタン王国建国以降（一八世紀～現代）

パシュトゥーン人が初めて彼らの本拠地に建国したのが、アフガニスタン王国（一七四七～一九七三年）である。首都はカンダハール。時はすでに産業革命を経たヨーロッパ勢力が世界を浸し、「遊牧民王朝」という存在がかなり時代遅れになりつつあったころである。

たとえば、同時代の他地域を眺めてみよう。ヴォルガ河流域にあったモンゴル系遊牧民のカザン・ハーン国は、一五五二年にロシア帝国に併合された。ソグディアナにあったテュルク系遊牧民のブハーラー・ハーン国は、一八六八年にロシア帝国の保護領となった（前嶋一九七二年参照）。同じくソグディアナの一部を領有していたテュルク系遊牧民のコーカンド・ハーン国も、一八七六年にロシア帝国に併合された。ホラズムにあったテュルク系遊牧民のヒヴァ・ハーン国は、一八七三年にロシア帝国の傘下に入った。イラン高原西部～中部を支配したテュルク系遊牧民のガージャール王朝（一七九六～一九二五年）は、一九世紀にはイギリスの半植民地に転落していた。

この世界的趨勢《すうせい》に背を向けるようにしてイラン高原東部に新たに勃興したアフガニスタン王国は、成立しただけでも奇跡的な存在だった。まして、テュルク系遊牧民による王朝ではなく、とっくに地上から消滅したはずのイラン系アーリア人遊牧民による王朝が復活したのだから、時計の針を一五〇〇年は巻き戻したような光景である。史上最後の遊牧民王朝がテュルク系ではなく、この生活様式を最初に創《はじ》めたイラン系アーリア人遊牧民の後裔によって担われた事実は、歴史の奇《く》しき因縁であろうか。

ちなみに、一九七三年にアフガニスタン王国がクーデターで倒れて以降のイラン高原東部の歴史は、ここに書き記すに忍びない。一九七九年にはソ連軍が侵攻し、一九八九年までアフガン戦争が継続した。ソ連軍が撤退すると全土が無政府状態に突入し、その中からイスラーム原理主義組織といわれるターリバーンが台頭する。そして、二〇〇一年、ターリバーンが匿っていたアル・カーイダが同時多発テロを起こし、今度はアメリカ軍が駐留して現在に至っている。

（3）パシュトゥーン人の文化

イラン系アーリア人遊牧民の伝統とイスラームの結合

パシュトゥーン人の文化については、三つの方向からまとめてみよう。すなわち、①パシュトゥーン人の伝統の象徴としてパシュトゥー語、②生活文化であるパシュトゥーンワリ（パシュトゥーン人の掟）、および③パシュトゥーン的なイスラーム文化である。

①パシュトゥー語

イラン系アーリア人の言語全般に言えることだが、イラン高原西部の言語よりも、イラン高原東部や中央アジアの言語のほうが古形を保ち、格変化もジェンダーの区別もあって、現代からの距離が遠い分だけ難解の度を増している。パシュトゥーン人もイラン高原東部に居住している以上、この法則に漏れず、彼らの用いるパシュトゥー語はバクトリア語（第三章第三節参照）などに近い構造を呈して、近世ペルシア語よりはるかに複雑な構造を持っている。現代語の中でこれに近い言語を求めるとしたら、アラン人の系譜を引くオセット人がコーカサス山脈の中で喋っているオセット語（第二章第二節参照）か、ホータン・サカ人の系譜を引く人々がワハーン回廊で喋っているワーヒー語（第三章第六節参照）が挙げられる。

しかし、古形を保っているがゆえに格調高い文語になっているかといえば、そうでもない。事実は逆で、イラン高原〜中央アジアでは近世ペルシア語が文雅な共通語となった関係上、パシュトゥー語は粗野な話し言葉とみなされ、書き言葉としては長らく用いられなかった。パシュトゥー語の最古の文献は一六世紀をさかのぼらず、言語学上の資料としては限界がある。

ちなみに、上述のような状況であるから、イラン高原東部にわずかずつ残存しているイラン系アーリア人の少数民族の言語は、かつてのイラン系アーリア人の文化を言語面から復元する貴重な手掛かりを提供している。現在のアフガニスタン・イスラーム共和国からパキスタン・イスラーム共和国にかけて分布しているバルーチ語、パラチー語、その他のパミール諸語である（これらに興味のある方は、縄田一九八〇年を参照）。

②パシュトゥーンワリ

パシュトゥーン人は、文献に出現する一〇世紀の段階ですでにイスラームに改宗していたようで、それ以前の彼らの宗教はわからない。たぶん、他のイラン系アーリア人と同様にゾロアスター教の亜流を信仰していたのだと推測されるが、確実な資料がない以上、この問題を生産的に論じることはできない。

ただ、彼らはイスラームに改宗した後も、彼らの部族内で共通する「パシュトゥーンワリ」すなわち「パシュトゥーン人の掟」を強固に守って生活している。これは熱心な文化人類学者によってしばしば観察されている事象なので、これに即してパシュトゥーン人の伝統文化を類推することなら可能である。

今、仮にスペイン一九八〇年の報告に従うなら、彼らが尊重する文化コードは、①部族単位での復讐の掟、②窮地に陥った者への客人歓待の掟、③三つのZ（ザン＝女性、ザル＝金、ザミーン＝土地）の保護の掟などに集約される。人間（男性）の価値は、武勇と戦功で決定され、武器の携帯は当たり前である。重要事項は部族会議（ローヤ・ジルガ）で討議の上で決定されるシステムで、社会全体を律する成文法はない。ある意味では、現代の国際社会の秘境となってしまったイラン高原東部で、イラン系アーリア人遊牧民の文化が最もよく保存されていると言えるかも知れない。飛躍が過ぎるだろうが、往古のサカ人の部族社会も、このような文化コードの下に維持されていたのではないだろうか。

パシュトゥーン人のイスラーム

ゾロアスター教研究者としては残念だが、パシュトゥーン人はスンナ派イスラームに改宗しており、それ以前のイラン系アーリア人の宗教文化は忘却されている。彼ら自身、自らの遠祖は旧約聖書の中の「イスラエル人の失われた一〇部族」の一つであると信じ、それゆえに彼らのイスラーム信仰は血統の上からも最も高貴であると確信している。もちろん、言語的特徴から言えば、彼らは古式ゆかしきイラン系アーリア人の末裔であって、セム系民族ではあり得ない。しかし、そんなことを現在のアフガニスタン・イスラーム共和国で指摘する勇気は、著者にはない。

伝説によれば、七世紀の偉人カイス・アブドゥッラシードは、アラビアに預言者ムハンマドが出現したと仄聞《そくぶん》するや、イラン高原東部から旅立って彼に面会を求めに行った。そして、彼の教えの正しさを確信すると、帰郷してパシュトゥーン人たちをイスラームに帰依させたという。さらに、彼の息子アフガーナはインド亜大陸西部にまでイスラームを広めたので、彼にちなんでパシュトゥーン人の別名をアフガーン人とも称するのだとされる。もちろん、これも単なる言い伝えであって、現実には、スーフィー聖者アブー・イスハーク（九四〇年没）がヘラート近郊に創設したチシュティー教団の活躍により、パシュトゥーン人の間でなしくずし的にゾロアスター教が廃れてイスラームが広まったものと考えられている。

2 イスラーム教徒ペルシア人——生き残ったイラン系アーリア人定住民

（1）イスラーム教徒ペルシア人の歴史と文化

近世ペルシア語文化圏の成立

イスラームに改宗後のペルシア人の歴史については、大幅に省筆が可能である。日本における「イスラーム以後のイラン史」の研究者人口は、イスラーム以前のイラン系アーリア人を専攻する研究者人口の数十倍に達するほど活況を呈し、近世ペルシア語に堪能な研究者が続々と輩出されつつあるからである（単に、イスラーム以前のイラン系アーリア人の研究者が、ほぼ絶無なだけとも言えるが）。興味のある読者にはそれらの最新の成果を参照していただくことにして、ここでは彼らの特徴をつかむために必要な概略だけを述べたい。

アラブ人イスラーム教徒による大征服活動の結果として、イラン高原から中央アジアまでが一つの政治勢力に統合され、これによって言語地図にも変化が生じた。すなわち、サーサーン王朝時代にはイラン高原のイラン系アーリア人定住民がペルシア人の基準で統一されていたのだが（第三章第二節参照）、イスラーム時代に入ると、バクトリア人、ソグド人、ホラズム人など、中央アジアのイラン系アーリア人定住民もペルシア語を受容し、独自の言語を消失するのである。イラン系アーリア人の言語がペルシア語で統一されたのは、ペルシア帝国時代でもエーラーン・シャフル時代でもなく、イスラーム時代初期であった点に注意が必要である。この時代に、イラン系アーリア人定住民のペルシア人化が完成した。

イラン高原東部〜中央アジアの政治的発展

七世紀の「アラブ人の軛《くびき》」と一〇世紀以降の「テュルク系遊牧民の軛」の間の期間、イラン系アーリア人定住民が政治的に大躍進した。たとえば、七五〇年のアッバース革命を主導したのは、メルヴで挙兵したアブー・ムスリム将軍であったし、アッバース王朝イスラーム帝国の宰相の座は、八〇三年まではバルフの仏教僧院の院長出身のバルマク家によって占められた。八一三〜八一八年のアッバース王朝の内乱の際には、とうとうメルヴが一時的にアッバース王朝イスラーム帝国の首都となっている（初期イスラーム時代のメルヴの重要性については、グタス一九九八年を参照）。

また、九世紀以降は、イラン高原〜中央アジアに基盤を置くイラン系アーリア人の地方王朝の興隆も見られた。八二〇〜八七二年にはニーシャープールを首都にターヒル王朝が成立、八六七〜九〇三年にはスィースターンにサッファール王朝が成立、八七四〜九九九年にはブハーラーを首都にサーマーン王朝が成立した。これらは、ほぼ旧バクトリアや旧ソグディアナに限定された現象であり、九〜一〇世紀は、イラン高原西南部のペルシア人よりも、バクトリア人やソグド人といったイラン高原東北部から中央アジアのイラン系アーリア人の活力が沸騰した時代といえそうである。

イラン高原東北部〜中央アジアの文化的発展

文化的な意味でも、バクトリア人やソグド人の後裔たちはこの時代に異常な活力を示した。ブハーラー出身のスンナ派六大ハディース学者の一人ムハンマド・ブハーリー（八七〇年没）（写真⑰参照）、同じくニーシャープール出身のムスリム・ニーシャープーリー（八七五年没）、バルフ出身の占星術師アブー・マァシャル・バルヒー（八八六年没）、ホラズム出身の数学者・天文学者アブー・アブドゥッラー・ハーラズミー（九世紀）、トゥース出身の詩人フェルドゥスィー（一〇二〇年または一〇二五年没）、ブハーラー近郊出身の哲学者イブン・スィーナー（一〇三七年没）、ホラズム出身の博物学者アブー・ライハーン・ビールーニー（一〇五〇年ごろ没）、トゥース出身の神学者アブー・ハーミド・ガザーリー（一一一一年没）、バルフ出身の神秘主義者ジャラールッディーン・ルーミー・バルヒー（一二七三年没）などなど。彼らは、アラビア語化された名前を名乗り、「ペルシア人」と通称されているものの、出身地から判断するなら、バクトリア人やソグド人、ホラズム人の系譜をひいている。

⑰サマルカンドのブハーリー廟：6大ハディース学者の1人、ムハンマド・ブハーリーの廟。9〜11世紀には、イラン高原〜中央アジアでイスラーム文化が大発展した。

第三章で述べたように、彼らはイスラーム到来以前からそれなりの文化を持っていたものの、それらはほとんど後世には伝わらなかった。しかし、その蓄積が、初期イスラーム時代になってやっと大輪の花を咲かせたのである。イラン系アーリア人定住民の文化的活力が絶頂を迎えるのも、ペルシア帝国時代やエーラーン・シャフル時代ではなく、初期イスラーム時代であった。逆説的ではあるが、イラン系アーリア人の文化的最盛期を研究する上では、アラビア語とイスラーム学の知識が欠かせない。また、彼らの貢献がなければ、初期イスラーム文化があれほど豊穣なものにならなかったであろう。

テュルク系遊牧民に仕える文官として

この文化的発展とは裏腹に、一〇世紀以降、ペルシア人が馬上剣を振るって天下を取るという現象は、金輪際見られなくなる。あの誇り高いサーマーン王朝がテュルク系遊牧民を軍人奴隷としてイラン高原東部〜中央アジアに引き込む先例を創ってしまい、これ以降、彼らが大挙して中央アジア・西アジアへ移住し、遊牧王朝を開く体制が一九世紀まで存続するのである。

そして、テュルク系遊牧民が本格的にイラン高原と中央アジアを支配すると、イスラーム教徒ペルシア人は、これにイスラーム法学の知識をもって仕える文人官僚としての生きかたに活路を見いだすようになった。その典型が、トゥース出身でセルジューク王朝宰相を務めたニザーム・ル・ムルク（一〇一七〜一〇九二年）である。彼は、イラン高原各地にニザーミーヤ学院を創設して、スンナ派イスラーム諸学を基盤にした神学者や官僚の育成に意を用い、イスラーム教徒ペルシア人官僚を組織的に養成するシステムの先鞭をつけた。前六世紀には、新興のペルシア人が文書行政をアラム人やエラム人に代行させていたが、それから一五〇〇年近くを経て、今度はペルシア人自身がテュルク人の文書行政を代行する立場に立ったのである。

モンゴル系遊牧民による「イーラーン・ザミーン」の復活

一四世紀にテュルク系に代わってモンゴル系遊牧民がイラン高原を支配するようになると、ペルシア人のアイデンティティーの振り子は、スンナ派イスラームからそれ以前の栄光の過去へ振れたらしい。このころの史書は、イル・ハーン王朝の支配領域を近世ペルシア語で「イーラーン・ザミーン（アーリア人の土地）」と称しているのである。これには、初期のモンゴル人自身が一向にイスラーム文化に染まらず、バグダードのアッバース王朝カリフを撲殺してしまった影響もあるかも知れない。もちろん、社会の実際の運営は依然としてスンナ派イスラーム法を基盤にしていたのであって、先祖が実行していたゾロアスター教法に還ることは二度となかったのだけれど。

それにしても、名称の上だけとはいえ、それを名乗ったのがモンゴル系遊牧民だという点がアイロニーである（この文化史的考察については、Babayan 二〇〇二を参照）。九泉の下に眠るサーサーン王朝皇帝たちは、「エーラーン・シャフル」がこのような形で復活したことを、はたしてどう見ただろうか。

一二イマーム・シーア派を国教に

一六世紀に再びテュルク系遊牧民が樹立したサファヴィー王朝は、一二イマーム・シーア派イスラームを国教に導入し、これにともなって、その支配下にあったイスラーム教徒ペルシア人のアイデンティティーも二転三転した。王朝を支える文人官僚としては、遊牧民の支配者が推奨する国教になじむ必要があったのかも知れないが、じつに素早く「一二イマーム・シーア派イスラームの教義こそ動かしがたい真理だ」との信仰に到達したのである。おかげで、サファヴィー王朝が支配していたイラン高原西部・中部は、スンナ派イスラームを信じるパシュトゥーン人が支配するイラン高原東部や中央アジアとの間にかなりの文化的断絶を生んでしまい、これがアフガニスタン王国建国の伏線となった（第四章第一節参照）。

ちなみに、かつてはサファヴィー王朝成立をもって古代ペルシア帝国の復活、イラン系アーリア人の民族的復権とみなす学説が大勢を占め、「サファヴィー王朝ペルシア帝国」という呼称が用いられていた。しかし、現実のサファヴィー王朝は、イラン高原西北部のアゼルバイジャン地方を基盤とするテュルク系遊牧民が、一二イマーム・シーア派イスラームの教義を旗印に、イスラーム教徒ペルシア人の文人官僚に文書行政を依存して建国した国家である。少なくとも、古代ペルシア帝国との共通点は非常に乏しいように見受けられる。

イスラーム教徒ペルシア人を中心とした近代国家へ

一九世紀以降は、イラン高原の西部・中部にも国民国家の概念が導入され、テュルク系遊牧民の軍事力に依存した王朝体制は終わりを告げた。このペルシア王国は、人口の五〜七割をペルシア人が、二〜三割をテュルク系遊牧民が、一割をアラブ人が、残りをクルド人などが占める典型的な多民族国家となった。この時、国語は近世ペルシア語に統一され、アゼルバイジャン地域に多いテュルク系遊牧民や、旧エラム地域に多いアラブ人たちは、肩身が狭くなったと聞いている。

（2）アーリア民族主義の復興とイスラーム原理主義の台頭

アーリア民族主義の時代＝パフラヴィー王朝

一九二五年にパフラヴィー王朝が成立すると、イラン高原西部・中部は一種の開発独裁政権下に置

⑱パフラヴィー国王：「シャーハン・シャー兼アーリア・メフル」と名乗り、イラン王国の近代化を推進した国王（1919～1980年）。1979年にイスラーム革命が起こり、祖国を追われた。

かれ、人権を抑圧してでも近代化を優先する政策を採った。そして、この王朝が複雑な民族構成をとる国民統合のスローガンとして採用したのが、「古代アーリアの栄光」だった。一九三五年には明らかにナチス・ドイツに影響されて、国名を「ペルシア王国」から「アーリア民族の王国」を意味する「イラン王国」に変更し、ドイツから多数の技術者を招いて、近代化に専念した（この時期に陸続とイラン王国にやってきたドイツ人たちの軌跡については、Shahr-rezāī 1374AH を参照）。

こうして、ヒトラーのシグナルに応えた初代国王レザー・シャー・パフラヴィーは、第二次世界大戦中にイギリスとソ連の圧力によって退位させられたものの、続いて即位した第二代国王モハンマド・レザー・パフラヴィー（日本の報道機関では「パーレビ国王」と呼ばれた）も、父王の路線を踏襲した。イスラーム文化の影響を抑え、アメリカの援助を背景に、アーリア民族主義を旗印として白色革命を推し進めたのである。一九七一年には、ペルセポリスでクル大王によるペルシア帝国建国二五〇〇年祭を盛大に挙行し、「大王よ、安らかに眠り給え。今や、我々が覚醒せしゆえ」と宣言して、石油に浮かぶ新生アーリア民族の帝国が二〇世紀末までに世界五大国の一つに入ることを夢想した。パフラヴィー国王は、サーサーン王朝を髣髴させる「シャーハン・シャー（諸王の王）」という復古的称号の他に、新たに「アーリア・メフル（アーリア民族の太陽）」の雅号を案出し、クル大王が即位した前五五〇年を紀元とするイラン皇帝暦を導入するほど意気軒昂《いきけんこう》だった（写真⑱参照）。皇太子にもクールシュ・レザーと名づけるほどだったから、よほどクル大王に憧れていたのであろう。この現象は、表面的に見れば、古代ペルシア帝国が二〇世紀に再現されたかのような椿事《ちんじ》であった。

一二イマーム・シーア派イスラームへの回帰＝イラン・イスラーム共和国

だが、王家と支配者階級は舞い上がっていたにしても、一般国民は冷めていたようである。ペルシア人は、かれこれ一〇〇〇年以上もイスラーム的な教養をバックに王朝に仕えもし、イスラームそれ自体を篤く信じもして日々の生活を送ってきたのである。いまさら二五〇〇年前のアイデンティティーを復活させようと笛を吹いても、民衆は踊らなかった。おまけに、人口の四割程度を占めると推測されるテュルク系やアラブ系の国民に至っては、「古代アーリアの栄光」とは絶対に無縁だったから、王朝の宣伝と社会の実態との乖離《かいり》はいよいよ目立った。

それでも、オイル・マネーをバックにした経済が好調な間は問題は表面化しなかったのだが、過熱した経済がバランスを崩し、王政の腐敗と過度のアメリカ依存が明らかになるにつれて、パフラヴィー王朝の基礎は揺らぎ始めた。そして、一九七九年のイラン革命を経て成立したのが、一二イマーム・シーア派の聖職者たちが指導するイスラーム共和国である（このイラン革命に対するシャーの弁明としては、パーレビ一九八〇年参照）。国名も、「イラン王国」から「イラン・イスラーム共和国」に改められた。当然、力点は後者のイスラームに置かれている。こうして、ペルシア人のアイデンティティーは、アーリア民族主義という極端から、イスラーム原理主義という極端に揺れ動いて現在に至っている。

ちなみに、現在では、イラン高原西部・中部に「イラン・イスラーム共和国」(一九七九年成立)、イラン高原東部に「アフガニスタン・イスラーム共和国」(二〇〇四年成立)、イラン高原東部からインド亜大陸西部に「パキスタン・イスラーム共和国」(一九四七年成立)が連なり、イラン系アーリア人の子孫であるペルシア人とパシュトゥーン人は、揃いも揃って宗教色の強い「イスラーム共和国」を形成している。本家のアラブ人やテュルク人たちがさほどでもないのに、ゾロアスター教徒の末裔であるイラン系アーリア人たちが頑張ってイスラーム国家体制を守っているのは、どういう因果因縁によるものなのだろうか。

第五章 インド系アーリア人とヨーロッパ系アーリア人

1　インド系アーリア人の歴史と宗教——ヴェーダの宗教からヒンドゥー諸教へ

最後に、『アーリア人』との書名に即して、インド系アーリア人とヨーロッパ系アーリア人の歴史と宗教についても補足しよう。ただし、筆者はインドの専門家ではないので、イラン系アーリア人と対照できる範囲内にとどめて比較したい。

(1) インド系アーリア人のインド亜大陸進出とヴェーダの宗教

非軍事的な浸透

中央アジアからイラン高原東部まで進出したアーリア人の中には、西へ向かったイラン系アーリア人ばかりではなく、東へ向かったアーリア人もいた。これが、インド系アーリア人の祖である。彼らがインド亜大陸に姿を現した時期は前一五〇〇年ごろと推定されているものの、確証はない。おまけに、彼らの言語には方言の層が認められるから、一挙に押し寄せたというよりは長時間にわたって移住したらしく、年代決定はいよいよむずかしい。

彼らのインド亜大陸進出は、インド系アーリア人の宗教讃歌（ヴェーダ）しか資料がなかった時代には、その解釈によって、二輪馬車に乗って軍事侵攻したと考えられていた。しかし現在では、小規模な衝突はあったかも知れないが、必ずしも「先住民を馬蹄にかけて圧伏させた」わけではないとされている。このタイプの「征服」イメージは、先住民とアーリア人の間に価値の優劣を求めるので、確たる証拠がない以上は有害かも知れない。

では、インド系アーリア人はどうやってインド亜大陸に進出したのだろうか？　これがよくわからない。ただ、「先住民」といっても、インダス文明はアーリア人の進出とは無関係に滅亡していたとされるし、後には組織されない土着民が分散して生活していたと考えられるから、その中に浸透するような形を想定できる。いわば、アーリア人牧畜民は土着民の生活には干渉せずに政治組織のネットワークを作り上げて居座り、土着民は新来のアーリア人に関せずに従来の部族生活を営むという「相互無関心の棲み分け」である。先進的なアッシリア人やエラム人に対峙せざるを得なかったイラン系アーリア人に比べると、まったく異なった他民族との遭遇であった。

ヴェーダの宗教

このインド系アーリア人が保持していた宗教讃歌を、上述のように「ヴェーダ」と呼ぶ。その言語は、ゾロアスター教の聖典『アヴェスター』の言語と類似し、相違は方言差程度しかないとされる。また、ヴェーダの宗教とゾロアスター教には、内容的にも対照可能な神格が多く見いだされ、前一五〇〇年ごろの状況を取りだせば、イラン系アーリア人とインド系アーリア人はほぼ同一の宗教を信じていたと見てよいようである。

「ヴェーダの宗教」――それを司る神官階級の名称ブラーフマナから、日本では「バラモン教（婆羅門教）」とも表現される――の内容は、階級制度によって守られて祭式を独占するバラモン階級、倫理的な徳目を表す神格と自然の威力を擬人化した神格からなるパンテオン、拝火儀礼によって神々に祈る祭式、犠牲獣祭などから成る。このころまでのインド系アーリア人の宗教は、ゾロアスター教との共通点が多く、イラン研究者の目から見てもわかりやすい。

サンスクリット語の成立

アーリア人は、どのようにしてか不明だが、先住民に対する文化的優位を確立し、彼らの言語がインド亜大陸における雅語となった。すなわち、ペルシア帝国の統治下にあったころのインド西北部で、文法学者パーニニが、その地方のインド系アーリア人の言語を文法的に固定するのである。これを「サンスクリット語」と称し、学術用語としては驚くべき持続力を示した。この言語状況の点でも、先進的なセム系言語の大海に放り出されたイラン系アーリア人に比べて、インド系アーリア人ははなはだ恵まれていた。

さらに、インド系アーリア人は、文字使用の点でもイラン系アーリア人よりも条件が良かった。後者がまるで実態に合わないセム系の文字をギクシャクしながら使い続けたのに比べれば、前者はセム系文字を大胆に改変してインド系アーリア人の言語に即したブラーフミー文字を開発できたのである。おそらく、メソポタミア平原からかなりの距離のあるインド亜大陸だからこそできた離れ業ではないだろうか。

（2）ヴェーダの宗教からヒンドゥー諸教へ

ヴェーダの宗教の変容

だが、インド系アーリア人が先祖伝来の中央アジア風宗教観念を維持していられたのも、そう長い期間ではなかった。二世紀ごろから、土着的な要素を濃厚にたたえ、固有の神学体系を持ったヴィシュヌ教、シヴァ教、大乗仏教、ジャイナ教などが隆盛し、祭式儀礼中心のヴェーダの宗教に対して変容を迫ったのである。結局、思想中心のそれらの体系に対し、ヴェーダの宗教の司祭者たちは、冠婚葬祭などの祭式儀礼を司る形で居場所を見つけざるを得なかった。「独自の神学体系を持つ諸神学」＋「アーリア人固有の祭式儀礼・社会規範」の二重構造の宗教体制の成立である。

この枠組みの中で、「アーリア人」的な価値観も根強く生き残った。祭式儀礼を中心とする社会規範の原点なので、本来は言語的な概念であった「アーリア人」が社会的な概念にまで高められたのである。しかも、たいていの神学文献はサンスクリット語で著された。このため、上部にどのような神学を戴いていようとも、基礎となる祭式儀礼や学術語の部分でアーリア人的な価値観が染みついてしまい、これ以後のインド亜大陸の住人たちは、どうしようもなく「アーリア人的価値観」にからめとられて生きていくことになった。

仏陀の出自

ちなみに、そのような独自の思想体系の創始者の一人であるガウタマ・シッダールタの出自が、アーリア人だったか先住民だったかは定かではない。大勢としては、欧米人は「ガウタマはアーリア人だ」と主張し、日本人は「仏陀はモンゴロイドだ」と譲らないと聞くが、もしかすると宗教的偉人が自分たちと同祖であってほしいという願望が働いているかも知れない。ただ、彼が語ったとされる言葉の中には、明らかにヴェーダの宗教の内容をよく理解した上での内在的な批判がある。そういう意味では、形質的に金髪碧眼だったかどうかは不明だが、アーリア人の宗教を熟知する環境の中から立ち現れてきた人物だったようである。

ゾロアスター教との懸隔

以後、この「諸神学+祭式儀礼」の集合体は、ブラックホールのようにインド亜大陸に住む人々を同化吸収していった。先住民だけではない。第二章で述べたように、前二世紀以降、次々にインド亜大陸西部に押し寄せたイラン系アーリア人遊牧民もかなりの部分が土着し、ラージャスターン州のラージプート族などに化していったとされている。

そして、この同化吸収が進めば進むほど、インド系アーリア人——というか、昔はたしかにそうだった人々——の宗教は、ゾロアスター教と大いに乖離していった。たとえば、象の神様、猿の神様といった雑多な多神教、ヨーガの瞑想、リンガ崇拝、水葬などなど。イラン系アーリア人が見たら、思わずギョッとして身震いするであろう習慣である。もちろん、拝火儀礼を行うなどの共通点もあるのだけれど、ゾロアスター教のあのサラッとした透明感に比べて、彼らの宗教にはまったく異質なおどろおどろしさがあるような気がする。

ヒンドゥー諸教の成立

一〇世紀になると、この鵺《ぬえ》のような複合体文化に無頓着な遊牧民が出現した。中央アジアでイスラームに改宗したテュルク系遊牧民のインド亜大陸進出である。遊牧民の軍事力という観点から見るなら、イラン系アーリア人遊牧民とテュルク系遊牧民の間にそれほどの差があったとは思えない。それにもかかわらず、前者がインド亜大陸に同化されたのに対し、後者は現地人たちを十把一絡げにしか見ず、約二五〇〇年前にインド系アーリア人が先住民にお構いなしに根を張ったように、攻守ところを変えて権力者として振るまった。

そして、この時に、おそらく初めて「ヒンドゥー諸教」（複数形）という概念が生まれた。近世ペルシア語文献で、「イスラーム教徒たちの真理（Haqiqat-e Ahl-e Islam）」に対比して「インド人たちの諸信仰（'Aqa'ed-e Hendvan）」と語られる宗教である。近世ペルシア語文献の分析に従うなら、この中に仏陀の教え、サーンキヤの教え、ヨーガの教えなどが含まれ、全体としてユダヤ教、キリスト教、イスラームなどと並称される「ヒンドゥー諸教」を構成している。アーリア人がインド亜大陸に持ち込んだ中央アジア風の宗教観念は、回りまわって同じ中央アジアから来たテュルク系遊牧民によって相対化され、彼らが言うところの「ヒンドゥー諸教」の一要素として生き長らえたのである。

基準を原始アーリア人の宗教という観点に置くなら、ゾロアスター教は、「アーリア人の宗教」という枠組みから抜けだせず、あまり融通が利かないままに、ある意味ではじつに潔く消え去った。これに対して、ヴェーダの宗教は、まことに妙なものと合体し、「アーリア人の宗教」としての純度を大幅に下げつつも、しぶとく生き残った印象である。

2　ヨーロッパ系アーリア人たちの歴史と宗教——第三の「自称アーリア人」

(1)第三のアーリア人

ヨーロッパの「アーリア人」

インド・ヨーロッパ語族の中で、前二〇〇〇年紀に中央アジアからヨーロッパに向かったと考えられている牧畜民は、少なくとも現在知られている範囲内では「アーリア人」とは自称していない。図表1に示したように、言語と自称を基準にするなら、「アーリア人」はインド・ヨーロッパ語族の中のインド・イラン系に限定され、インド・ヨーロッパ語族全体にも、その中のヨーロッパ系にも及ばない概念である。

……と、そのはずなのだが、一八世紀後半〜二〇世紀前半のヨーロッパ人たちは、インド・イラン系の言語を話すわけではないのに、突然「アーリア人」と自称しはじめた。当時、イラン高原は大英帝国とロシア帝国によって半植民地状態に突き落とされ、インド亜大陸に至っては一八世紀半ばまではイギリス東インド会社に支配されていた。どう考えても、ヨーロッパ人たちがあえて彼らと親戚になって、彼らの自称を借用しようと試みる状況にあったとは思えないのだが、ある発想法を突き詰めていくと、確かに彼らは「アーリア人」でなくてはならないのであった。『アーリア人』と名づけた本書の終章では、このヨーロッパ出自の「第三のアーリア人」にも触れておかなくてはならない。

「インド・ヨーロッパ語族」の発見

インド・イラン人とヨーロッパ人が共通の祖先を持っているとの学説は、一八世紀にウィリアム・ジョーンズ（一七四六〜一七九四年）によって唱えられたのを嚆矢《こうし》とする。オックスフォード大学を卒業後にカルカッタへ赴任したジョーンズは、現地でサンスクリット語を学び、それがギリシア語、ラテン語、英語、ドイツ語、フランス語などと驚くほどの共通構造を持っていることに気がついた。彼がその論文を発表した一七八七年をもって、インド・ヨーロッパ比較言語学が誕生したと考えられている。

しかし、材料が乏しい当時の状況としては無理からぬことだが、先駆者たちはいろいろと読み間違いをしていた。特に、イラン系の言語資料の大半は中央アジアの地中に埋もれていたので、このころの学者はサンスクリット語とヨーロッパ諸語を素朴に比較するしか方法がなかった。そして、両者の関係を類推した結果、最も古形を保っていると見られたサンスクリット語が、そのまま「インド・ヨーロッパ祖語」に当たると推定されたのである。

いわば、現代では常識である

（推定上のインド・ヨーロッパ祖語）┬→インド・イラン諸語
└→ヨーロッパ諸語

というモデルではなく、

サンスクリット語 → インド・イラン諸語
　　　　　　　　→ ヨーロッパ諸語

というモデルが提出されて、サンスクリット語がインド・ヨーロッパ語族の女王の玉座を占めた。このおかげで、サンスクリット語によるインド系アーリア人の自称「アーリア人」がインド・ヨーロッパ語族全体を指す自称と誤解され、ヨーロッパ人たちも嬉々として「アーリア人」を名乗るという珍現象が生まれたのである。

（2）「ヤペテ人」と反セム主義のスローガン

聖書における「ヤペテ人」

言語学的な区別までなら、誤解を含んでいたにせよ、当時としては科学的な根拠もあった。しかし、この新知識は、一八世紀後半のヨーロッパという思想風土の中で、無用の夾雑物を付着させながら自己運動を始める。その代表的な問いが、「果たしてこのアーリア人は、聖書の中のどの部族と一致するのか?」という課題であった。

まだまだキリスト教の影響の強かった一八世紀のヨーロッパの思考方法では、人文的な知識の基礎は聖書に求められていた。この新知識についても、天の碑版を模した（はずの）聖書の中に根拠が見いだされるべきであった。おりしもこのころ、西アジアから北アフリカ（アフロ・アジア）に分布するアラム語、シリア語、ヘブライ語、アラビア語、エチオピア語などが同一の語族に属することも発見されていたので、これらの語族分類を聖書の中の部族になぞらえる気運が高まっていたのである。

この課題を最終的に解決したのが、ゲッティンゲン大学の東洋学者アウグスト・ルートヴィヒ・フォン・シュレーツァー（一七三五～一八〇九年）である。彼の厳密な考証に従えば、大洪水後に生き残ったノアの息子の三兄弟、セム、ハム（実質的にはその息子カナン）、ヤペテが、それぞれアフロ・アジア語族、アフリカの黒人、インド・ヨーロッパ語族の祖先に当たる。疑うべからざる聖書をベースにするなら、大洪水以降の人類史は図表14のように図式化されるのである。

こうして、ジョーンズが発見した語族は、地理的に言えばインド亜大陸～イラン高原～ヨーロッパにまたがる「インド・ヨーロッパ語族」であり、聖書の知識を援用するなら「ヤペテ人」と呼ばれるべきで、高貴なる自称は「アーリア人」だと確定された。

反セム主義のスローガンへ

「定義と定規はあまり振り回すと他人が迷惑する」と言われるが、「アーリア人」の語についてもそれが当てはまる。インド・ヨーロッパ語族の祖語がサンスクリット語ではなく、それをさかのぼる何ものかであることは、一九世紀半ばのイェーナ大学の言語学者アウグスト・シュライヒャー（一八二

図表14　大洪水以降の人類史

一〜一八六八年）が指摘している。当然、言語学者だけの議論ならば、インド・ヨーロッパ語族全体を「アーリア人」と呼ぶ慣習はこの時点で打ち切られていたはずだった。

ところが、いったん慣性のついた「アーリア人」という自称は、言語学者の手を離れた地点で独走していった。特に、聖書の族長系譜の中でセム人とアーリア人（ヤペテ人）とが二項対立の形で定義されたのは、セム系民族にとっては災難だった。一九世紀のヨーロッパで目につくセム系民族（と宗教上判断される人々）としては、ゲットーから解放されたばかりのユダヤ教徒しかおらず、とどのつまりは彼らが、ヨーロッパ人が「アーリア人」としてのアイデンティティーを確保するための鏡像として使われたのである。

これには、セム系民族に対するヨーロッパ人の歴史的・宗教的なコンプレックスが作用しているかも知れない。インド・ヨーロッパ語族が中央アジアから大移動を開始したころ、すでにセム系民族はオリエントで高度な文明を誇り、都市革命、文字の使用、宗教思想などの面で、はるかに先進的な段階に達していた。インド・ヨーロッパ語族がいかに長身白皙の秀麗な容貌を誇ろうとも、彼らが使うアルファベットはセム系のフェニキア文字を起源とし、彼らの民族宗教はセム的一神教に由来するキリスト教に取って代わられている。おまけに、ヨーロッパに移動した先着順についても、ディアスポラ（一世紀）後のユダヤ教徒が先か、ゲルマン民族大移動（四世紀）後のドイツ人が先かで深刻な問題が起こった。もしかすると、ゲルマン民族がライン河畔に到着した時、そこにはとっくにユダヤ教徒の入植地が存在していた可能性もあったのである。この推論は、ヨーロッパ人のセム系民族に対するコンプレックスをいやが上にも増幅させた。

以上、筆者が、インド・ヨーロッパ語族の中でも、地理的理由によって特にセム系民族と接触の深かったイラン系アーリア人を専攻しているせいかも知れないが、この後発のインド・ヨーロッパ語族によるセム語族へのルサンチマンは、かなり根深いように思う。

（3）アーリア人の「聖火」と「炬火」

ヨーロッパ中心主義の代名詞へ

ヨーロッパ人のコンプレックスを救ったのは、おそらく、一九世紀にもてはやされた進化論的な発想だった。当時の歴史観によれば、昔は、セム人種が古代オリエント文明を主導し、人類進化の頂点に立っていたかも知れない。しかし、若々しいアーリア人種が登場してからというもの、彼らが宗教的偉人ザラスシュトラ・スピターマやガウタマ・シッダールタを生みだし、世界帝国であるペルシア帝国を完成させ、徐々にセム人種を追い越した。

インド・イランにおけるアーリア人種の進化は、七世紀に勃興したセム人種のアラブ人イスラーム教徒によって挫折させられたものの、代わってヨーロッパのアーリア人種が人類進化を主導する位置についた。彼らこそ、一三世紀には黄色人種モンゴルの侵攻を撥ねつけ、一五世紀にはルネッサンスを経て古典古代（ヨーロッパ的な意味のだが）の精華を蘇らせた優秀種族である。そして、一九世紀の現在、ヨーロッパのアーリア人種が太陽不没の世界帝国を築いて、地球上をくまなく支配し、人類進化の究極を極めた。今や、セム人種はその歴史的役割を終えたので、速やかに淘汰されるべきである。

ナチズムとその「炬火」

この一九世紀ヨーロッパの時代思潮を極論まで推し進めたナチス・ドイツの蛮行については、本書冒頭の第一章第二節で述べた。ドイツ人は、ヨーロッパのアーリア人種の中でも、特に北方人種を代表する自分たちこそが、アーリア人種内部で最も進化した「超越の種族」であると確信して、第二次世界大戦を引き起こしたのである。ジョーンズやシュレーツァーも、自分の学説の結果が回りまわってこのような結果を生みだすとは思わなかっただろうし、ここまでドイツ人の独善が目立つと、さすがに他の「アーリア人種」であるヨーロッパの諸民族もついていけなかった。

だが、当時のドイツ人にとっては、「アーリア人種の神話」は生死を賭けるに値するアイデンティティーだったらしい。ナチス・ドイツが第二次世界大戦に敗れ、アーリア人種の帝国が終末を迎えた一九四五年四月、ウィーンの叙情詩人ヨーゼフ・ヴァインヘーバー（一八九二〜一九四五年）は、故郷オーストリアに赤軍が迫る中で、もうこれ以上生きたくないと述べて自殺した。下記のような詩を遺したまま。

戦いに慣れし健気な民族よ
何時の世も一人が夢を守れ
一人が炬火《たいまつ》を絶やすなかれ

忠実なナチ党員だった彼から見れば、ドイツ人を頂点とするアーリア人種の優秀性の神話は、たとえ第三帝国が滅んだ後でも、「いつか再び舞い降りる民族の指導者」によって引き継がれるべき「炬火」であった。だが、ゾロアスター教の「聖火」と違って、今のところそのような「炬火」を再び燈して守り続けようとする人々はほとんどいない。

夢が覚めた後

ナチス・ドイツの滅亡とともに、インド・ヨーロッパ語族全体を指して「アーリア人種」と呼ぶ用語法は消え失せた。もちろん、それが優秀な民族であるとの神話も、劣った民族を抹殺する権利があるとの主張も、何もかも過ぎ去った。

後に残ったのは、一六〇年前にジョーンズが発見したグループを、できるだけ平明で客観的な呼称で呼びたいという学問的要請である。ナチズム以降は、「人種」という概念自体が有効性を問われていたので、彼らは単に「語族」としか表現できなくなった。また、ヨーロッパ人が言語上の親戚の自称である「アーリア人」を厚かましく名乗ることもなくなった。聖書に即した「ヤペテ人」にしても、宗教上普遍的な名称とは思えないので廃棄された。結局、この語族の地理的分布の東端にあるインドと西端にあるヨーロッパを繋げて、「インド・ヨーロッパ語族」と呼ぶ案が再び採用され、現在に至っている（ただ、イラン研究者としては、ここから「イラン」が抜けているのはどうしてだろうかと思う。「インド・イラン・ヨーロッパ語族」と呼ぶわけにはいかなかったのだろうか）。

これにともなって、「セム語族」の呼びかたも徐々に改められた。これもしょせんは聖書に則った呼称だから、「ヤペテ人」との対照性が際立つのである。こちらのほうも、西アジア西部から北アフリカに分布している地理的特徴を生かし、現在では「アフロ・アジア語族」と呼ぶのが一般的になっている。

参考文献表

●全体

Harmatta, J. (ed.) 1994: *History of Civilizations of Central Asia*, vol. 2: The Development of Sedentary and Nomadic Civilizations: 700 B.C. to A.D. 250, Paris.

Litvinsky, B. A., et al. (ed.) 1996: *History of Civilizations of Central Asia*, vol. 3: The Crossroads of Civilizations: A.D. 250 to 750, Paris.

Sinor, D. (ed.) 1990: *The Cambridge History of Early Inner Asia*, Cambridge.

Widengren, G. 1965: *Die Religionen Irans*, Stuttgart.

Wiesehöfer, J. 1993: *Das antike Persien: Von 550 v. Chr. Bis 650 n. Chr.*, Zürich.

石黒寛（編訳） 一九八一年 『もう一つのシルクロード――草原民族の興亡と遺産』、東海大学出版会。

京都大学イラン、アフガニスタン、パキスタン学術調査隊（代表・水野清一）（編） 一九六二年 『文明の十字路――イラン・アフガニスタン、パキスタン調査の記録』、平凡社。

ロマン・ギルシュマン 一九七〇年 『イランの古代文化』、岡崎敬（他訳）、平凡社。

熊本裕 一九八三年 「イラン学の現段階――古、中期イラン語研究案内」、『ＩＢＵ四天王寺国際仏教大学文学部紀要』、第16巻、pp.27-102。

黒柳恒男 一九八四年 『ペルシア語の話』、大学書林。

日本オリエント学会（編） 二〇〇四年 『古代オリエント事典』、岩波書店。

V・マッソン 一九七〇年 『埋もれたシルクロード』、加藤九祚（訳）、岩波書店。

護雅夫（編） 一九七〇年 『東西文明の交流１ 漢とローマ』、平凡社。

山田信夫（編） 一九七一年 『東西文明の交流２ ペルシアと唐』、平凡社。

●キンメリア人、スキタイ人、サカ人

居阪僚子 二〇〇七年 「古代イラン系騎馬遊牧民の祭祀儀礼と慣習―スキタイ、サルマタイ、アランを中心に」、東京大学大学院総合文化研究科に提出の修士論文。

林俊雄 二〇〇七年 『スキタイと匈奴 遊牧の文明』、講談社。

E・D・フィリプス 一九七一年 『草原の騎馬民族国家』、勝藤猛（訳）、創元社。

雪嶋宏一 二〇〇八年 『スキタイ騎馬遊牧国家の歴史と考古』、雄山閣。

●サルマタイ人、アラン人

C・スコット・リトルトン、リンダ・A・マルカー　一九九八年　『アーサー王伝説の起源――スキタイからキャメロットへ』、辺見葉子・吉田瑞穂（訳）、青土社。

●パルティア人

佐藤進　一九八二年　「パルティアとササン朝ペルシア」、『オリエント史講座3　渦巻く諸宗教』、学生社。

ニールソン・C・デベボイス　一九九三年　『パルティアの歴史』、小玉新次郎・伊吹寛子（訳）、山川出版社。

三津間康幸　二〇〇八年　「セレウコス朝およびアルシャク朝時代の王権の展開と都市――『日誌』を主要資料とした研究」、東京大学大学院総合文化研究科へ提出の博士論文。

●インド・サカ人、インド・パルティア人

春日井真也　一九五四年　「業施設論に引用せられたるマガ婆羅門について」、『印度学仏教学研究』、5（3―1）、pp. 299-304。

渡邊弘　一九七三年　『西域の古代貨幣――アフガニスタン蒐集品図録』、学習研究社。

●大月氏、エフタル

榎一雄　一九九二年a　「エフタル民族に於けるイラン的要素」、『榎一雄著作集　第一巻　中央アジア史I』、汲古書院、pp. 431-461。

――――　一九九二年b　「エフタル民族の人種論について」、『榎一雄著作集　第一巻　中央アジア史I』、汲古書院、pp. 462-501。

小谷仲男　一九九九年　『大月氏――中央アジアに謎の民族を尋ねて』、東方書店。

●メディア人、ペルシア人

Christensen, P. 1993: *The Decline of Iranshahr: Irrigation and Environments in the History of the Middle East 500 B.C. to A.D. 1500*, tr. from Danish by Steven Sampson, Copenhagen.

Gnoli, G. 1989: *The Idea of Iran: An Essay on its Origin*, Roma.

Wiesehöfer, J. 1994: *Die dunklen Jahrhunderte der Persis: Untersuchungen zu Geschichte und Kultur von Fārs in frühhellenistischer Zeit*（*330-140 v. Chr.*）, München.

足利惇氏　一九七七年　『世界の歴史9　ペルシア帝国』、講談社。

伊藤義教　一九六〇年「イラン人の悲劇―文字と表記法の場合」、『世界の歴史第二』、筑摩書房、pp. 191-224。
――――一九七四年『古代ペルシア』、岩波書店。
大戸千之　一九九三年『ヘレニズムとオリエント――歴史のなかの文化変容』、ミネルヴァ書房。
小川英雄・山本由美子　一九九七年『世界の歴史4　オリエント世界の発展』、中央公論社。
川瀬豊子　一九八七年「ペルセポリス王室経済圏における馬群管理」、『オリエント』、30-1、pp. 21-40。
――――一九九〇年「ハカーマニシュ朝ペルシア帝国における「人ともの の流れ」―ダーラヤワウ一世の諸改革」、『イスラム圏における異文化接触のメカニズム――市の比較研究』、東京外国語大学アジア・アフリカ言語文化研究所、pp. 1-16。
並河亮　一九七五年『ペルセポリス――古代ペルシア歴史の旅』、芙蓉書房。
家島彦一　一九七二年「インド洋通商とイエメン――南アラビアのシーラーフ居留地」、『「イスラム化」に関する共同研究報告5』、東京外国語大学アジア・アフリカ言語文化研究所、pp. 210-235。

●バクトリア人・マルギアナ人

井筒俊彦　一九九一年「TAT TVAM ASI（汝はそれなり）―バーヤジード・バスタミーにおけるペルソナ転換の思想」、『イスラーム思想史』、中央公論社、pp. 420-491。
伊藤義教　一九七九年「阿育王のアラム語碑とそのイラン学的価値について―アヴェスター語の故土にも言及して」、『ゾロアスター研究』、岩波書店、pp. 447-496。
加藤九祚　二〇〇一年～『アイハヌム　加藤九祚一人雑誌』、第一巻～（継続中）、東海大学出版会。
ニコラス・シムズ＝ウィリアムズ　一九九七年「古代アフガニスタンにおける新知見」、熊本裕（訳）、『Oriente――古代オリエント博物館情報誌』、16号、pp. 3-17。
シルクロード学研究センター（編）　一九九七年『中央アジア北部の仏教遺跡の研究』、（財）なら・シルクロード博記念国際交流財団。
中村廣治郎　一九七〇年「思想史的観点からみた東西文化交流の問題点――スーフィズムの起源をめぐって」、『オリエント』、13―3、四、pp. 153-170。
前田耕作　一九九二年『バクトリア王国の興亡――ヘレニズムと仏教の交流の原点』、第三文明社。
Miho Museum　二〇〇二年『古代バクトリア遺宝展図録――開館5周年記念』、Miho Museum。
水野清一（編）　一九六八年『ドゥルマン・テペとラルマ――アフガニスタンにおける仏教遺跡の調査

1963-1965』、京都大学。

山内和也・青木繁夫（編）　二〇〇五年　『バーミヤーン遺跡の歴史と保存』、明石書店。

山内和也（編）　二〇〇六年　『バーミヤーン仏教壁画の編年：放射性炭素による年代測定』、明石書店。

●ソグド人

荒川正晴　二〇〇三年　『オアシス国家とキャラヴァン交易』（世界史リブレット62）、山川出版社。
井上靖　一九九五年　「古代ペンジケント」、『井上靖全集』、第7巻、新潮社、pp. 161-168。
影山悦子　二〇〇四年　「中国北部に居住したソグド人の石製葬具浮彫」、『西南アジア研究』、第61号、pp. 67-79。
黒柳恒男　一九七七年　『ペルシア文芸思潮』、近藤出版社。
森安孝夫　一九九一年　『ウイグル＝マニ教史の研究』、大阪大学文学部紀要第31巻・第32巻合併号。
――――　二〇〇七年　『シルクロードと唐帝国』（興亡の世界史05）、講談社。
吉田豊　一九九九年　「中央アジアオアシス定住民の社会と文化」、『中央アジア史』（アジアの歴史と文化8）、間野英二（編）、同朋舎。

●ホラズム人

シルクロード学研究センター（編）　一九九六年　『古代ホラズムの研究――アムダリヤ下流部を中心として』、（財）なら・シルクロード博記念国際交流財団。
ヤクボーフスキー他　一九六八年　『ソグドとホレズム　北方ユーラシア叢書第1冊』、加藤九祚（訳）、自費出版。
ヤクボーフスキー他　一九六九年　『西域の秘宝を求めて――スキタイとソグドとホレズム』、加藤九祚（訳）、新時代社。

●ホータン・サカ人

Bailey, H. W. 1982: *The Culture of the Sakas in Ancient Iranian Khotan*, New York.
Stein, M. A. 1941: *Ancient Khotan*, 2 vols., Peking.
熊本裕　一九八五年　「コータン語文献概説」、『講座敦煌六　敦煌胡語文献』、大東出版社、pp. 101-140。
寺本婉雅　一九二一年　『于闐國史』、丁字屋書店。
中村元（他・監修・編集）　一九七五年　『アジア仏教史・中国編V　シルクロードの宗教』、佼成出版社。
宮崎市定　一九九二年　「毘沙門天信仰の東漸に就て」、『宮崎市定全集19　東西交渉』、岩波書店、pp. 51-81。（初出は一九四一年）

●パシュトゥーン人

勝藤猛　一九六四年「アフガニスタンのパシュトゥン族とパシュトゥ語」、『東方学報』、第34冊、pp. 299-326。

J・スペイン　一九八〇年『刀水歴史全書6　シルクロードの謎の民―パターン民族誌』、勝藤猛・中川弘（訳）、刀水書房。

縄田鉄男　一九八〇年「イラン・アフガニスタンにおける少数民族の言語研究について」、『中東の社会変化とイスラムに関する総合的研究―報告と討議の記録――5．イラン分科会』、国立民族学博物館、pp. 134-155。

前嶋信次　一九七二年『シルクロードの秘密国――ブハラ』、芙蓉書房。

松井健　一九八〇年『パシュトゥン遊牧民の牧畜生活――北東アフガニスタンにおけるドゥラニ系パシュトゥン族調査報告』、京都大学人文科学研究所。

●イスラーム教徒ペルシア人

Babayan, Kathryn 2002: *Mystics, Monarchs, and Messiahs: Cultural Landscapes of Early Modern Iran*, Cambridge.

Shahr-rezā'ī. Rezā Āzarī 1374AH: *Doulat-e Īrān va Motakhassesān-e mokhājer-e Almānī*, Tehrān.

ディミトリ・グタス　一九九八年『ギリシア思想とアラビア文化――初期アッバース朝の翻訳運動』、山本啓二（訳）、勁草書房。

モハマド・レザ・パーレビ　一九八〇年『私は間違っていたのか――歴史への証言』、横山三四郎（訳）、講談社。

●インド系アーリア人とヨーロッパ系アーリア人

長田俊樹　二〇〇二年『新インド学』、角川書店。

風間喜代三　一九七八年『言語学の誕生――比較言語学小史』、岩波新書。

――　一九九三年『印欧語の故郷を探る』、岩波新書。

津田元一郎　一九九〇年『アーリアンとは何か　その虚構と真実』、人文書院。

レオン・ポリアコフ　一九八五年『アーリア神話　ヨーロッパにおける人種主義と民族主義の源泉』、アーリア主義研究会（訳）、法政大学出版局。

あとがき

本書の企画のお話をいただいたのは、二〇〇八年三月に、前著『ゾロアスター教』（講談社選書メチエ四〇八）の出版祝いとして、編集者の山﨑比呂志氏と会食させていただいた際のことだった。店頭にも並んでいない刷りたての拙著の表紙を眺め、帯に「すべてがわかる決定版」というキャッチフレーズを発見して驚愕していると、山﨑氏が「次は『アーリア人』というタイトルで書きませんか？」と仰って下さったのである。お題を頂戴したのは嬉しかったのだけれど、私としてはマーニー教など宗教関連を予想していたので、「『アーリア人』って、何を書けば良いのだろう？？？」と困惑したのを憶えている。

このタイトルは、第一印象ではナチスを連想させるような気がして、「そんな本を書いたら、ヒトラーの崇拝者と誤解されないかなぁ」というのが、率直な感想だった。それに、私はゾロアスター教やイスラームといった宗教の研究者であって、民族学者ではない。予想外の難題に当惑している中で、山﨑氏から「アーリア人は歴史上存在したのですから、実体概念としての彼らを描いたらよいのです」と励まされてしまい、結局はお引き受けさせていただいた。この時点では、何の構想もまとまっていなかった。

＊　＊　＊

それから数ヵ月。お題を出されると、やっぱりそれについて考えをめぐらせてしまうもので、私もない知恵を絞った。「アーリア人の起源」とか「インド・ヨーロッパ語族の祖語」などの問題は、私の手には負えないだろうから、きっぱりと諦めた。その代わり、二〇世紀にジョルジュ・デュメジルが三機能仮説として整理したインド・ヨーロッパ語族の宗教を、イラン系アーリア人だけに限定して、彼以降の研究成果も導入しながら概観するなら、できるかも知れないと思い至った。これなら、もともとゾロアスター教研究者であることだし、執筆の基盤はありそうである。

もちろん、私にはデュメジルのように豪胆な仮説を持つほどの学識はないから、イラン系アーリア人の歴史と宗教に関する平易な列伝になるだろうことは、予測がついた。ただ、列伝といっても、複雑に錯綜するイラン系アーリア人の全体像をどう示せばいいかで、また迷った。何度も書き直した試行錯誤の末、遊牧民と定住民に二分して、西から東へ寸描するという最もシンプルな結論に落ち着いた。こうして誕生したのが本書である。

＊　　＊　　＊

執筆に当たっては、いろいろと工夫したつもりである。たとえば、古代イラン史研究では、従来はギリシア語文献が主たる資料だったので、固有名詞はすべてギリシア語表記されていた。しかし、本書ではそれらをできる限りイラン系アーリア語表記に改めた。「アケメネス王朝」→「ハカーマニシュ王朝」、「ゾロアスター」→「ザラスシュトラ」などである。

また、なるべく各地域・各時代を均質に扱うように努めた。たとえば、バクトリア史では、従来はヘレニズム関係、仏教関係が極端にクローズアップされていた弊を避け、文献資料がさかのぼりうる最古の時代から、バクトリア語の使用が止むまでをプレーンに概観した。こうすることで、イラン系アーリア人の全体像が明確になると思ったからである。

さらに、地名についても、なるべくリアルタイムの呼称を用いるか、それができない場合は中立的な表記を選んだ。たとえば、イラン高原の東部には、現在では「アフガニスタン・イスラーム共和国」という国家があるから、この地域は日本語で「アフガニスタン」と呼ばれている。しかし、アフガーン人（パシュトゥーン人）が文献上に姿を現すのは一〇世紀以降に過ぎず、「アフガニスタン」という地名の成立はこの年代をさかのぼらない。そのため、本書では一貫して「イラン高原東部」と表現した。

*　*　*

最後に著者としての感想を述べさせていただくなら、本書の執筆は思いのほか楽しかった。ゾロアスター教を研究する中で、アーリア人という観点から研究の外延をどこまで延ばせるか興味があったのである。その結果、非常な大遠投をすることになり、自分でもボールがどこへ転がったかわからない節もあるのだけれど、このような苦心の作ということでご寛恕いただきたい。著者の自己目標としては、読者の方々に「イラン系アーリア人」という考察のフレームを把握していただければ、それで充分である。

ちなみに、この一～二年の専門研究としては、写本校訂が続々と進むアラビア語・近世ペルシア語のイスラーム文献からゾロアスター教関係の記述を集成する作業をしているのだが、滅ぼした側の記述から滅ぼされた側の事情を探るのだから、後者に思い入れのある研究者にとっては気が滅入る仕事になっている。また、伊藤義教氏（一九〇九～一九九六年）のゾロアスター教パフラヴィー語文献翻訳の遺稿出版も手掛けているものの、こちらもゾロアスター教が滅びる直前に大量執筆された文献群である。私としては、七～一〇世紀の間、敗衄《はいじく》の星がつきまとっている時期のゾロアスター教ばかりを凝視している感があった。――そんな時、本書を書くのは慰藉になった。視野を広げてみれば、一〇〇〇年以上こんなに広範囲に活躍していたのだから、もって瞑すべしと思えたのである。

＊　＊　＊

本書が扱う主題は一人の研究者がカヴァーできる範囲を遥かに超えているので、執筆に当たっては多くの方々のご協力を仰いだ。特に、イラン系アーリア人遊牧民の宗教については、居阪僚子さん（東京大学大学院総合文化研究科博士課程）から貴重なご教示を頂戴した。また、中央アジアの遺跡の写真は、森下信子さん（東京大学大学院人文社会系研究科博士課程）からお借りした。ここに記して感謝申し上げたい。

あと、こんな書物を思いつかれた編集者の山﨑氏に敬意を表したい。筆者は、天から降って来たようなお題の袋の中に、知っていることをぎゅうぎゅう詰めに詰め込んでみただけである。この場合、詰め込むよりも思いつくほうが大変なのは言うまでもない。もっとも、宗教学者が歴史にまで踏み込んで論じた点で、私も大胆な作業をしたとは思うが。こんな本が完成したことに一番驚いているのは、たぶん、筆者である。

二〇〇九年四月一日　イラン・イスラーム共和国テヘランにて

青木　健

レザー・シャー・パフラヴィー —— *232*
ロクサーナ —— *150*
ロシア帝国 —— *221*
ロディー王朝 —— *220*
露鵬 —— *48*
ローマ(人・帝国) —— *42, 45, 47, 49, 57〜59, 61, 78, 125, 134, 135, 151, 154*

ワ

若ノ鵬 —— *48*
ワナインティー —— *157*
ワーヒー語 —— *211, 223*

184, 190～192, 199, 200, 226, 228
ホラズム第一王朝―――192
ホラズム第二王朝―――195, 197
ホラズム文化―――195, 198～201
ホラズム文字―――96
ホラズム暦―――193, 195
ホワイトハウス，D―――130, 131

マ

マァムーン王朝―――200
マウルヤ王朝―――147
マゴス族―――106～109
『マスゥーディーのカノン』―――186
マッサゲタイ族―――24, 29, 32, 36～38, 43, 49, 52, 117, 191
マドイェス王―――27, 29, 101, 102
マーニー教―――65, 67, 96, 125, 158, 159, 173～175, 199
マーニー・ハイイェー―――66
マフムード・カーシュガリー―――211
マール・アンモー―――158
マルギアナ―――139, 146, 149, 155
マルギアナ人―――142, 143, 147, 151
マルクス・アウレリウス帝―――42
マルシャーク，ボリス―――176
マーワラー・アン・ナフル―――169
水野清一―――154
ミスラ神―――60, 64～66, 88, 196, 213
ミヒラクラ王―――88
ミフルダートー世―――52, 55, 57, 63, 123
ミフルダート二世―――56, 57, 67, 72, 74, 75
宮崎市定―――212, 213
ムグ山文書―――168, 174
ムハンマド―――225
ムハンマド・ハーラズミー―――193
ムハンマド・ブハーリー―――227
メソポタミア―――14, 53, 61, 66, 111, 139, 160, 180
メソポタミア平原―――9, 25, 27, 52, 55, 56, 58, 63～65, 67, 92, 98～100, 103, 111, 118, 122, 125, 128, 129, 131, 133～138, 150, 158, 188
メディア（州）―――55, 64, 65, 99, 101, 106, 108, 121, 125, 128, 129, 131, 134, 148, 188, 192
メディア王国―――31, 32, 100～109, 115, 116, 117, 122, 138, 146
メディア人―――14, 30～32, 65, 93, 96～102, 105, 106～109, 115, 116, 118, 121, 122, 128, 133, 138, 142, 189, 192
メルヴ―――87, 139, 154, 155, 158, 196, 226, 227
モガ大王―――71～73, 76
モハンマド・レザー・パフラヴィー―――232

ヤ

ヤグノーブ渓谷―――170
ヤペテ人―――245, 246, 249, 250
ユースフ・カドル・ハーン―――210
ユダヤ（人・教徒）―――98, 106, 246
ヨーロッパ系アーリア人―――236

ラ

ラグマーン―――147
ラージプート族―――240
ラージャスターン州―――240
ラバータク―――145
リトヴィンスキー，B・A―――37
李白―――172
リュディア王国―――122, 188
『リー・ユル国史』―――206, 207
梁―――87
ルーダキー―――180
『歴史』―――29, 32, 36, 67, 187

ファナー――160, 161
ファラスマネス――191
ファーラービー――178
フィール――197
フヴァ・フシュトラ王――102〜105, 109, 146
フェルガナ――170
フェルドゥスィー――181, 227
フーゼスターン州――111, 132, 134
仏教――79, 80, 84, 88, 154, 155, 159, 161, 174, 175, 194, 199, 207, 212, 213, 217
武帝（漢）――207
プトレマイオス――153
ブハーラー――162, 168, 169, 175, 178〜180, 227
ブハーラー・ハーン国――221
ブマカ王――77
フラタフェルネス――191
フラタラカー王朝――124
ブラフマン――107
ブラーフミー文字――70, 96, 159, 206, 238
フラワルティシュ王――100, 101, 105
フワラーサーン（州）――157, 158
フン族――15, 27, 45, 46, 80
『ブンダヒシュン』――87
ヘカトンピュロス――53
ベッソス――149, 150, 166, 191
ヘニング，W・B――187
ペルシア（州）――62, 76, 84, 85, 105, 106, 111, 118, 120〜125, 129, 130, 133, 134, 146, 149, 158, 177, 180, 188, 192, 197, 198
ペルシア王国――104〜106, 114, 115, 121
ペルシア人――11, 14, 15, 20, 25, 32, 36, 38, 61, 62, 93, 96, 105, 106, 110, 111, 114, 115, 118〜125, 128〜133, 138, 142, 160, 189, 192, 217, 225〜231, 233, 234
ペルシア帝国――16, 32, 33, 36, 38, 49, 100, 103, 105〜107, 109, 114, 117, 119〜122, 125, 131〜133, 138, 146〜149, 166, 188, 189, 231, 232, 238, 247
「ペルシアの門」――100
ペルセポリス――106, 120, 121, 123, 190, 232
ヘルツフェルト，E――75, 105
ベルリン国立図書館――158
ヘレニズム（文化）――49, 59〜63, 70, 84, 123, 129, 143, 151, 217
ペーローズ一世――86, 87
ヘロドトス――29, 32, 36, 37, 39, 67, 101, 114, 115, 187
ペンジケント――168, 175〜177
北魏――87, 171
北伝仏教――155, 158, 159, 161
ホスロー二世――136, 137
ホータン――202, 203, 206〜208, 210〜213
ホータン・サカ王国――208〜210, 212
ホータン・サカ語――174, 206, 211, 212
ホータン・サカ人――15, 93, 96, 206, 211, 223
『法句経』――212
『法顕伝』――206
ホメロス――26
ホラーサーン（州）――134, 158, 160, 161
ホラズム（州）――117, 146, 150, 177, 181, 184〜201, 221, 227
ホラズム語――120, 185, 186, 190, 196, 199〜201
ホラズム人――15, 93, 96, 119, 142,

ネストリウス派十字――155
ネハーヴァンド会戦――137
ネブカドネザル二世――104

ハ

バイラーム・アリー写本――155
ハカーマニシュ（アケメネス）王朝――16, 53～55, 72, 102, 119, 122, 124, 125, 128, 131～133, 137, 143, 148, 149, 159, 187, 189～192
パキスタン・イスラーム共和国――211, 220, 223, 234
ハキーム・ティルミズィー――160
バクトリア――16, 72, 81, 85～87, 117, 139, 143～162, 166, 167, 194, 207, 227
バクトリア遺宝――148, 151, 159
バクトリア金貨――154
バクトリア語――86, 144, 145, 158～161, 171, 222
バクトリア語・アラビア語・サンスクリット語三語併用碑文――160
バクトリア人――11, 14, 16, 67, 84, 86, 93, 96, 119, 142～144, 147, 148, 151, 153, 156, 157, 160, 167, 171, 226～228
バクトリア・マルギアナ（州）――146, 149, 158
バクトリア・マルギアナ複合文化―139, 142
白露山――48
パシュトゥー語――222, 223
パシュトゥーン人――217, 220～225, 230, 234
パシュトゥーンワリ――222, 224
パースラガーダ――116, 118, 121
パーニニ――238
バビロニア（人）――98, 103, 106, 119, 188
バビロン――58, 103, 122, 191
パフラヴァ王国――59, 75～77, 79
パフラヴィー王朝――231, 233
パフラヴィー語――85, 87, 128～131, 133, 158, 174, 180, 197, 203
パフラヴィー語地理書――157
パフラヴィー文字――96
ハマダーン（州）――66, 97, 100, 108, 129
ハムグマターナ――100, 103, 104, 106, 117, 121, 122
バーヤズィード・バスターミー――160
ハーラズム・シャー――199～201
ハーラズム・シャー王朝――200
バラモン教――78, 88, 237
パールスィー――43
バルタトゥア王――29
パルティア――54, 63, 72
パルティア語――53, 60, 65, 120, 128, 158
パルティア人――8, 21, 24～26, 49, 52, 53, 61, 93, 96, 123, 128, 133, 138
バルディヤ――188
パルニ族――38, 49, 52～61, 63～67, 75, 152
バルフ――85, 139, 145, 146, 149～151, 153, 158～161, 166, 196, 227, 228
ハロック，R――120
ハワード，R・E――27
ヒヴァ・ハーン国――221
ビザンティン帝国――135～137, 163, 177, 217
毘沙府――209
毘沙門天信仰――209, 210, 213
ヒジュラ暦――195
ビーソトゥーン――57
ビーソトゥーン碑文――38
ヒトラー，アドルフ――12, 13, 232
ヒヨーン人――85, 145
ヒンドゥー教――177

『大唐西域記』―― 206, 209, 212
第二次メディア王国 ―― 102, 103, 105
大ホラズム帝国 ―― 187, 188
タキシラ（遺跡）―― 70, 73, 79, 147
タジキスタン共和国 ―― 147, 170
タージーク ―― 220
タシャウズ州 ―― 181
ダーハ族 ―― 49, 52
タバリー ―― 196
ダヒスターン ―― 49
タビティ ―― 34
ターヒル王朝 ―― 227
タフテ・サンギーン遺跡 ―― 147
タフテ・バヒー ―― 76
タブリーズ ―― 99
ダーラヤワウ(ダレイオス)一世 ―― 32, 38, 57, 67, 101, 106, 117〜119, 121, 122, 150, 184, 189
ダーラヤワウ三世 ―― 149
ターリバーン ―― 154, 222
タリム盆地 ―― 7, 9, 202, 203, 208, 210
「ダルバンドの門」―― 44, 45
チシュティー教団 ―― 225
チシュピシュ ―― 114
チベット語 ―― 206〜208
チベット文化 ―― 211
チャンドラグプタ二世 ―― 79
中世バクトリア語 ―― 144
中世ペルシア語 ―― 109, 120, 128
チンギス・ハン ―― 201
ティール神 ―― 64, 156
ティルミズ ―― 151, 159, 160
デーヴァーシュティーチ ―― 168
テペ・ヌーシェ・ジャーン ―― 108
デュメジル，G ―― 47
テュルク系遊牧民 ―― 8, 14, 45, 46, 80, 81, 84, 85, 88, 89, 99, 129, 138, 145, 163, 168〜173, 194, 200, 201, 206, 210, 216, 217, 220, 221, 226, 229〜231, 233, 241
テュルク語 ―― 111, 172, 201
テュルク人 ―― 210, 229, 234
『天文日誌』―― 58
トゥヴァ共和国 ―― 28
『唐書』―― 199, 206
トゥース ―― 181, 227, 229
東方の三博士 ―― 75
トゥルクメニスタン ―― 37, 49, 53, 139, 181
トク・カラ遺跡 ―― 195, 198
突厥 ―― 80, 81, 88, 163, 167
ドナウ河 ―― 32
ドニエプロペトロフスク ―― 24
トハラ人 ―― 153
トプラク・カラ（遺跡）―― 185, 195〜198
『トマス行伝』―― 75
トラマーナ王 ―― 88
トルキスタン ―― 170
ドルワースパ ―― 157
敦煌 ―― 171, 174, 206

ナ

ナチス・ドイツ ―― 12〜14, 232, 248, 249
「ナルト叙事詩」―― 47, 48
ニサー ―― 53, 64
ニザーミーヤ学院 ―― 229
ニザーム・ル・ムルク ―― 229
西クシャトラパ王国 ―― 77〜79
ニーシャープーリー ―― 227
ニーシャープール ―― 227
ニネヴェ ―― 98, 101, 103, 122
ニルヴァーナ ―― 161
ヌーフ・イブン・マンスール ―― 179
ネーヴ・シャーブフル ―― 157, 158
ネストリウス派キリスト教 ―― 199

シドニウス――45
シャキーク・バルヒー――160
『シャー・ナーメ』――75, 181
シャーブフル一世――157, 196
シャーブフル二世――44, 45
ジャラールッディーン・ルーミー・バルヒー――228
ジャンディアール寺院――79
十二イマーム・シーア派イスラーム――230, 231, 233
シュライヒャー，アウグスト――245
シュレーツァー，アウグスト・ルートヴィヒ・フォン――245, 248
上座部仏教――211
ジョーンズ，ウィリアム――243, 245, 248, 249
シリア語――129, 155
シルクロード――14, 100, 130, 163, 167, 171～174, 199, 208, 209, 213
シル・ダリヤー河――162, 194
新疆ウイグル自治区――24, 81, 202
新バビロニア王国――103, 104, 122
ズィーヴィーイェ――31
『水滸伝』――209
スィースターン（州）――72～76, 134, 207, 227
スィーラーフ――130, 131
スキタイ――27, 32, 34, 117
スキタイ人――8, 15, 21, 24～35, 38, 39, 47, 48, 67, 99～102, 217
スーシャー――111, 118, 121, 122, 189, 191
スタフル――130
スティール神――156
ストラボン――151, 153
スピタメン――166
スーフィズム――160, 161
スペイン――46, 224
ズルヴァーン（主義）――65, 66, 177
スルフ・コタル碑文――145
スーレーン家――75, 76, 128
スンナ派イスラーム（法）――224, 229, 230
ゼーナー，R・C――161
セムナーン――160
セルジューク王朝――52, 200, 201, 229
セレウキア――123
セレウコス王朝――49, 54, 55, 122, 124, 150～152
『宋雲行記』――206
ソグディアナ――36, 38, 149, 162, 163, 166～170, 173～181, 187, 210, 221, 227
ソグド――117, 198, 199
ソグド語――120, 139, 158, 162, 168, 170～175, 177, 203
ソグド語文書――174
ソグド人――14, 15, 67, 93, 96, 150, 162, 163, 166～176, 178, 179, 181, 191, 226～228
ソグド文化――168, 172, 198, 199
ソグド文字――96
ゾロアスター教――34, 35, 37, 43, 60, 64, 65, 73, 77, 80, 85, 87, 96, 107～109, 130, 133, 143, 145, 147, 148, 156, 159, 161, 173～180, 186, 187, 197～201, 223, 225, 237, 238, 240, 241
ゾロアスター教暦――195

タ

第一次メディア王国――100, 102, 105
大夏――152
大月氏――16, 25, 56, 67, 77, 81, 84, 152, 153, 156, 157, 207
大乗仏教――84, 143, 211, 239

近世ペルシア文学——169, 178, 180
キンメリア人——24〜29, 39, 47
クシャーナ王朝——77, 81, 84, 143〜145, 148, 153〜157, 159, 160, 167, 194, 195
クシャーノ・サーサーン王朝——157
クシャハラタ家——73, 77
クシャヤールシャン（クセルクセス）一世——190
グジャラート州——77〜79
クスタナ——207
クタイバ——199, 200
クテスィフォン——56, 58, 61, 124, 129, 130, 137
クトゥブッディーン・ムハンマド——200
グプタ王朝——79
クリミア半島——30, 33, 39
クル王朝——119, 125
クル（キュロス）大王——32, 36, 38, 103, 105, 114, 115, 118, 122, 146, 166, 188, 189, 232, 233
クル二世——104, 116, 117
グレコ・バクトリア王国——72, 84, 143, 151〜153, 167, 176, 195
ゲルシェヴィッチ，I——187
ゲルマン民族——12, 13, 45, 46, 246
玄宗——209
玄武門の変——209
コイ・クリルガン・カラ（遺跡）——185, 192〜194
康居——194, 195
コーカサス山脈——7, 24, 25, 27, 29, 30, 32, 44, 79, 97, 99, 102, 110, 223
『後漢書』——152, 208
コーカンド・ハーン国——221
『古代書簡』——171
『古代年代記』——186
古代バクトリア語——143, 147
古代ペルシア語——35, 38, 67, 96, 97, 100, 110, 111, 114〜123, 131, 139, 162, 184, 186, 188〜190
古代ホラズム語文書——196
黒海——24, 26, 30, 32, 38, 85, 191
『コナン・ザ・グレート』——28

サ

サカヴァンドのダフマ——108
サカ語——203, 207, 208, 212
サカ人——8, 9, 21, 24〜26, 28, 33, 35〜38, 45, 49, 52, 56, 57, 59, 67, 70〜81, 128, 133, 138, 146, 149, 150, 166, 184, 194, 202, 203, 206〜213, 217, 224
サカ暦——77, 78
サーサーン王朝——44, 61, 64, 66, 84〜88, 108, 109, 124, 125, 128〜137, 145, 157〜159, 163, 167, 180, 196〜198, 216, 232
サーサーン家——61, 62, 76, 130
サッファール王朝——227
『サトク・ボグラ・ハーン伝』——206
サファヴィー王朝——230, 231
ザーボル——75
ザマフシャリー——186
サマルカンド——162, 166〜170, 175, 177, 180
サーマーン王朝——163, 169, 170, 179, 180, 210, 227, 229
サーマーン・ホダー——169
ザラスシュトラ・スピターマ——85, 145, 146, 187, 247
サルディス——122
サルマタイ人——21, 24, 25, 30, 33, 39, 42〜44, 47
サンスクリット語——155, 159, 161, 162, 212, 213, 238, 239, 243〜245
シーア派イスラーム——132

123, 128, 133, 229
エラム文明――111
エーラーン・シャフル――66, 131～135, 137, 138, 157, 158, 180, 230
『エリュトラー海航海記』――78
エル・クルガン――176
オクサス遺宝――148, 151
オスアリ――175, 177, 185, 192, 193, 195, 197, 198
オセット人――25, 47, 48, 223
『オデッセイア』――26
オフルマズド――64, 177, 197

カ

カァベ・イェ・ザルドシュト碑文――196
カイ・ウィーシュタースパ――145
カイ王朝――145, 146
カイ・カーウース――145
カイス・アブドゥッラシード――225
カヴァード一世――87
カウィ・ウィーシュタースパ大王――187
ガウガメラの戦い――149
ガウタマ・シッダールタ――239, 247
カザン・ハーン国――221
カシミール――71, 72, 206, 207, 211
ガージャール王朝――221
カーシュガル――208, 210, 211
ガズナ王朝――200
カナート――134
カニシカ王――145
カーブル――220
カラ・ハーン王朝――206, 210
カラリ・ギル遺跡――185, 190, 191
カーリヤーン――130
カローシュティー文字――70, 76, 147, 159
甘粛省――81
『漢書』――206, 207
『漢書』「西域伝」――194, 208
カンダハール――147, 221
ガンダーラ――79, 84, 207, 211
ガンダーリー語――207, 212
カンブジヤ（カンビュセス）一世――104, 115, 188
カンブジヤ二世――117, 118
『魏書』――206
ギャウル・カラ遺跡――154
キャメロン，G――120
ギャンジ・ナーメ碑文――101
九姓昭武――167
『旧約聖書』――98, 121, 224
キュゼリ・ギル（遺跡）――185, 189, 190
キュロポリス――36
匈奴――8, 24, 45, 81
ギリシア――53, 54, 56～60, 98, 123, 125, 150, 152, 166, 176, 179, 190, 191
ギリシア・イスラーム哲学――169, 178～180
ギリシア語――26, 28, 34～36, 43, 49, 53, 60, 71, 74, 85, 97, 99, 100, 102, 104, 109, 110, 114, 115, 117, 121, 123, 124, 128, 138, 139, 144, 151, 179, 184, 186, 243
ギリシア人――25, 29, 34, 36, 42, 49, 54, 55, 59, 70, 98, 106, 108, 115, 122～124, 129, 144, 150～152, 188, 191, 192
ギリシア文字――70, 96, 123, 144, 195
キリスト教――47, 66, 96, 107, 129, 155, 159, 174, 199, 244, 246
『魏略』――43
ギルシュマン，R――85, 114
近世ペルシア語――75, 138, 158, 160, 180, 181, 184, 201, 206, 208, 210, 223, 226, 230, 231, 241

122, 143, 146, 149, 150, 152, 166, 191
アンシャン——114, 116
アンラ・マンユ——65
安禄山の乱——173, 209
イエス・キリスト——58, 75
イギリス——42, 221, 232, 242
イスラーム——14, 17, 99, 100, 125, 129, 134, 138, 158, 160, 161, 163, 166, 168, 169, 175, 178〜181, 185, 186, 192, 199〜201, 210, 216, 217, 222〜229, 232〜234, 241
イチアンリ遺跡——37
井筒俊彦——161
井上靖——168
イブラーヒーム・イブン・アドハム——160
イブン・スィーナー——101, 178, 179, 227
イラン・イスラーム共和国——97, 233, 234
イラン王国——232
イル・ハーン王朝——230
インダス（文明）——139, 237
インダス河——72, 147, 149, 157, 171
インド系アーリア人——7, 10, 16, 236〜241, 244
インド・サカ王国——79
インド・サカ人——21, 25, 26, 57, 70, 72〜74, 76, 81, 207
インド思想——160, 161
インド・パルティア王国——75
インド・パルティア人——21, 25, 59, 70, 74, 76
インド仏教——211
ヴァインヘーバー，ヨーゼフ——248
ヴァードフラダード一世——124
ヴァフシュ——196, 198
ヴァフラーム——159
ヴァーユ——177, 196
ヴァラフシュ一世——60〜62
ヴァールデンブルク，H——105
ヴィクラマーディトヤ——77
ヴィクラマ暦——73, 77
ウイグル王国——173
ヴィジャ王家——208〜210
ヴィーゼヘーファー，J——123, 124
ヴィデングレン，G——65, 66
ヴィンダ・ファルナフ——59, 74〜77, 81
上杉謙信——213
ヴェーダの宗教——237, 239〜241
ヴォノネス一世——58, 59
ヴォノネス王——72, 73
ヴォルガ・ドン河——33, 39
ウクライナ共和国——24, 114
ウクライナ平原——7, 8, 11, 16, 21, 24, 25, 27〜30, 32, 33, 35, 38, 39, 42〜46, 79, 99, 202
ウズベキスタン共和国——21, 162, 181
ウッジャイン——73
尉遅——208
尉遅敬徳——209
尉遅勝——209
『ウパニシャッド』——161
ウマイヤ王朝——200
ウルスラグナ——156
永嘉の乱——171
『英雄コナン』——27
エジプト——14, 36, 117, 139
エジプト人——106, 115, 119
榎一雄——85
エフタル——81, 85〜88, 158, 159, 163, 167, 217
エラム王国——111, 114, 118, 121, 122, 132, 134, 231
エラム語——111, 115, 120, 121
エラム人——111, 114, 120, 122,

索引

ア

アイ・ハーノム遺跡——152
『アヴェスター』——139, 143, 145, 156, 157, 162, 184, 186, 187, 237
アヴェスター語——85, 147
アーサー王——47
「アーサー王と円卓の騎士」——46
アサーク——53
アーサル神——156, 157
アショーカ王——207
アシ・ワヌヒ——156
アゼス一世——73
アゼス二世——76
アゼルバイジャン——231
アッシリア——98, 103
アッシリア語——92, 99, 110, 114
アッシリア人——27, 29, 92, 96, 119
アッシリア帝国——27, 31, 32, 98, 99, 101〜103, 114, 115, 118, 120, 122, 137
アッバース王朝——200, 226, 227, 230
アードゥル・ファッローバイ——197
アブー・アブドゥッラー・ハーラズミー——227
アブー・イスハーク——225
アフガーナ——225
アフガニスタン・イスラーム共和国——139, 220, 223, 225, 234
アフガニスタン王国——221, 222, 230
アフガン戦争——222
アフシュンワール大王——86, 87
アブドゥッラー——200
アブー・ハーミド・ガザーリー——227
アブー・マァシャル・バルヒー——227
アブー・ムスリム——226
アブー・ライハーン・ビールーニー——186, 193, 197〜199, 227
アフラ・マズダー——64, 65, 156, 197
アフリーグ——197
アフリーグ王朝——197, 199, 200
アム・ダリヤー河——38, 138, 152, 157, 162, 169, 181, 184, 185, 198, 200
アメリカ——222, 232, 233
アラビア語——85, 86, 109, 134, 139, 160, 161, 169, 179, 180, 185, 186, 217, 228, 244
アラブ人——103, 129, 137, 138, 160, 168, 169, 173, 180, 186, 195, 199, 200, 216, 226, 231, 234, 247
アラム語——120, 122, 133, 147, 190, 244
アラム人——120, 128, 229
アラム文字——60, 96, 120, 123, 144, 147, 185, 190, 195, 196
アラン人——15, 21, 24, 25, 43〜47, 59, 61, 223
「アランの門」——44
アーリア語——144
アルヴァンド山——101
アル・カーイダ——222
アルシャク一世——52〜54
アルシャク王朝——16, 44, 52〜54, 58, 60, 61, 63, 64, 66, 67, 70, 72〜74, 76, 124, 128, 129, 135, 152
アルシャク家——53〜56, 59, 61〜64, 70, 74, 75
アルシュティ・ワイガ王——104, 105, 116
アルタクシャサ（アルタクセルクセス）二世——190
アルタバーン二世——44, 53, 58〜60
アルダフシール一世——62, 124, 196
アルメニア王国——63
アルメニア人作家——159
アレクサンダー大王——59, 60,

アーリア人《じん》

二〇〇九年五月一〇日第一刷発行　二〇一八年四月一六日第五刷発行

著者　青木《あおき》　健《たけし》

発行者　渡瀬昌彦

発行所　株式会社講談社

東京都文京区音羽二丁目一二―二一　郵便番号一一二―八〇〇一

電話（編集）〇三―三九四五―四九六三　（販売）〇三―五三九五―四四一五

（業務）〇三―五三九五―三六一五

装幀者　山岸義明　本文データ制作　講談社デジタル製作

印刷所　慶昌堂印刷株式会社　製本所　大口製本印刷株式会社

定価はカバーに表示してあります。

ISBN978-4-06-258438-8　Printed in Japan

N.D.C.209　270p　19cm

講談社選書メチエ　刊行の辞

書物からまったく離れて生きるのはむずかしいことです。百年ばかり昔、アンドレ・ジッドは自分にむかって「すべての書物を捨てるべし」と命じながら、パリからアフリカへ旅立ちました。旅の荷は軽くなかったようです。ひそかに書物をたずさえていたからでした。ジッドのように意地を張らず、書物とともに世界を旅して、いらなくなったら捨てていけばいいのではないでしょうか。

現代は、星の数ほどにも本の書き手が見あたります。読み手と書き手がこれほど近づきあっている時代はありません。きのうの読者が、一夜あければ著者となって、あらたな読者にめぐりあう。その読者のなかから、またあらたな著者が生まれるのです。この循環の過程で読書の質も変わっていきます。人は書き手になることで熟練の読み手になるものです。

選書メチエはこのような時代にふさわしい書物の刊行をめざしています。

フランス語でメチエは、経験によって身につく技術のことをいいます。道具を駆使しておこなう仕事のことでもあります。また、生活と直接に結びついた専門的な技能を指すこともあります。

いま地球の環境はますます複雑な変化を見せ、予測困難な状況が刻々あらわれています。

そのなかで、読者それぞれの「メチエ」を活かす一助として、本選書が役立つことを願っています。

野間佐和子

一九九四年二月